RUSSIAN READER

repositions, verbs of motion and much more

CW01033306

КТО ПОЕДЕТ В КРАСНОЯРСК?
ДЕЛО О ПОТЕРЯННОЙ ДОЧЕРИ

**WHO WILL GO TO KRASNOYARSK?
A CASE OF A LOST DAUGHTER**

*A story for advanced readers
in Russian and English*

BY TATIANA MIKHAYLOVA

ARLINGTON TEXAS
2017

The main focus of this dual language book, which is designed for both intermediate and advanced learners, is on the Russian prepositions. It is a unique tool to learn and practice as each page of the story is followed by exactly same text with blank spaces instead of prepositions for the readers to fill in and check their knowledge.

The story has a fascinating plot of adventure which captures the reader's attention. It has extensive vocabulary used in multiple day-to-day situations, as well as a lot of verbs of motion and travel-related words and expressions.

Other books by Tatiana Mikhaylova:

20 Easy Stories for Beginners

20 Easy Stories For Intermediate Students

Books for intermediate and advanced students:

КУДА ЕДЕТ АВТОБУС? – WHERE DOES THE BUS GO?

КУДА ЛЕТИТ САМОЛЕТ? – WHERE DOES THE PLANE FLY?

КОГО ВЕЗЁТ МАШИНА? - WHO RIDES IN THE CAR?

ISBN: 1546437789
ISBN-13: 978-1546437789

This dual language book is designed for intermediate and advanced students who want to further improve their knowledge and understanding of Russian grammar and enrich their vocabulary.

The primary focus of this study aid is on the Russian prepositions.

All of us know what an important role those little words play in a sentence. A preposition can make or break a sentence! An incorrect preposition will make your sentence sound clumsy and even meaningless, while the right choice of prepositions, which also means the right choice of cases and endings of the nouns and adjectives, immediately distinguishes you as an excellent Russian scholar.

During many years of tutoring students I noticed that correct usage of prepositions can be challenging.

This book offers tons of examples of standard usage of prepositions in Russian sentences and phrases in a variety of situations, which are repeated throughout the book for easier memorization. In addition, students can check how well they have learned the material; each page of the original Russian text is followed by the same text with the prepositions missing. Students can fill in the blanks and then compare their choices with the original text. By the end of the book the readers should become fluent in the area!

As usual, I tried to keep my readers entertained with the plot of the story. The more fun to study - the better results. Enjoy!

Она́ просну́лась, как всегда́, по буди́льнику. Ей уже́ не ну́жно бы́ло встава́ть по буди́льнику, потому́ что она́ сейча́с не рабо́тала и могла́ встава́ть попо́зже, но она́ по привы́чке по-пре́жнему встава́ла пора́ньше. По-мо́ему, по буди́льнику встава́ть неприя́тно, а по-ва́шему?

Она́ рабо́тала ги́дом-перево́дчиком, по контра́кту. Неда́вно её контра́кт зако́нчился, поэ́тому она́ пока́ ничего́ не де́лала по рабо́те. На́до бы́ло подожда́ть, пока́ поя́вится но́вый контра́кт и ей позвоня́т по э́тому по́воду.

Вста́ла, походи́ла по кварти́ре, попила́ ко́фе, помы́ла ча́шку. Поду́мала: "Посмотре́ть телеви́зор и́ли послу́шать ра́дио?" Включи́ла телеви́зор, но по телеви́зору ничего́ интере́сного не пока́зывали. Включи́ла ра́дио, по ра́дио передава́ли но́вости. Послу́шала но́вости, поду́мала: "По-мо́ему, по ра́дио и по телеви́зору передаю́т то́лько о́чень ску́чные ве́щи. Почему́ я вообще́ включа́ю телеви́зор? По привы́чке, наве́рно. Говоря́т, привы́чка - втора́я нату́ра. Посмотрю́ попо́зже, мо́жет, пока́жут что́-нибудь поинтере́снее."

По у́лице е́хали маши́ны. По пра́вилам, маши́ны должны́ по городски́м у́лицам е́здить ме́дленно, но, по пра́вде говоря́, они́ обы́чно е́здят быстре́е, чем разреша́ется по пра́вилам. Не́которые лю́ди всё де́лают по-сво́ему, а не по пра́вилам!

Почто́вая маши́на подъе́хала побли́же и останови́лась. Почтальо́н вы́шел и пошёл по доро́жке. Она́ откры́ла дверь, и почтальо́н по́дал ей письмо́. Она́ удиви́лась: "Кто сейча́с посыла́ет пи́сьма по по́чте? Все перепи́сываются по интерне́ту. По по́чте я то́лько получа́ю поку́пки, потому́ что поку́пки не полу́чишь по интерне́ту. По интерне́ту мо́жно то́лько де́лать поку́пки". Она́ взяла́ письмо́, посмотре́ла и сказа́ла:

- Это письмо́ пришло́ по моему́ а́дресу, но оно́ адресо́вано не мне, а друго́му челове́ку. Этот челове́к перее́хал по друго́му а́дресу. Письмо́ пришло́ по ста́рому а́дресу по оши́бке, его́ на́до отнести́ по но́вому а́дресу, - и она́ подала́ письмо́ почтальо́ну.

Она́ реши́ла пойти́ погуля́ть по двору́. Посмотре́ла по сторона́м, уви́дела, что по не́бу лета́ют пти́цы, по двору́ бе́гают де́ти, по реке́ плывёт ло́дка. Пото́м пошёл дождь и ка́пли дождя́ застуча́ли по пти́цам, по де́тям, по ло́дке, по реке́, по земле́ и по ней то́же! Она́ поскоре́е побежа́ла по двору́ домо́й.

Пришла́ домо́й и поду́мала: "По-англи́йски бы поговори́ть. Позвоню́ подру́ге по телефо́ну и мы поговори́м по-англи́йски". Обы́чно они́ с подру́гой разгова́ривали по-англи́йски по пя́тницам, но иногда́ и по други́м дням.

She woke up, as always, by the alarm clock. She did not need to wake up by the alarm clock because she was not working and could get up later, but out of habit she still got up early. In my opinion, getting up by an alarm clock is unpleasant, and in yours?

She worked as a guide-interpreter on contracts. Recently her contract had ended, which is why thus far, she did not do anything for work. She had to wait when a new contract turned up, and they would call her on this occasion.

She got up, walked around the apartment, drank some coffee and rinsed the cup. She thought: "Should I watch TV or listen to the radio?" She turned on the TV, but nothing was interesting on TV. She turned on the radio; there was a news broadcast on the radio. She listened to the story and thought: "In my opinion, only very boring things are aired on the radio and TV. Why do I even turn on the TV? Out of habit, I guess. As they say, habit is second nature. I'll take a look later; maybe they will show something more interesting. "

Cars were driving on the street. According to the laws, cars must drive on the city streets slowly; but frankly, they usually go faster than allowed by the law. Some people do everything their way and not according to the rules!

The Postal car drove closer and stopped. The postman exited and went along the walkway. She opened the door, and the postman handed her a letter. She wondered: "Who is sending letters by mail now? Everyone corresponds on the internet. By mail, I only receive my purchases because these cannot be received through the internet. On the internet, you can only make purchases." She took the letter, looked at it and said: "This letter came to my address, but it is addressed not to me but another person. This person has moved to another address. The letter came to the old address, but it must be taken to the new address" - and she gave the letter back to the postman.

She decided to go for a walk around the yard. She looked around and she saw that birds were flying in the sky, children were running in the yard, the boat was floating in the river. Then it started to rain and the raindrops bickered on the birds, on the children, on the boat, on the river, on the land and her as well! She quickly ran home through the yard.

She came home and thought: "I'd like to speak English. I will call my girlfriend on the phone, and we will speak English." Usually, she was talking with her friend in English on Fridays, but sometimes on some other days.

Она́ просну́лась, как всегда́, _____ буди́льнику. Ей уже́ не ну́жно бы́ло встава́ть _____ буди́льнику, потому́ что она́ сейча́с не рабо́тала и могла́ встава́ть попо́зже, но она́ _____ привы́чке по-пре́жнему встава́ла пора́ньше. По-мо́ему, _____ буди́льнику встава́ть неприя́тно, а по-ва́шему?

Она́ рабо́тала ги́дом-перево́дчиком, _____ контра́кту. Неда́вно её конта́кт зако́нчился, поэ́тому она́ пока́ ничего́ не де́лала _____ рабо́те. На́до бы́ло подожда́ть, пока́ поя́вится но́вый контра́кт и ей позвоня́т _____ э́тому по́воду.

Вста́ла, походи́ла _____ кварти́ре, попила́ ко́фе, помы́ла ча́шку. Поду́мала: "Посмотре́ть телеви́зор и́ли послу́шать ра́дио?" Включи́ла телеви́зор, но _____ телеви́зору ничего́ интере́сного не пока́зывали. Включи́ла ра́дио, _____ ра́дио передава́ли но́вости. Послу́шала но́вости, поду́мала: "По-мо́ему, _____ ра́дио и _____ телеви́зору передаю́т то́лько о́чень ску́чные ве́щи. Почему́ я вообще́ включа́ю телеви́зор? _____ привы́чке, наве́рно. Говоря́т, привы́чка - втора́я нату́ра. Посмотрю́ попо́зже, мо́жет, пока́жут что́-нибудь поинтере́снее."

_____ у́лице е́хали маши́ны. _____ пра́вилам, маши́ны должны́ _____ городски́м у́лицам е́здить ме́дленно, но, _____ пра́вде говоря́, они́ обы́чно е́здят быстре́е, чем разреша́ется _____ пра́вилам. Не́которые лю́ди всё де́лают по-сво́ему, а не _____ пра́вилам!

Почтовая маши́на подъе́хала побли́же и останови́лась. Почтальон вы́шел и пошёл _____ доро́жке. Она́ откры́ла дверь, и почтальон по́дал ей письмо́. Она́ удиви́лась: "Кто сейча́с посыла́ет пи́сьма _____ по́чте? Все перепи́сываются _____ интерне́ту. _____ по́чте я то́лько получа́ю поку́пки, потому́ что поку́пки не полу́чишь _____ интерне́ту. _____ интерне́ту мо́жно то́лько де́лать поку́пки". Она́ взяла́ письмо́, посмотре́ла и сказа́ла:

- Это письмо́ пришло́ _____ моему́ а́дресу, но оно́ адресо́вано не мне, а друго́му челове́ку. Этот челове́к перее́хал _____ друго́му а́дресу. Письмо́ пришло́ _____ ста́рому а́дресу _____ оши́бке, его́ на́до отнести́ _____ но́вому а́дресу, - и она́ подала́ письмо́ почтальону.

Она́ реши́ла пойти́ погуля́ть _____ двору́. Посмотре́ла _____ сторона́м, уви́дела, что _____ не́бу лета́ют пти́цы, _____ двору́ бе́гают де́ти, _____ реке́ плывёт ло́дка. Пото́м пошёл дождь и ка́пли дождя́ застуча́ли _____ пти́цам, _____ де́тям, _____ ло́дке, _____ реке, _____ земле́ и _____ ней то́же! Она́ поскоре́е побежа́ла _____ двору́ домо́й.

Пришла́ домо́й и поду́мала: "По-англи́йски бы поговори́ть. Позвоню́ подру́ге _____ телефо́ну и мы поговори́м по-англи́йски". Обы́чно они́ с подру́гой разгова́ривали по-англи́йски _____ пя́тницам, но иногда́ и _____ други́м дням.

Зашло́ со́лнце, и за окно́м ста́ло темно́. Она́ задёрнула занаве́ски, зажгла́ свет, се́ла за стол. Там лежа́ли счета́ за октя́брь: счёт за во́ду, за электри́чество, за газ. Она́ заду́малась: как заплати́ть за всё э́то? «Хорошо́ бы, е́сли бы кто́-нибудь заплати́л за меня́. Но таки́х люде́й нет. И де́нег то́же нет, зарпла́ту за октя́брь не заплати́ли нико́му. Клие́нты должны́ бы́ли заплати́ть за зака́з ещё ме́сяц наза́д, но заде́рживаются и компа́нии не́чем плати́ть рабо́тникам зарпла́ту».

В ко́мнату зашла́ её соба́ка, а за соба́кой ко́шка. Ко́шка стара́лась пойма́ть соба́ку за хвост. Соба́ка спря́талась за холоди́льником и зала́яла, а ко́шка замяу́кала. "Есть захоте́ли", - поду́мала она́, дала́ им еду́, и они́ замолча́ли и ста́ли есть.

Зазвони́л телефо́н. Её подру́га сказа́ла:

- Я сейча́с за тобо́й зае́ду и мы пое́дем за поку́пками. Я ви́дела пла́тье за сто до́лларов, хочу́, что́бы ты посмотре́ла и сказа́ла мне, что ты ду́маешь.

- А нельзя́ за́втра? - спроси́ла она́. - По́здно уже́. Не успе́ем, магази́н ско́ро закро́ется. Почему́ ты не позвони́ла зара́нее?

- Успе́ем" - сказа́ла подру́га. - Я уже́ здесь, стою́ за твое́й две́рью. Дое́дем туда́ за пять мину́т и за де́сять мину́т реши́м, ну́жно мне э́то пла́тье и́ли нет. А за то, что ты мне помо́жешь, я угощу́ тебя́ у́жином.

Она́ откры́ла дверь. За две́рью никого́ не́ было. Маши́на её подру́ги стоя́ла за де́ревом, подру́га была́ за рулём.

Они́ бы дое́хали за пять мину́т, е́сли бы их не останови́л полице́йский.

- За что вы нас останови́ли? - спроси́ли они́.

- За превыше́ние ско́рости, - отве́тил полице́йский. - За э́то вам придётся заплати́ть штраф.

Подру́га чуть не запла́кала!

И́з-за полице́йского они́ чуть не опозда́ли, магази́н уже́ закрыва́лся!

Она́ взяла́ подру́гу за́ руку, они́ побежа́ли и успе́ли войти́ за пять мину́т до закры́тия. Продавцы́ не́ были ра́ды их ви́деть, но не могли́ вы́ставить их за дверь! Е́сли бы продавцы́ не пусти́ли покупа́телей в магази́н за пять мину́т до закры́тия, их бы за э́то уво́лили, а всем нужна́ зарпла́та!

За пять мину́т они́, коне́чно, не успе́ли рассмотре́ть и поме́рить пла́тье и реши́ли прийти́ за́втра у́тром, по́сле за́втрака.

Они́ пошли́ у́жинать домо́й, и за у́жином разгова́ривали.

- Мне ка́жется, что за мно́й кто́-то следи́т, - сказа́ла подру́га.

- Заче́м кому́-то за тобо́й следи́ть? - удиви́лась она́.

- За после́дние не́сколько дней я не́сколько раз ви́дела, как за мно́й идёт оди́н и тот же челове́к, - сказа́ла подру́га. - Когда́ я обора́чиваюсь, он пря́чется за дере́вьями и́ли за други́ми прохо́жими. Вчера́ он ходи́л за мно́й весь день. За вчера́шний день я ви́дела его́ пять раз. И́з-за э́того я не́рвничаю .

Вдруг они́ услы́шали за входно́й две́рью шаги́, а пото́м зазвене́л звоно́к. За две́рью стоя́л незнако́мый мужчи́на.

- Я пришёл за ва́шей подру́гой, - сказа́л он. - Меня́ посла́л за ней её оте́ц. Он тяжело́ заболе́л и хо́чет её ви́деть. Я до́лжен её забра́ть.

The sun had set, and it was dark outside. She pulled the curtains, turned on the light, and sat down at the table. There were bills for October: a bill for water, for electricity, for gas. Did she wonder: how to pay for all this? "It would be nice if someone paid for me. But there are no such people. And there is no money either, the salary for October was not paid to anyone. Customers were supposed to pay for a job a month ago but were behind, and the company could not pay wages to employees."

Her dog came into the room, and the cat followed the dog. The cat was trying to catch the dog's tail. The dog hid behind the refrigerator and began to bark, and the cat meowed. "They want to eat," she thought, gave them food, and they fell silent and began to eat.

The phone rang. Her girlfriend said, "I will come to pick you up right now, and we will go shopping. I saw a dress for a hundred dollars, and I want you to look at it and tell me what you think."

"Can't we do it tomorrow?" she asked. "It's late. We do not have time. The store will soon close. Why didn't you call in advance?"

"We'll make it," - said the girlfriend. "I'm here, standing at your door. We will drive there in five minutes and will decide if I need this dress or not in ten minutes. And for you helping me, I'll buy you dinner."

She opened the door. There was no one behind the door. The car of her girlfriend was behind a tree, and her girlfriend was by the wheel.

They would have arrived in five minutes if they hadn't been stopped by the cops.

"What have you stopped us for?" they asked. "Over speeding," said the police officer. "For this, you will have to pay a fine." Her girlfriend almost cried!

Because of the cops, they were almost late; the shop was already closing!

She took her friend by the hand, they ran and managed to enter five minutes before the closing time. Sales assistants were not happy to see them, but could not kick them out! If sales associates did not allow buyers to enter the store five minutes before the closing time, they would have been fired for this, and everybody needs salary!

Five minutes certainly was not enough time for them to see and try on the dress and they decided to come back tomorrow morning after breakfast.

They went home to eat dinner and were talking over dinner. "I think that someone is following me," said the girlfriend. "Why would anyone follow you?" she asked.

"Over the past few days I several times saw the same person following me," said the girlfriend. "When I turn around, he hides behind the trees or other passers-by. Yesterday he walked after me all day long. I saw him five times yesterday. Because of this, I'm nervous."

Suddenly they heard steps outside the front door, and then the bell rang. Behind the door stood an unknown man. "I have come for your girlfriend," he said. "I was sent to pick her up by her father. He is gravely ill and wants to see her. I have to take her with me."

Зашло́ со́лнце, и _____ окно́м ста́ло темно́. Она́ зажгла́ свет, се́ла _____ стол. Там лежа́ли счета́ _____ октя́брь: счёт _____ во́ду, _____ электри́чество, _____ газ. Она́ заду́малась: как заплати́ть _____ всё э́то? "Хорошо́ бы, е́сли бы кто-нибудь заплати́л _____ меня́. Но таки́х люде́й нет. И де́нег то́же нет, зарпла́ту _____ октя́брь не заплати́ли. Клие́нты должны́ бы́ли заплати́ть _____ зака́з ещё ме́сяц наза́д, но заде́рживаются.

В ко́мнату зашла́ её соба́ка, а _____ соба́кой ко́шка. Ко́шка стара́лась пойма́ть соба́ку _____ хвост. Соба́ка спря́талась _____ холоди́льником и зала́яла, а ко́шка замяу́кала. "Есть захоте́ли", - поду́мала она́, дала́ им еду́, и они́ замолча́ли. Зазвони́л телефо́н. Её подру́га сказа́ла:

- Я сейча́с _____ тобо́й зае́ду и мы пое́дем _____ поку́пками. Я ви́дела пла́тье _____ сто до́лларов, хочу́, чтобы ты посмотре́ла и сказа́ла мне, что ты ду́маешь.

- А нельзя́ за́втра?- спроси́ла она́. "По́здно уже́. Не успе́ем, магази́н ско́ро закро́ется. Почему́ ты не позвони́ла зара́нее?

- Успе́ем" - сказа́ла подру́га. "Я уже́ здесь, стою́ _____ твое́й две́рью. Дое́дем туда́ _____ пять мину́т и _____ де́сять мину́т реши́м, ну́жно мне э́то пла́тье и́ли нет. А _____ то, что ты мне помо́жешь, я угощу́ тебя́ у́жином.

Она́ откры́ла дверь. _____ две́рью никого́ не́ было. Маши́на её подру́ги стоя́ла _____ де́ревом, подру́га была́ _____ рулём. Они́ бы дое́хали _____ пять мину́т, е́сли бы их не останови́л полице́йский.

- _____ что вы нас останови́ли? - спроси́ли они́.

- _____ превыше́ние ско́рости, - отве́тил полице́йский. - _____ э́то вам придётся заплати́ть штраф.

Подру́га чуть не запла́кала!

_____ полице́йского они́ чуть не опозда́ли, магази́н уже́ закрыва́лся!

Она́ взяла́ подру́гу _____ ру́ку, они́ побежа́ли и успе́ли войти́ _____ пять мину́т _____ закры́тия. Продавцы́ не́ были ра́ды их ви́деть, но не могли́ вы́ставить их _____ дверь! Е́сли бы продавцы́ не пусти́ли покупа́телей в магази́н _____ пять мину́т до закры́тия, их бы за э́то уво́лили, а всем нужна́ зарпла́та!

_____ пять мину́т они́, коне́чно, не успе́ли рассмотре́ть и поме́рить пла́тье и реши́ли прийти́ за́втра у́тром, по́сле за́втрака.

Они́ пошли́ у́жинать домо́й, и _____ у́жином разгова́ривали.

- Мне ка́жется, что _____ мно́й кто́-то следи́т, - сказа́ла подру́га.

- Заче́м кому́-то _____ тобо́й следи́ть? - удиви́лась она́.

- _____ после́дние не́сколько дней я не́сколько раз ви́дела, как _____ мно́й идёт оди́н и тот же челове́к, - сказа́ла подру́га. - Когда́ я обора́чиваюсь, он пря́чется _____ дере́вьями и́ли _____ други́ми прохо́жими. Вчера́ он ходи́л _____ мно́й весь день. _____ вчера́шний день я ви́дела его́ пять раз. _____ э́того я не́рвничаю.

Вдруг они́ услы́шали _____ входно́й две́рью шаги́, а пото́м зазвене́л звоно́к. _____ две́рью стоя́л незнако́мый мужчи́на. "Я пришёл ___ ва́шей подру́гой", - сказа́л он. "Меня́ посла́л ___ ней её оте́ц. Он тяжело́ заболе́л и хо́чет её ви́деть. Я до́лжен её забра́ть".

Ночью она не заснула ни на минуту. Наконец наступило утро. Болела голова, и она вышла на улицу, на свежий воздух. На свежем воздухе ей стало легче, хотя настроение было ужасное. Она не понимала, что именно произошло накануне, напал кто-то на её подругу и похитил или её увезли всего на несколько дней, потому что её отец на самом деле находился на пороге смерти и надеялся посмотреть на дочь последний раз? Вернётся ли её подруга назад и где она сейчас находится? Как найти ответы на эти вопросы? Она стала звонить подруге, но на её телефонные звонки никто не отвечал. Наконец она решила, что сама должна поехать туда, где живёт отец подруги, и узнать, что происходит на самом деле.

На улице было холодно. На земле лежал снег, на небе были тучи.

Она вернулась назад, домой, и надела куртку, а на ноги надела тёплые ботинки. Подумала ещё немного и решила надеть на голову шапку.

Наверное она уезжает дня на три, поэтому на всякий случай она написала записку мужу, хотя наверняка он не вернётся домой на этой неделе. Он был на работе, уехал на две недели на север. Её муж был профессиональным охотником и часто уезжал на несколько дней на север на охоту на медведей. Она не могла позвонить ему на мобильный телефон, потому что на севере не было мобильной связи. Это было далеко, на краю света! Он сначала летел туда на самолёте, потом ехал на вездеходе, потом на оленях или даже иногда на собаках. Он возвращался домой на пару недель, а потом опять надолго уезжал.

Ей не нравилась такая жизнь. "На что это похоже?" - часто думала она. "Когда-нибудь он уедет навсегда и я буду напрасно ждать его, сидеть дома на диване, часами смотреть на дорогу и думать, съел ли его на севере медведь на обед или может быть я ему надоела и он нашёл себе другую женщину и они уехали на юг, находятся сейчас на каком-нибудь курорте на море и лежат на пляже, на свежем воздухе, на солнышке...." Подруга часто говорила ей, что на её месте она уже давно нашла бы себе другого, "настоящего", мужа, но она не могла на это решиться.

Несколько лет назад муж подарил ей на день рождения пистолет.

- На всякий случай,- сказал он. - Я часто надолго уезжаю и тебе надо рассчитывать на себя, если на тебя кто-то захочет напасть. Тебе надо научиться стрелять.

Она ходила на занятия, чтобы её научили стрелять, но хорошо стрелять так и не научилась. Может быть, пистолет напугает тех, кто захочет на неё напасть? Можно ли на это всерьёз надеяться? Она достала пистолет, посмотрела на него и положила на место. Не надо ей пистолета, наверняка она никого им не напугает, только себя.

Вспомнила, что на днях пригласила гостей на вторник на вечер на ужин. Придётся перенести ужин на другой день, на неделю позже.

At night she did not fall asleep for a single minute. Finally, morning came. She had a headache, and she went outside into the fresh air. Outdoors she felt better, although her mood was terrible. She did not know exactly what had happened the day before, whether her girlfriend was attacked by someone and kidnapped or just taken away for a few days because her father was on the verge of death and hoped to see his daughter one last time. Would her girlfriend come back and where was she now? How to find answers to these questions? She began to call her friend, but no one answered her phone calls. Finally, she decided that she should go to the place where her girlfriend's father lived and find out what was going on.

It was cold outside. The ground was covered with snow, and the clouds were in the sky. She came back home, put on her jacket and put warm boots on her feet. She thought some more and decided to put a hat on her head.

Perhaps she was leaving for about three days, so just in case she wrote a note to her husband, even though he probably would not come back home this week. He was at work, had gone to the north for two weeks. Her husband was a professional hunter and often went away for a few days to the north to hunt bears. She could not call him on his mobile phone because there was no mobile connection in the north. It was far away on the edge of the world! He first flew there by plane, then drove in a jeep, then rode reindeer or even sometimes dogs. He returned home for a couple of weeks and then left again for a long time. She did not like this kind of life. "What does it look like?" she often thought. "Someday he will leave forever, and I will wait for him in vain, staying at home on the couch for hours watching the road and thinking whether a bear had eaten him for dinner somewhere in the north or maybe he had gotten tired of me, found himself another woman and they went to the south, are now located at some of the sea resorts, on the beach, in the fresh air, in the sun .... "

Her girlfriend often told her that in her place, she would long ago have found herself a different, "real" husband, but she could not dare to do it.

A few years ago her husband had given her a gun on her birthday. "Just in case," he said. "I often leave for a long time, and you have to rely on yourself if someone wants to attack you. You need to learn how to shoot." She attended classes to learn how to shoot, but she still didn't learn to shoot well. Maybe the gun would scare those who wanted to attack her? Could she seriously hope for that? She took the gun, looked at it and put it in its place. She did not need a gun, she definitely wouldn't scare anyone with it other than herself.

She remembered that recently she had invited guests for dinner Tuesday evening. She would have to reschedule dinner for some other day, a week later.

Но́чью она́ не засну́ла ни _____ мину́ту. Наконе́ц наступи́ло у́тро. Боле́ла голова́, и она́ вы́шла _____ у́лицу, _____ све́жий во́здух. _____ во́здухе ей ста́ло ле́гче. Она́ не понима́ла, что произошло́ накану́не, напа́л кто-то _____ её подру́гу и́ли её увезли́ всего́ _____ не́сколько дней, потому́ что её оте́ц _____ са́мом де́ле находи́лся _____ поро́ге сме́рти и наде́ялся посмотре́ть _____ дочь? Как найти́ отве́ты _____ э́ти вопро́сы? Она́ ста́ла звони́ть подру́ге, но _____ звонки́ никто́ не отвеча́л. Наконе́ц она́ реши́ла, что сама́ должна́ узна́ть, что происхо́дит _____ са́мом де́ле.

_____ у́лице бы́ло хо́лодно. _____ земле́ лежа́л снег, _____ не́бе бы́ли ту́чи.

Она́ верну́лась домо́й, и наде́ла ку́ртку, а _____ ноги наде́ла тёплые боти́нки. Поду́мала и реши́ла наде́ть _____ го́лову ша́пку.

Наве́рное она́ уезжа́ет дня _____ три, поэ́тому _____ вся́кий слу́чай она́ написа́ла запи́ску му́жу, хотя́ наверняка́ он не вернётся домо́й _____ э́той неде́ле. Он был _____ рабо́те, уе́хал _____ две неде́ли _____ се́вер. Её муж был профессиона́льным охо́тником и ча́сто уезжа́л _____ не́сколько дней _____ се́вер _____ охо́ту _____ медве́дей. Она́ не могла́ позвони́ть ему́ _____ моби́льный телефо́н, потому́ что _____ се́вере не́ было моби́льной свя́зи. Э́то бы́ло далеко́, _____ краю́ све́та! Он снача́ла лете́л туда́ _____ самолёте, пото́м е́хал _____ вездехо́де, пото́м _____ оле́нях и́ли да́же иногда́ _____ соба́ках.

Он возвраща́лся домо́й _____ па́ру неде́ль, а пото́м опя́ть надо́лго уезжа́л. Ей не нра́вилась така́я жизнь. "_____ что э́то похо́же?" - ча́сто ду́мала она́. "Когда́-нибудь он уе́дет навсегда́ и я бу́ду напра́сно ждать его́, сиде́ть до́ма _____ дива́не, часа́ми смотре́ть _____ доро́гу и ду́мать, съел ли его́ _____ се́вере медве́дь _____ обе́д и́ли мо́жет быть я ему́ надое́ла и он нашёл себе́ другу́ю же́нщину и они́ уе́хали _____ юг, нахо́дятся сейча́с _____ како́м-нибудь куро́рте _____ мо́ре и лежа́т _____ пля́же, _____ све́жем во́здухе, _____ со́лнышке...." Подру́га ча́сто говори́ла ей, что _____ её ме́сте она́ уже́ давно́ нашла́ бы себе́ друго́го, "настоя́щего", му́жа, но она́ не могла́ _____ э́то реши́ться.

Не́сколько лет наза́д муж подари́л ей _____ день рожде́ния пистоле́т.

- _____ вся́кий слу́чай", - сказа́л он. - Я ча́сто надо́лго уезжа́ю и тебе́ на́до рассчи́тывать _____ себя́, е́сли _____ тебя́ кто́-то захо́чет напа́сть. Тебе́ на́до научи́ться стреля́ть.

Она́ ходи́ла _____ заня́тия, но стреля́ть так и не научи́лась. Мо́жет быть, пистоле́т напуга́ет тех, кто захо́чет _____ неё напа́сть? Мо́жно ли _____ э́то всерьёз наде́яться? Она́ доста́ла пистоле́т, посмотре́ла _____ него́ и положи́ла _____ ме́сто. Не на́до ей пистоле́та, наверняка́ она́ никого́ им не напуга́ет, то́лько себя́.

Вспо́мнила, что _____ днях пригласи́ла госте́й _____ вто́рник _____ ве́чер _____ у́жин. Придётся перенести́ у́жин _____ друго́й день, _____ неде́лю по́зже.

Написа́ла запи́ску: "Уе́хала на не́сколько дней. Не обижа́йтесь на меня́" и накле́ила на входну́ю дверь. "Наде́юсь, что они́ на меня́ не оби́дятся и не рассе́рдятся", - поду́мала она́.

Обы́чно, когда́ она́ уезжа́ла, она́ оставля́ла соба́ку и ко́шку на свою́ сосе́дку, придётся попроси́ть её и на э́тот раз то́же. Еды́ им должно́ хвати́ть на неде́лю, на́до бу́дет то́лько накорми́ть их и отвести́ на прогу́лку, и она́ наде́ялась, что сосе́дка возьмёт э́то на себя́.

- Я верну́сь на бу́дущей неде́ле, - сказа́ла она́ сосе́дке. - Наде́юсь, они́ не успе́ют тебе́ надое́сть.

- Мо́жешь на меня́ рассчи́тывать, - сказа́ла сосе́дка.

Она́ нашла́ а́дрес отца́ подру́ги. Он жил дово́льно далеко́, туда́ на́до е́хать на по́езде. Е́хать на авто́бусе на не́сколько часо́в до́льше, хотя́ рубле́й на пятьсо́т деше́вле. Биле́ты на по́езд обы́чно доро́же на не́сколько со́тен рубле́й, чем биле́ты на авто́бус.

Она́ спеши́ла, е́сли опозда́ет на ближа́йший по́езд на не́сколько мину́т, придётся о́чень до́лго ждать сле́дующего. Она́ пришла́ на вокза́л на два́дцать мину́т ра́ньше, чем на́чали пуска́ть пассажи́ров на поса́дку, и ей пришло́сь ждать на у́лице. Хорошо́, что пе́ред ухо́дом она́ налила́ те́рмос ко́фе и наре́зала бутербро́дов на доро́гу. Е́сли бы не горя́чий ко́фе, получи́ла бы на́сморк, потому́ что стоя́ла на ветру́.

Она́ стоя́ла на платфо́рме и ждала́ по́езд. Кака́я-то же́нщина подходи́ла к платфо́рме; ей бы́ло тру́дно ходи́ть, потому́ что на ней бы́ли наде́ты ту́фли на высо́ком каблуке́, а на земле́ лежа́л снег. Наконе́ц пассажи́рам разреши́ли сади́ться в по́езд, она́ зашла́ в ваго́н и вы́брала ме́сто о́коло окна́. Како́й-то мужчи́на с татуиро́вками на руке́ зашёл в ваго́н и сел ря́дом с ней, хотя́ там бы́ло мно́го свобо́дных мест. Же́нщина на высо́ких каблука́х се́ла на ме́сто сза́ди неё.

Мужчи́на вы́нул из карма́на сигаре́ту. Она́ поду́мала, что он бу́дет кури́ть пря́мо в ваго́не, и рассерди́лась на него́ за э́то.

- Здесь нельзя́ кури́ть. Пожа́луйста вы́йдите на платфо́рму и кури́те там, - сказа́ла она́ мужчи́не стро́гим го́лосом. Она́ немно́го боя́лась его́, но стара́лась не пока́зывать э́того. Она́ никогда́ ра́ньше не встреча́ла никого́ с таки́м коли́чеством татуиро́вок на те́ле и не зна́ла, что мо́жно ожида́ть от тако́го челове́ка. Вдруг он сошёл с ума́? Мо́жет быть, он да́же убежа́л из сумасше́дшего до́ма? Ра́зве норма́льный челове́к бу́дет так уро́довать себя́ э́тими татуиро́вками? А мо́жет быть, он сиде́л в тюрьме́ и неда́вно вы́шел отту́да?

- Я не собира́юсь кури́ть, - отве́тил мужчи́на. - Я неда́вно бро́сил кури́ть, но мне э́то тру́дно. Держу́ иногда́ в руке́ сигаре́ту, что́бы самого́ себя́ обману́ть. Э́то така́я специа́льная те́хника, помога́ет отвы́кнуть от э́той привы́чки. Я бро́сил раз и навсегда́, а до э́того кури́л два́дцать лет. На́чал давно́, когда́ служи́л в а́рмии.

She wrote a note: "Went away for a few days, do not be upset with me" and glued it on the front door. "I hope that they will not be upset with me and will not get angry," she thought.

Usually, when she went away she left the dog and the cat in her neighbor's care; she would have to ask her this time, as well. Food should be sufficient for a week, it will be necessary only to feed them and take for a walk, and she was hoping that her neighbor would take it upon herself. "I'll be back next week," she said to the neighbor. "I hope they will not have enough time to tire you out." "You can count on me," the neighbor said.

She found the address of her girlfriend's father. He lived quite far; she would have to go there by train. Riding on the bus was a few hours longer, though about five hundred rubles cheaper. Train tickets are usually a few hundred rubles more expensive than bus tickets. She was in a hurry; if she were late for the next train for a few minutes, she would have to wait very long for the next one. She came to the station twenty minutes before they began to let passengers board and had to wait outside. It was a good thing that before leaving she had poured a thermos of coffee and cut some sandwiches for the road. If it weren't for the hot coffee, she would have gotten a runny nose because she was standing in the wind.

She stood on the platform and waited for the train. A woman came up to the platform; it was difficult for her to walk, because she had high-heeled shoes on, and the ground was covered with snow. Finally, the passengers were allowed to get on the train; she went into the car and chose a seat near the window. A man with a tattoo on his arm went into the car and sat down beside her, although there were a lot of empty seats there. A woman in high heels sat on the seat behind her.

The man took out a cigarette. She thought that he was going to smoke right in the car, and got angry at him for that.

"You can not smoke here. Please go to the platform and smoke there," she said to the man in a stern voice. She was a little afraid of him, but tried not to show it. She had never met anyone with so many tattoos on his body and did not know what to expect from such a person. What if he was out of his mind? Maybe he had even escaped from an insane asylum? Would a normal person mutilate himself like this with these tattoos? Or maybe he had been in prison and was recently released from there?

"I'm not going to smoke," the man said. "I have recently quit smoking, but it is difficult. I sometimes hold a cigarette in my hand to deceive myself. This is a proven technique, helping to wean from the habit. I quit once and for all, and before that, I had smoked for twenty years. I started long ago when I served in the army."

Написа́ла запи́ску: "Уе́хала _____ не́сколько дней. Не обижа́йтесь _____ меня́" и накле́ила _____ входну́ю дверь. "Наде́юсь, что они́ _____ меня́ не оби́дятся и не рассе́рдятся". Обы́чно, когда́ она́ уезжа́ла, она́ оставля́ла соба́ку и ко́шку _____ свою́ сосе́дку, придётся попроси́ть её и _____ э́тот раз то́же. Еды́ им должно́ хвати́ть _____ неде́лю, на́до бу́дет то́лько накорми́ть их и отвести́ _____ прогу́лку, и она́ наде́ялась, что сосе́дка возьмёт э́то _____ себя́.

- Я верну́сь _____ бу́дущей неде́ле, - сказа́ла она́ сосе́дке - Наде́юсь, они́ не успе́ют тебе́ надое́сть.

- Мо́жешь _____ меня́ рассчи́тывать, - сказа́ла сосе́дка.

Она́ нашла́ а́дрес отца́ подру́ги. Он жил дово́льно далеко́, туда́ на́до е́хать _____ по́езде. Е́хать _____ авто́бусе _____ не́сколько часо́в до́льше, хотя́ рубле́й _____ пятьсо́т деше́вле. Биле́ты _____ по́езд обы́чно доро́же _____ не́сколько со́тен рубле́й, чем биле́ты _____ авто́бус. Она́ спеши́ла, е́сли опозда́ет _____ ближа́йший по́езд _____ не́сколько мину́т, придётся о́чень до́лго ждать сле́дующего. Она́ пришла́ _____ вокза́л _____ два́дцать мину́т ра́ньше, чем на́чали пуска́ть пассажи́ров _____ поса́дку, и ей пришло́сь ждать _____ у́лице. Хорошо́, что пе́ред ухо́дом она́ налила́ те́рмос ко́фе и наре́зала бутербро́дов _____ доро́гу. Е́сли бы не горя́чий ко́фе, получи́ла бы на́сморк, потому́ что стоя́ла _____ ветру́.

Она́ стоя́ла _____ платфо́рме и ждала́ по́езд. Кака́я-то же́нщина подходи́ла _____ платфо́рме; ей бы́ло тру́дно ходи́ть, потому́ что _____ ней бы́ли наде́ты ту́фли _____ высо́ком каблуке́, а _____ земле́ лежа́л снег. Наконе́ц пассажи́рам разреши́ли сади́ться _____ по́езд, она́ зашла́ _____ ваго́н и вы́брала ме́сто о́коло окна́. Како́й-то мужчи́на _____ татуиро́вками _____ руке́ зашёл _____ ваго́н и сел ря́дом _____ ней, хотя́ там бы́ло мно́го свобо́дных мест. Же́нщина _____ высо́ких каблука́х се́ла _____ ме́сто сза́ди неё.

Мужчи́на вы́нул _____ карма́на сигаре́ту. Она́ поду́мала, что он бу́дет кури́ть пря́мо _____ ваго́не, и рассерди́лась _____ него́ _____ э́то.

- Здесь нельзя́ кури́ть. Пожа́луйста вы́йдите _____ платфо́рму и кури́те там, - сказа́ла она́ мужчи́не. Она́ никогда́ ра́ньше не встреча́ла никого́ _____ таки́м коли́чеством татуиро́вок _____ те́ле и не зна́ла, что мо́жно ожида́ть _____ тако́го челове́ка. Вдруг он сошёл _____ ума́ ? Мо́жет быть, он да́же убежа́л _____ сумасше́дшего до́ма? А мо́жет быть, он сиде́л _____ тюрьме́ и неда́вно вы́шел отту́да?

- Я не собира́юсь кури́ть, - отве́тил мужчи́на. - Я неда́вно бро́сил кури́ть, но мне э́то тру́дно. Держу́ иногда́ _____ руке́ сигаре́ту, что́бы самого́ себя́ обману́ть. Э́то така́я специа́льная те́хника, помога́ет отвы́кнуть _____ э́той привы́чки. Я бро́сил раз и навсегда́, а _____ э́того кури́л два́дцать лет. На́чал давно́, когда́ служи́л _____ а́рмии.

Она́ не хоте́ла разгова́ривать с ним. Ей на́до бы́ло поду́мать о свои́х дела́х, но мужчи́не, похо́же, хоте́лось поговори́ть. Что́бы постара́ться отде́латься от него́, она́ сняла́ с пра́вой руки́ перча́тку. На па́льце бы́ло наде́то обруча́льное кольцо́. Пра́вой руко́й она́ попра́вила на лице́ очки́, так, что́бы кольцо́ бы́ло заме́тно ему́. Она́ наде́ялась, что он поймёт намёк и отста́нет от неё. Бы́ло ли кольцо́ у него́ на руке́, ей бы́ло не ви́дно.

Она́ отверну́лась от него́, поверну́лась к окну́ и ста́ла смотре́ть из окна́ на доро́гу. По́езд пока́ ещё е́хал по го́роду, но ско́ро он уже́ вы́едет из го́рода и пое́дет по се́льской ме́стности. До городка́, в кото́ром жил оте́ц её подру́ги, бы́ло ещё о́чень далеко́.

Мужчи́на протяну́л ру́ку к её су́мке, и она́ испуга́лась. Она́ бы́стро отодви́нула су́мку в сто́рону. Она́ о́чень рассерди́лась на него́, а он и та же́нщина, кото́рая сиде́ла сза́ди, ста́ли смея́ться над ней.

Ситуа́ция выходи́ла и́з-под контро́ля. Други́е пассажи́ры, кото́рые е́хали в э́том ваго́не, не обраща́ли внима́ния на них. Все бы́ли за́няты свои́ми дела́ми, кто́-то смотре́л в окно́, кто́-то чита́л кни́гу, дво́е молоды́х люде́й игра́ли в ка́рты. Одна́ пожила́я же́нщина сиде́ла у окна́ с закры́тыми глаза́ми, наве́рное, спала́. Вряд ли кто́-то из пассажи́ров стал бы помога́ть ей. Никто́ не хо́чет име́ть де́ло с хулига́нами.

По́езд уже́ отъе́хал от ста́нции, поэ́тому она́ не могла́ вы́йти из ваго́на и верну́ться домо́й.

Мужчи́на сно́ва протяну́л ру́ку к её су́мке, а тётка, кото́рая сиде́ла за ней, вста́ла со своего́ ме́ста и подошла́ к ней сбо́ку.

От тётки па́хло во́дкой.

Она́ уда́рила мужчи́ну по руке́ и сказа́ла:

- Прекрати́те хулига́нить. Я позвоню́ в поли́цию.

- Дава́й, звони́ - сказа́л он и засмея́лся. От него́ то́же па́хло во́дкой.

Неизве́стно, чем бы зако́нчилась э́та ситуа́ция, е́сли бы в э́тот моме́нт в ваго́н не зашёл контролёр.

- Ва́ши биле́ты - гро́мким го́лосом сказа́л он пассажи́рам, кото́рые ста́ли достава́ть из карма́нов и су́мок биле́ты и пока́зывать ему́.

Уви́дев контролёра, мужчи́на и тётка отста́ли от неё и отодви́нулись от неё в сто́рону, но она́ боя́лась, что, когда́ контролёр пройдёт ми́мо них, они́ опя́ть возьму́тся за ста́рое.

Она́ вста́ла со своего́ ме́ста и пошла́ по ваго́ну за контролёром, а хулига́ны оста́лись на ме́сте. Когда́ она́ перешла́ в сле́дующий ваго́н, то посмотре́ла по сторона́м, уви́дела свобо́дное ме́сто о́коло окна́ ря́дом с двумя́ пожилы́ми же́нщинами и се́ла на него́.

Оста́ток пути́ до ну́жной ей ста́нции она́ прое́хала без приключе́ний.

She did not want to talk to him. She had her stuff to think about, but the man, it seemed, wanted to talk. To try to get rid of him, she took off her right glove. She was wearing a wedding ring on her finger. With her right hand, she adjusted the eyeglasses on her face so that the ring was visible to him. She hoped that he would understand the hint and leave her alone. She couldn't see whether there was a ring on his hand.

She turned away from him, turned to the window and looked out of the window onto the road. The train was still going through the city, but soon it would already have left the city and go through the countryside. It was still very far away from the little town where her girlfriend's father lived.

The man reached for her bag, and she was frightened. She quickly pushed the bag aside. She was outraged at him, while he and the woman who was sitting behind her began to laugh.

The situation went out of control. Other passengers who were traveling in the car did not pay attention to them. All were busy with their affairs; someone looked out the window, someone was reading a book, two young men were playing cards. One elderly woman was sitting by the window with her eyes closed, probably asleep. It was unlikely that someone from the passengers would help her. No one wants to deal with bullies.

The train had already pulled away from the station, so she could not get out of the car and go home.

The man again reached for her bag, and the woman who was sitting behind her got up from her seat and walked over to her side.

The woman smelled of vodka.

She hit the man's hand and said, "Stop this bullying. I'll call the police."

"Come on, call them," he said and laughed. He also smelled of vodka.

Who knows how this situation would have ended if at that moment a controller would not have entered the car.

"Your tickets," he said in a loud voice, and the passengers began getting tickets out of their pockets and handbags and showing them to him.

Seeing the controller, the man and the woman left her alone and moved away from her to the side, but she was afraid that when the controller would pass by them, they would again resume the same old thing.

She got up from her seat and went along the wagon behind the controller, while the hooligans remained in place. When she got to the next car, she looked around, saw an empty seat by the window next to two elderly women, and sat on it. The rest of the way to her station went without any incidents.

Она́ не хоте́ла разгова́ривать _____ ним. Ей на́до бы́ло поду́мать _____ свои́х дела́х. Что́бы отде́латься _____ него́, она́ сняла́ _____ пра́вой руки́ перча́тку. _____ па́льце бы́ло наде́то обруча́льное кольцо́. Пра́вой руко́й она́ попра́вила _____ лице́ очки́, так, что́бы кольцо́ бы́ло заме́тно ему́. Она́ наде́ялась, что он поймёт намёк и отста́нет _____ неё. Бы́ло ли кольцо́ _____ него́ на руке́, ей бы́ло не ви́дно. Она́ отверну́лась _____ него́, поверну́лась _____ окну́ и ста́ла смотре́ть _____ окно́ _____ доро́гу. По́езд пока́ ещё е́хал _____ го́роду, но ско́ро он уже́ вы́едет _____ го́рода и пое́дет _____ се́льской ме́стности. _____ городка́, _____ кото́ром жил оте́ц её подру́ги, бы́ло ещё о́чень далеко́.

Мужчи́на протяну́л ру́ку _____ её су́мке, и она́ испуга́лась. Она́ бы́стро отодви́нула су́мку _____ сто́рону. Она́ о́чень рассерди́лась _____ него́, а он и та же́нщина, кото́рая сиде́ла сза́ди, ста́ли смея́ться _____ ней.

Ситуа́ция выходи́ла _____ контро́ля. Други́е пассажи́ры, кото́рые е́хали _____ э́том ваго́не, не обраща́ли внима́ния _____ них. Кто́-то смотре́л _____ окно́, кто́-то чита́л кни́гу, дво́е молоды́х люде́й игра́ли _____ ка́рты. Одна́ пожила́я же́нщина сиде́ла _____ окна́ _____ закры́тыми глаза́ми. Вряд ли кто́-то _____ пассажи́ров стал бы помога́ть ей. Никто́ не хо́чет име́ть де́ло _____ хулига́нами.

Поезд ужé отъéхал _____ стáнции, поэтому онá не моглá вы́йти _____ вагóна и вернýться домóй.

Мужчи́на снóва протянýл рýку _____ её сýмке, а тётка, котóрая сидéла _____ ней, встáла _____ своегó мéста и подошлá _____ ней сбóку. _____ тётки пáхло вóдкой.

Онá удáрила мужчи́ну _____ рукé и сказáла:

- Прекрати́те хулигáнить. Я позвоню́ _____ поли́цию.

- Давáй, звони́ - сказáл он и засмея́лся. _____ негó тóже пáхло вóдкой.

Неизвéстно, чем бы закóнчилась эта ситуáция, éсли бы _____ этот момéнт _____ вагóн не зашёл контролёр.

- Вáши билéты - грóмким гóлосом сказáл он пассажи́рам, котóрые стáли доставáть _____ кармáнов и сýмок билéты и покáзывать емý.

Уви́дев контролёра, мужчи́на и тётка отстáли _____ неё и отодви́нулись _____ неё _____ стóрону, но онá боя́лась, что, когдá контролёр пройдёт ми́мо них, они́ опя́ть возьмýтся _____ стáрое.

Онá встáла _____ своегó мéста и пошлá _____ вагóну _____ контролёром, а хулигáны остáлись _____ мéсте. Когдá онá перешлá _____ слéдующий вагóн, то посмотрéла _____ сторонáм, уви́дела свобóдное мéсто óколо окнá ря́дом _____ двумя́ пожилы́ми жéнщинами и сéла _____ негó. Остáток пути́ _____ нýжной ей стáнции онá проéхала _____ приключéний.

Она́ вы́шла из по́езда и пошла́ к авто́бусной остано́вке, кото́рая была́ недалеко́ от железнодоро́жной ста́нции. На полпути́ до остано́вки она́ уви́дела, что туда́ же шли дво́е хулига́нов, кото́рые пристава́ли к ней в ваго́не, испуга́лась и реши́ла не е́хать на авто́бусе. К сча́стью, на друго́й стороне́ платфо́рмы была́ стоя́нка такси́, и она́ поверну́ла туда́.

Она́ пошла́ по платфо́рме к стоя́нке такси́.   На стоя́нке бы́ло не́сколько маши́н.   Води́тели стоя́ли о́коло маши́н, кури́ли, скуча́ли, о чём-то разгова́ривали друг с дру́гом.

Она́ подошла́ к маши́не, кото́рая стоя́ла впереди́.

- Куда́ е́хать? - лени́во спроси́л води́тель.

 Он вы́глядел недружелю́бным. К сча́стью,   от него́ не па́хло во́дкой. Она́ доста́ла из су́мки бума́жку с а́дресом и показа́ла ему́.

 - Далеко́ как! - сказа́л води́тель - Э́то вам бу́дет до́рого сто́ить. Она́ рассерди́лась на него́ за э́ти слова́, но постара́лась не показа́ть ви́ду, так как хоте́ла как мо́жно скоре́е уе́хать отту́да. Она́ откры́ла дверь и се́ла в маши́ну.

Води́тель включи́л гро́мкую му́зыку. Ей не нра́вилась эта му́зыка, но она́ не хоте́ла   спо́рить с ним. Она́ волнова́лась и не́рвничала, так как не зна́ла, что ждёт её, когда́ она́ прие́дет на ме́сто.

- К ро́дственникам е́дете? - неожи́данно спроси́л её води́тель.

- Нет, - отве́тила она́ ему́. - К знако́мым.

- Похо́же, что вы не из на́ших мест, - сказа́л води́тель. - Оде́ты по-городско́му.

- У меня́ нет друго́й оде́жды, - сказа́ла она́. - Я ре́дко е́зжу за́ город. Но я взяла́ с собо́й зо́нтик.

Води́тель засмея́лся.

- Е́сли пойдёт си́льный дождь и́ли снег, не наде́йтесь на ваш зо́нтик. Он вам не помо́жет. Доро́га бу́дет непрое́зжая и́з-за воды́ и сне́га. Мо́жет быть, вам придётся оста́ться здесь надо́лго.

Об э́том она́ не поду́мала, когда́ собира́лась в пое́здку, и заволнова́лась ещё бо́льше.

Маши́на до́лго е́хала по плохо́й доро́ге и наконе́ц останови́лась во́зле како́го-то большо́го краси́вого до́ма.   Она́ никогда́ не была́ здесь ра́ньше. Она́ по́мнила отца́ подру́ги, но не о́чень хорошо́. Они́ с подру́гой дружи́ли с де́тства и с де́тства жи́ли ря́дом, но оте́ц подру́ги развёлся с её ма́терью, когда́ они́ бы́ли ещё детьми́. По́сле разво́да он уе́хал из их го́рода и перее́хал в друго́й го́род, дово́льно далеко́. С тех пор она́ его́ не ви́дела. Подру́га иногда́ ви́делась с ним, но не ча́сто. Он бо́льше не жени́лся, и дете́й у него́ не́ было, кро́ме её подру́ги.

She got off the train and went to the bus stop, which was not far away from the railway station. Halfway to the bus stop, she saw that the two hooligans who had harassed her in the car also went there, got scared and decided not to go by bus. Fortunately, on the other side of the platform, there was a taxi stand, and she went there.

She walked along the platform to the taxi stand. There were a few cars on the stand. Drivers were by their vehicles, smoking, bored and talking to each other about something.

She walked over to the car that was in the front.

"Where to?" Languidly asked the driver. He looked unfriendly. Fortunately, he did not smell of vodka. She pulled out a piece of paper with the address and showed him.

"How far!" The driver said. "It would be costly to you."

She was angry at him for saying this but tried not to show it, as she wanted to leave from there as soon as possible. She opened the door and got into the car.

The driver turned on the loud music. She did not like the music, but she did not want to argue with him. She was worried and nervous because she did not know what will happen to her when she got to the destination.

"Are you going to your relatives?" The driver asked her suddenly. "No," she said to him. "To some friends."

"It seems that you are not local," the driver said. "You are dressed like they do in the city."

"I have no other clothes," she said. "I rarely go out of town. But I took an umbrella." The driver laughed.

"In the case of heavy rain or snow, do not rely on your umbrella. It will not help you. The road will be impassable due to water and snow. Maybe you'll have to stay here a long time."

She had not thought about that while getting ready for the trip and got worried even more.

The car was traveling for a long time on a bad road, and finally stopped near some big beautiful house. She had never been here before. She remembered the father of her girlfriend, but not very well. She and her girlfriend had been friends since childhood and since childhood lived nearby, but the girlfriend's father divorced her mother when they were still children. After the divorce, he left town and moved to another city rather far away. Since then, she had not seen him. Her girlfriend visited him sometimes, but not often. He had never remarried and he had no children other than her girlfriend.

Она́ вы́шла _____ по́езда пошла́ _____ авто́бусной остано́вке, кото́рая была́ недалеко́ _____ железнодоро́жной ста́нции. _____ полпути́ _____ остано́вки она́ уви́дела, что туда́ же шли дво́е хулига́нов, кото́рые пристава́ли _____ ней _____ ваго́не, испуга́лась и реши́ла не е́хать _____ авто́бусе. _____ сча́стью, _____ друго́й стороне́ платфо́рмы была́ стоя́нка такси́, и она́ поверну́ла туда́.

Она́ пошла́ _____ платфо́рме _____ стоя́нке такси́. _____ стоя́нке бы́ло не́сколько маши́н. Води́тели стоя́ли о́коло маши́н, кури́ли, скуча́ли, _____ чём-то разгова́ривали друг _____ дру́гом.

Она́ подошла́ _____ маши́не, кото́рая стоя́ла впереди́. "Куда́ е́хать?" - лени́во спроси́л води́тель. Он вы́глядел недружелю́бным. _____ сча́стью, _____ него́ не па́хло во́дкой. Она́ доста́ла _____ су́мки бума́жку _____ а́дресом и показа́ла ему́.

Далеко́ как! - сказа́л води́тель. - Э́то вам бу́дет до́рого сто́ить. она́ рассерди́лась _____ него́ _____ э́ти слова́, но постара́лась не показа́ть ви́ду, так как хоте́ла как мо́жно скоре́е уе́хать отту́да. Она́ откры́ла дверь и се́ла _____ маши́ну.

Води́тель включи́л гро́мкую му́зыку. Ей не нра́вилась э́та му́зыка, но она́ не хоте́ла спо́рить _____ ним. Она́ волнова́лась и не́рвничала, так как не зна́ла, что ждёт её, когда́ она́ прие́дет _____ ме́сто.

"_____ ро́дственникам е́дете?" - неожи́данно спроси́л её води́тель. "Нет" - отве́тила она́ ему́. "_____ знако́мым". "Похо́же, что вы не _____ на́ших мест" - сказа́л води́тель. "Оде́ты по-городско́му". "_____ меня́ нет друго́й оде́жды" - сказа́ла она́. "Я ре́дко е́зжу _____ го́род. Но я взяла́ _____ собо́й зо́нтик". Води́тель засмея́лся. "Е́сли пойдёт си́льный дождь и́ли снег, не наде́йтесь _____ ваш зо́нтик. Он вам не помо́жет. Доро́га бу́дет непрое́зжая _____ воды́ и сне́га. Мо́жет быть, вам придётся оста́ться здесь надо́лго". _____ э́том она́ не поду́мала, когда́ собира́лась _____ пое́здку, и заволнова́лась ещё бо́льше.

Маши́на до́лго е́хала _____ плохо́й доро́ге и наконе́ц останови́лась во́зле како́го-то большо́го краси́вого до́ма. Она́ никогда́ не была́ здесь ра́ньше. Она́ по́мнила отца́ подру́ги, но не о́чень хорошо́. Они́ _____ подру́гой дружи́ли _____ де́тства и _____ де́тства жи́ли ря́дом, но оте́ц подру́ги развёлся _____ её ма́терью, когда́ они́ бы́ли ещё детьми́. По́сле разво́да он уе́хал _____ их го́рода и перее́хал _____ друго́й го́род, дово́льно далеко́. _____ тех пор она́ его́ не ви́дела. Подру́га иногда́ ви́делась _____ ним, но не ча́сто. Он бо́льше не жени́лся, и дете́й _____ него́ не́ было, кро́ме её подру́ги.

Води́тель посмотре́л на неё с интере́сом и спроси́л:

- Вы зна́ете хозя́ев э́того до́ма? Вы опозда́ли.

- Почему́ я опозда́ла? - спроси́ла она́ с неприя́тным предчу́вствием.

- Здесь никого́ нет. Они́ все уе́хали. Я сам отвози́л их на вокза́л неде́лю наза́д - отве́тил води́тель.

- Почему́ же вы мне об э́том ра́ньше не сказа́ли? - спроси́ла она́ с удивле́нием.

- Я не запомина́ю адреса́, я то́лько запомина́ю не́которые дома́ и не́которых пассажи́ров, кото́рых я вожу́. А тако́й дом вообще́ забы́ть невозмо́жно. Не дом, а мечта́ - и он с за́вистью посмотре́л на дом.

- Подожди́те меня́, пожа́луйста. Я бы́стро верну́сь - сказа́ла она́ и вы́шла из маши́ны. Она́ подошла́ к входно́й две́ри, позвони́ла в звоно́к, постуча́ла по две́ри молото́чком, кото́рый висе́л на две́ри.

Ей показа́лось, что она́ услы́шала шаги́ за две́рью, но никто́ ей не откры́л. Она́ немно́го подождала́, постуча́ла в дверь ещё раз, а пото́м вспо́мнила, что не́которые лю́ди на вся́кий слу́чай де́ржат ещё оди́н ключ от входно́й две́ри под две́рью под ко́вриком. Она́ посмотре́ла под ко́врик, и, на са́мом де́ле, уви́дела там ключ. Она́ взяла́ его́ и попро́бовала откры́ть дверь, и ключ, действи́тельно, подошёл к две́ри. Она́ вошла́ внутрь; в до́ме бы́ло пу́сто, хо́лодно и темно́.

Вдруг и́з-под дива́на послы́шался како́й-то шум. От неожи́данности она́ си́льно испуга́лась, но пото́м взяла́ себя́ в ру́ки и подошла́ к дива́ну. Она́ вста́ла на коле́ни, посмотре́ла под дива́н и уви́дела ко́шку. Точне́е, она́ снача́ла уви́дела то́лько два больши́х жёлтых гла́за, потому́ что в ко́мнате бы́ло темно́, осо́бенно под дива́ном. Коша́чьи глаза́ све́тятся в темноте́. У неё была́ своя́ ко́шка, она́ ча́сто ви́дела, как её глаза́ свети́лись в темноте́, поэ́тому она́ не испуга́лась.

- Выходи́. Тебя́ что, забы́ли здесь? Почему́ ты одна́ до́ма? - спроси́ла она́ у ко́шки, но та, коне́чно, ничего́ не отве́тила на э́тот вопро́с и и́з-под дива́на не вы́лезла.

Она́ поду́мала, что ко́шка, наве́рное, о́чень голо́дная, е́сли хозя́ева уе́хали неде́лю наза́д. Хотя́, мо́жет быть, кто́-то прихо́дит её корми́ть и убира́ть за ней. В до́ме бы́ло хо́лодно, похо́же, отопле́ние бы́ло вы́ключено. "Интере́сно, оста́лась здесь кака́я-нибудь еда́? А электри́чество они́ не отключи́ли?" - поду́мала она́ и ста́ла иска́ть на стене́ выключа́тель.

Нашла́ выключа́тель, включи́ла свет. Сра́зу ста́ло светло́ и не так стра́шно.

Она́ прошла́ на ку́хню. На ку́хне ей сра́зу бро́сился в глаза́ огро́мный холоди́льник. Она́ откры́ла две́рцу холоди́льника в наде́жде найти́ там каку́ю - нибудь еду́. К сожале́нию, в холоди́льнике бы́ло почти́ пу́сто. То́лько немно́го сы́ра и колбасы́. Она́ хоте́ла бы сде́лать бутербро́д, но для э́того ну́жен хлеб. Како́й же бутербро́д без хле́ба?

The driver looked at her with interest and asked, "Do you know the owners of this house? You are late."

"Why am I late?" She asked with an unpleasant foreboding.

"Nobody's here. They all left. I took them to the station a week ago," the driver replied.

"Why did you not tell me this before?" She asked in surprise.

"I do not memorize the addresses; I just remember some houses and some of the passengers I drive. And such a house is impossible to forget. Not a house, but a dream," and he looked at the house with envy.

"Wait for me, please. I'll be back soon," she said, and got out. She walked to the front door, rang the bell, knocked on the door with a little hammer, which was hanging on the door.

She thought she heard footsteps behind the door, but no one opened it for her. She waited for a little while, knocked on the door again, and then remembered that some people just in case keep another key to the front door by the door under the mat. She looked under the mat, and, in fact, saw a key. She took it and tried to open the door, and the key, indeed, matched the door. She went inside; the house was empty, cold and dark.

Suddenly she heard some noise from under the couch. She had not expected it and got very scared, but then pulled herself together and went up to the couch. She knelt down, looked under the sofa and saw a cat. More precisely, at first she saw only two large yellow eyes, because it was dark, especially under the couch in the room. Cats' eyes glow in the dark. She had a cat, and she often saw its eyes shining in the dark, so she was not afraid.

"Get out. Have you been forgotten here? Why are you alone at home?" She asked the cat, but of course, the latter did not answer this question and did not get out from under the couch.

She thought that the cat must be starved if the owners had left a week ago. Although, maybe somebody came to feed it and clean up after it.

The house was cold; it seemed that the heating was turned off.

"I wonder is there any food left here? And did they cut off the electricity?" She thought and began to look for a wall switch.

She found the switch and turned on the light. Immediately it became light in the room and not so scary.

She went into the kitchen. In the kitchen, a huge refrigerator immediately caught her eye. She opened the refrigerator door, hoping to find some food there.

Unfortunately, the fridge was almost empty. There was just a little bit of cheese and sausage. She would like to make a sandwich, but it needed bread. Could a sandwich be without bread?

Води́тель посмотре́л _____ неё _____ интере́сом и спроси́л:

- Вы зна́ете хозя́ев э́того до́ма? Вы опозда́ли.

- Почему́ я опозда́ла? - спроси́ла она́ _____ неприя́тным предчу́вствием.

- Здесь никого́ нет. Они́ все уе́хали. Я сам отвози́л их _____ вокза́л неде́лю наза́д - отве́тил води́тель.

- Почему́ же вы мне _____ э́том ра́ньше не сказа́ли? - спроси́ла она́ _____ удивле́нием.

- Я не запомина́ю а́дреса, я то́лько запомина́ю не́которые дома́. А тако́й дом вообще́ забы́ть невозмо́жно. Не дом, а мечта́ - и он _____ за́вистью посмотре́л _____ дом.

- Подожди́те меня́, пожа́луйста. Я бы́стро верну́сь - сказа́ла она́ и вы́шла _____ маши́ны. Она́ подошла́ _____ входно́й две́ри, позвони́ла _____ звоно́к, постуча́ла _____ две́ри молото́чком, кото́рый висе́л _____ две́ри.

Ей показа́лось, что она́ услы́шала шаги́ _____ две́рью, но никто́ ей не откры́л. Она́ постуча́ла _____ дверь ещё раз, а пото́м вспо́мнила, что не́которые лю́ди _____ вся́кий слу́чай де́ржат ещё оди́н ключ _____ входно́й две́ри _____ две́рью _____ ко́вриком. Она́ посмотре́ла _____ ко́врик, и, _____ са́мом де́ле, уви́дела там ключ. Она́ взяла́ его́ и ключ, действи́тельно, подошёл _____ две́ри. Она́ вошла́ внутрь; _____ до́ме бы́ло пу́сто, хо́лодно и темно́.

Вдруг _____ дива́на послы́шался како́й-то шум. _____ неожи́данности она́ испуга́лась, но взяла́ себя́ _____ ру́ки и подошла́ _____ дива́ну. Она́ вста́ла _____ коле́ни, посмотре́ла _____ дива́н и уви́дела ко́шку. Точне́е, она́ снача́ла уви́дела два жёлтых глаза́, потому́ что _____ ко́мнате бы́ло темно́, осо́бенно _____ дива́ном. Коша́чьи глаза́ све́тятся _____ темноте́. _____ неё была́ своя́ ко́шка, она́ ча́сто ви́дела, как её глаза́ свети́лись _____ темноте́, поэ́тому она́ не испуга́лась.

- Выходи́. Тебя́ что, забы́ли здесь? Почему́ ты одна́ до́ма? - спроси́ла она́ _____ ко́шки, но та, коне́чно, ничего́ не отве́тила _____ э́тот вопро́с и _____ дива́на не вы́лезла.

Она́ поду́мала, что ко́шка, наве́рное, о́чень голо́дная, е́сли хозя́ева уе́хали неде́лю наза́д. Хотя́, мо́жет быть, кто́-то прихо́дит её корми́ть и убира́ть _____ ней. _____ до́ме бы́ло хо́лодно. "Интере́сно, оста́лась здесь кака́я-нибудь еда́? А электри́чество они́ не отключи́ли?" - поду́мала она́ и ста́ла иска́ть _____ стене́ выключа́тель. Включи́ла свет. Сра́зу ста́ло светло́ и не так стра́шно.

Она́ прошла́ _____ ку́хню. _____ ку́хне ей сра́зу бро́сился _____ глаза́ огро́мный холоди́льник. Она́ откры́ла две́рцу холоди́льника _____ наде́жде найти́ там каку́ю - нибудь еду́. _____ сожале́нию, _____ холоди́льнике бы́ло почти́ пу́сто. То́лько немно́го сы́ра и колбасы́. Она́ хоте́ла бы сде́лать бутербро́д, но для э́того ну́жен хлеб. Како́й же бутербро́д _____ хле́ба?

Она́ реши́ла продо́лжить по́иски, хотя́ да́же не могла́ то́чно сказа́ть, что и́менно она́ и́щет. Каку́ю-нибудь информа́цию, кото́рая помогла́ бы ей поня́ть, что произошло́ с её подру́гой. Пока́ что она́ нашла́ то́лько ко́шку под дива́ном. Е́сли бы ко́шка могла́ говори́ть, была́ бы це́нным свиде́телем, но на э́то наде́яться, к сожале́нию, не прихо́дится. Так что пусть сиди́т под дива́ном. Она́ походи́ла по до́му и уви́дела ле́стницу, кото́рая вела́ на второ́й эта́ж. На второ́м этаже́ бы́ли три спа́льни.

"Сейча́с вы́беру себе́ са́мую хоро́шую спа́льню и са́мую большу́ю и удо́бную крова́ть и ля́гу там спать. Бу́дет почти́ как в ска́зке про трёх медве́дей", - поду́мала она́.

По́иски не принесли́ успе́ха. Она́ обошла́ весь дом, но не нашла́ ничего́, что могло́ бы проли́ть свет на э́ту стра́нную исто́рию. Она́ не уви́дела никаки́х веще́й её подру́ги, никаки́х пи́сем, никаки́х фотогра́фий.

Почему́ хозя́ева уе́хали? Куда́ они́ пое́хали? Была́ с ни́ми её подру́га и́ли нет? Води́тель такси́ сказа́л, что они́ уе́хали уже́ неде́лю наза́д. Зна́чит, они́ не могли́ увезти́ с собо́й её подру́гу. Мо́жно ли ве́рить э́тому води́телю?

Мо́жет быть, ей сто́ит позвони́ть в поли́цию? И́ли не звони́ть, а сра́зу пое́хать туда́? А мо́жет быть, снача́ла поговори́ть с сосе́дями? Мо́жет быть, кто́-нибудь из сосе́дей что́-то зна́ет?

Тепе́рь она́ жале́ла, что не рассказа́ла никому́ из знако́мых о том, что случи́лось с её подру́гой. Никто́ не зна́ет, где она́ сейча́с нахо́дится, да́же сосе́дка, кото́рая присма́тривает за её соба́кой и ко́шкой. Всё произошло́ так бы́стро, что она́ не успе́ла поду́мать. Она́ де́йствовала импульси́вно, без како́го- либо пла́на. Э́то бы́ло не хара́ктерно для неё, обы́чно она́ проду́мывала свои́ де́йствия в дета́лях. А вот тепе́рь, когда́ она́ реши́ла изобража́ть из себя́ ча́стного детекти́ва, в го́лову не прихо́дит ни одно́й мы́сли. Ну́жно взять себя́ в ру́ки и реши́ть, что де́лать да́льше. Она́ подошла́ к большо́му стари́нному зе́ркалу, кото́рое висе́ло на стене́ в спа́льне, и внима́тельно посмотре́ла на своё отраже́ние. Поду́мала: "Не́ с кем бо́льше посове́товаться", - и улыбну́лась сама́ себе́.

У неё была́ прия́тная вне́шность: больши́е се́рые глаза́, краси́вая улы́бка, тёмные во́лосы до плеч. Ей бы́ло о́коло тридцати́ пяти́ лет, но она́ вы́глядела моло́же. Выраже́ние лица́ у неё обы́чно бы́ло споко́йное, уве́ренное и приве́тливое, но сейча́с она́ показа́лась себе́ расте́рянной и испу́ганной.

"Подру́га рассчи́тывает на меня́", - напо́мнила она́ себе́. "Она́ на меня́ наде́ется. Я не могу́ её подвести́. Кро́ме меня́, ей никто́ не помо́жет. Никто́ не зна́ет, что с ней случи́лось".

She decided to continue the search, even though she could not say exactly what she was looking for. Any information that would help her to understand what had happened and how to find her girlfriend. So far, she found only a cat under the couch. If a cat could talk, it would be a valuable witness, but, unfortunately, there was no hope of that. So let it sit under the couch. She walked around the house and saw the staircase that led to the second floor. On the second floor, there were three bedrooms.

"I will choose myself the nicest bedroom and the biggest and most comfortable bed and go to sleep there. It will be almost like a fairy tale about the three bears," she thought.

The search was not successful. She walked around the house, but found nothing that could shed light on this strange story. She did not see any things of her girlfriend, no letters, no photographs.

Why had the owners left? Where did they go? Was her girlfriend with them or not? The taxi driver said that they had left a week ago. Hence, they could not have taken her friend with them. Could the driver be trusted?

Maybe she should call the police? Or not call, but immediately go there? Or maybe first talk with the neighbors? Maybe some of the neighbors knew something?

Now she regretted that she had not told anyone of her friends about what had happened to her girlfriend. Nobody knew where she was now, even the neighbor who looked after her dog and her cat. Everything had happened so quickly that she did not have time to think. She acted on impulse, without any plan. It was not typical for her, and she usually thought through her actions in detail. And now, when she decided to pose as a private detective, not a single thought came to mind. She needed to pull herself together and decide what to do next. She walked over to a large antique mirror that hung on the wall in the bedroom and looked intently at her reflection. She thought, "There is no one else to consult with," and smiled at herself.

She had a pleasing appearance: large gray eyes, beautiful smile, dark hair up to the shoulders. She was about thirty-five years old but looked younger. The expression of her face usually was calm, confident and friendly, but now she seemed confused and frightened to herself.

"My girlfriend is counting on me," she reminded herself. "She is hoping I'll help her. I can't let her down. Except for me, no one will help her. Nobody knows what happened to her."

Она́ реши́ла продо́лжить по́иски, хотя́ да́же не могла́ то́чно сказа́ть, что и́менно она́ и́щет. Каку́ю-нибудь информа́цию, кото́рая помогла́ бы ей поня́ть, что произошло́ _____ её подру́гой. Пока́ что она́ нашла́ то́лько ко́шку _____ дива́ном. Е́сли бы ко́шка могла́ говори́ть, была́ бы це́нным свиде́телем, но _____ э́то наде́яться, _____ сожале́нию, не прихо́дится. Так что пусть сиди́т _____ дива́ном. Она́ походи́ла _____ до́му и увидела ле́стницу, кото́рая вела́ _____ второ́й эта́ж. _____ второ́м этаже́ бы́ли три спа́льни.

"Сейча́с вы́беру себе́ са́мую хоро́шую спа́льню и са́мую большу́ю и удо́бную крова́ть и ля́гу там спать. Бу́дет почти́ как _____ ска́зке _____ трёх медве́дей" -поду́мала она́.

По́иски не принесли́ успе́ха. Она́ обошла́ весь дом, но не нашла́ ничего́, что могло́ бы проли́ть свет _____ э́ту стра́нную исто́рию. Она́ не увидела никаки́х веще́й её подру́ги, никаки́х пи́сем, никаки́х фотогра́фий.

Почему́ хозя́ева уе́хали? Куда́ они́ пое́хали? Была́ _____ ни́ми её подру́га и́ли нет? Води́тель такси́ сказа́л, что они́ уе́хали уже́ неде́лю наза́д. Зна́чит, они́ не могли́ увезти́ _____ собо́й её подру́гу. Мо́жно ли ве́рить э́тому води́телю?

Мо́жет быть, ей стоит позвони́ть _____ поли́цию? И́ли не звони́ть, а сра́зу пое́хать туда́? А мо́жет быть, снача́ла поговори́ть _____ сосе́дями? Мо́жет быть, кто́-нибудь _____ сосе́дей что́-то зна́ет?

Тепе́рь она́ жале́ла, что не рассказа́ла никому́ _____ знако́мых _____ том, что случи́лось _____ её подру́гой. Никто́ не зна́ет, где она́ сейча́с нахо́дится, да́же сосе́дка, кото́рая присма́тривает _____ её соба́кой и ко́шкой. Всё произошло́ так бы́стро, что она́ не успе́ла поду́мать. Она́ де́йствовала импульси́вно, _____ како́го-либо пла́на. Э́то бы́ло не характе́рно _____ неё, обы́чно она́ проду́мывала свои́ де́йствия _____ дета́лях. А вот тепе́рь, когда́ она́ реши́ла изобража́ть _____ себя́ ча́стного детекти́ва, _____ го́лову не прихо́дит ни одно́й мы́сли. Ну́жно взять себя́ _____ ру́ки и реши́ть, что де́лать да́льше. Она́ подошла́ _____ большо́му стари́нному зе́ркалу, кото́рое висе́ло _____ стене́ _____ спа́льне, и внима́тельно посмотре́ла _____ своё отраже́ние. Поду́мала: "Не _____ кем бо́льше посове́товаться" - и улыбну́лась сама́ себе́.

_____ неё была́ прия́тная вне́шность: больши́е се́рые глаза́, краси́вая улы́бка, тёмные во́лосы _____ плеч. Ей бы́ло о́коло тридцати́ пяти́ лет, но она́ вы́глядела моло́же. Выраже́ние лица́ _____ неё обы́чно бы́ло споко́йное, уве́ренное и приве́тливое, но сейча́с она́ показа́лась себе́ расте́рянной и испу́ганной.

"Подру́га рассчи́тывает _____ меня́, напо́мнила она́ себе́. "Она́ _____ меня́ наде́ется. Я не могу́ её подвести́. Кро́ме меня́, ей никто́ не помо́жет. Никто́ не зна́ет, что _____ ней случи́лось".

Дом был большо́й, бы́ло похо́же, что в нём жила́ больша́я семья́. В шкафу́ висе́ло мно́го оде́жды. Там была́ мужска́я оде́жда, же́нская оде́жда и да́же де́тская оде́жда. В одно́й из спа́лен бы́ло мно́жество де́тских игру́шек, кото́рые лежа́ли везде́: на крова́ти, на полу́, на столе́. Коро́бки и́з-под игру́шек стоя́ли в углу́ ко́мнаты пусты́е. Су́дя по игру́шкам, э́то была́ ко́мната ма́льчика лет десяти́. Там бы́ли маши́нки, пистоле́ты, каки́е-то ужа́сного ви́да мо́нстры. На полу́ во́зле крова́ти стоя́ла игру́шечная желе́зная доро́га с ма́ленькими поезда́ми. Она́ позави́довала хозя́ину всех э́тих игру́шек. Когда́ она́ была́ ребёнком, ни у неё, ни у её друзе́й и подру́г таки́х хоро́ших игру́шек не́ было.

"Стра́нно", - поду́мала она́ с удивле́нием - "Отку́да здесь сто́лько оде́жды и де́тских игру́шек? Хвати́ло бы на це́лый де́тский сад. Ведь Ма́шин оте́ц, ка́жется, жил оди́н".

Бо́льше на второ́м этаже́ де́лать бы́ло не́чего. Она́ поду́мала, что на́до бы найти́ ко́мнату, в кото́рой был о́фис хозя́ина до́ма. Мо́жет быть, там найду́тся каки́е-нибудь бума́ги, кото́рые помогли́ бы разобра́ться в ситуа́ции.

Она́ спусти́лась вниз по ле́стнице со второ́го этажа́. Ступе́ньки скрипе́ли у неё под нога́ми. "Я бы не хоте́ла жить в двухэта́жном до́ме. Мне бы надое́ло всё вре́мя ходи́ть вверх-вниз по ле́стнице. Гора́здо удо́бнее жить в одноэта́жном до́ме, где не на́до ча́сто поднима́ться и спуска́ться по ле́стнице. Хотя́ кака́я мне ра́зница. Я живу́ в городско́й кварти́ре. Городски́е кварти́ры о́чень ре́дко быва́ют двухэта́жными, я никогда́ таки́х не ви́дела", - поду́мала она́.

Она́ уви́дела ко́мнату, в кото́рой стоя́л большо́й пи́сьменный стол, на кото́ром стоя́л компью́тер. У стола́ стоя́ло большо́е и удо́бное на вид чёрное кре́сло. Она́ се́ла в э́то кре́сло и опя́ть почу́вствовала себя́ ма́ленькой де́вочкой из ска́зки про трёх медве́дей.

На столе́ ря́дом с компью́тером лежа́ли бума́ги, в том числе́ конве́рты с пи́сьмами. Она́ взяла́ в ру́ки оди́н конве́рт и посмотре́ла на него́. Пото́м взяла́ ещё не́сколько и внима́тельно посмотре́ла на них. Что́-то показа́лось ей о́чень стра́нным. Она́ не узна́ла и́мени и фами́лии челове́ка, кото́рому бы́ли адресо́ваны э́ти пи́сьма. Она́ доста́ла из карма́на бума́жку с а́дресом отца́ подру́ги. А́дрес был друго́й.

До неё вдруг дошло́, что она́ нахо́дится в чужо́м до́ме, куда́ вошла́ без приглаше́ния и без разреше́ния хозя́ев и обы́скивает э́тот дом, сама́ не понима́я, что и́менно она́ и́щет. Чем она́ отлича́ется от воро́вки? Е́сли сейча́с сюда́ верну́тся хозя́ева и́ли прие́дет поли́ция, как она́ смо́жет объясни́ть, кто она́ така́я и что де́лает здесь? Коне́чно, её сра́зу аресту́ют. Кто пове́рит её исто́рии об отце́ подру́ги? Она́ сама́ никогда́ бы не пове́рила э́тому, е́сли бы в э́той исто́рии уча́ствовала не она́ сама́, а кто́-то друго́й.

The house was big; it seemed that a big family lived there. In the closet hung a lot of clothes. There were men's clothing, women's clothing and even children's clothing. In one of the bedrooms, there were a lot of toys that were lying everywhere: on the bed, on the floor, and on the table. Empty toy boxes were in the corner of the room. Judging by the toys, this was a room of a boy about ten years old. There were cars, pistols, and some terrible looking monsters. On the floor beside the bed was a toy railroad with small trains. She envied the owner of all these toys. When she was a child, neither she nor her friends and girlfriends had nice toys like that.

"Strange," she thought with surprise. "Why are there so many clothes and toys? It would be enough for a whole daycare facility. It seems that Masha's father lived alone..."

There was nothing else for her to do on the second floor. She thought that it was necessary to find a room where there was an office of the owner of the house. Maybe there were some papers there that would help to understand the situation.

She came down the stairs from the second floor. The stairs creaked under her feet. "I would not want to live in a two-story house. I would be sick and tired of walking up and down the stairs all the time. It is much easier to live in a one-story house, where there is no need to go up and down the stairs frequently. Though what difference does it make to me. I live in a city apartment. City apartments are very rarely of two stories, I have never seen such," she thought.

She saw a room where there was a large desk on which stood a computer. By the table was a large and comfortably looking black chair. She sat down in that chair and again felt like a little girl from the fairy tale about the three bears.

On the table next to the computer were some papers, including envelopes with letters. She picked up one envelope and looked at it. Then she took a few more and looked at them. Something struck her as very strange. She did not recognize the first and last name of the person to whom the letters were addressed. Out of her pocket, she pulled a piece of paper with the address of her girlfriend's father. The address was different.

Suddenly it dawned on her that she was in a strange house, where she had come without an invitation and permission of the owners and searched the house not even understanding what exactly she was looking for. How was she different from a thief? If the owners came back home right now or the police arrived would she be able to explain who she was and what she was doing here? Of course, they would immediately arrest her. Who would believe her story about her girlfriend's father? She would have never believed it herself if this story had happened to someone else and not to her.

Дом был большо́й, бы́ло похо́же, что _____ нём жила́ больша́я семья́. _____ шкафу́ висе́ло мно́го оде́жды. Там была́ мужска́я оде́жда, же́нская оде́жда и да́же де́тская оде́жда. _____ одно́й _____ спа́лен бы́ло мно́жество де́тских игру́шек, кото́рые лежа́ли везде́: _____ крова́ти, _____ полу́, _____ столе́. Коро́бки _____ игру́шек стоя́ли _____ углу́ ко́мнаты пусты́е. Судя́ _____ игру́шкам , э́то была́ ко́мната ма́льчика лет десяти́. Там бы́ли маши́нки, пистоле́ты, каки́е-то ужа́сного ви́да мо́нстры. _____ полу́ во́зле крова́ти стоя́ла игру́шечная желе́зная доро́га _____ ма́ленькими поезда́ми. Она́ позави́довала хозя́ину всех э́тих игру́шек. Когда́ она́ была́ ребёнком, ни _____ неё, ни _____ её друзе́й и подру́г таки́х хоро́ших игру́шек не́ было.

"Стра́нно" - поду́мала она́ _____ удивле́нием - "Отку́да здесь сто́лько оде́жды и де́тских игру́шек? Хвати́ло бы _____ це́лый де́тский сад. Ведь Ма́шин оте́ц, ка́жется, жил оди́н."

Бо́льше _____ второ́м этаже́ де́лать бы́ло не́чего. Она́ поду́мала, что на́до бы найти́ ко́мнату, _____ кото́рой был о́фис хозя́ина до́ма. Мо́жет быть, там найду́тся каки́е-нибудь бума́ги, кото́рые помогли́ бы разобра́ться _____ ситуа́ции.

Она́ спусти́лась вниз _____ ле́стнице _____ второ́го этажа́. Ступе́ньки скрипе́ли _____ неё _____ нога́ми. "Я бы не хоте́ла жить _____ двухэта́жном до́ме. Мне бы надое́ло всё вре́мя ходи́ть вверх-вниз _____ ле́стнице. Гора́здо удо́бнее жить _____ одноэта́жном до́ме, где не на́до ча́сто поднима́ться и спуска́ться _____ ле́стнице. Хотя́ кака́я мне ра́зница. Я живу́ _____ городско́й кварти́ре.

Она́ уви́дела ко́мнату, _____ кото́рой стоя́л большо́й пи́сьменный стол, _____ кото́ром стоя́л компью́тер. _____ стола́ стоя́ло большо́е и удо́бное _____ вид чёрное кре́сло. Она́ се́ла _____ э́то кре́сло и опя́ть почу́вствовала себя́ ма́ленькой де́вочкой _____ ска́зки _____ трёх медве́дей.

_____ столе́ ря́дом _____ компью́тером лежа́ли бума́ги, _____ том числе́ конве́рты _____ пи́сьмами. Она́ взяла́ _____ ру́ки оди́н конве́рт и посмотре́ла _____ него́. Пото́м взяла́ ещё не́сколько и внима́тельно посмотре́ла _____ них. Что́-то показа́лось ей о́чень стра́нным. Она́ не узна́ла и́мени и фами́лии челове́ка, кото́рому бы́ли адресо́ваны э́ти пи́сьма. Она́ доста́ла _____ карма́на бума́жку _____ а́дресом отца́ подру́ги. А́дрес был друго́й.

_____ неё вдруг дошло́, что она́ нахо́дится _____ чужо́м до́ме, куда́ вошла́ _____ приглаше́ния и _____ разреше́ния хозя́ев и обы́скивает э́тот дом, сама́ не понима́я, что и́менно она́ и́щет. Чем она́ отлича́ется _____ воро́вки? Е́сли сейча́с сюда́ верну́тся хозя́ева и́ли прие́дет поли́ция, как она́ смо́жет объясни́ть, кто она́ така́я и что де́лает здесь? Кто пове́рит её исто́рии _____ отце́ подру́ги? Она́ сама́ никогда́ бы не пове́рила э́тому, е́сли бы _____ э́той исто́рии уча́ствовала не она́ сама́, а кто́-то друго́й.

А где же водитель такси? Он не мог уехать, ведь она ещё не заплатила за проезд, не уедет же он без денег. Когда она подумала про деньги, она вдруг поняла, что при ней нет её сумочки, которую она обычно носила на плече, когда выходила из дома. Где же она могла её оставить? Неужели забыла в машине?

Она быстро пошла, почти побежала, к выходу из дома. Когда она открыла дверь и посмотрела на улицу, она увидела, что её самые худшие подозрения оправдались. Машины не оказалось на том месте, где она стояла раньше. Вместе с машиной исчезла её сумка с документами и деньгами. Мобильный телефон тоже был в сумке.

"Не паниковать!" - сказала она сама себе. "Паника никогда никому не помогает, а только вредит. В панике люди делают ошибки, которые часто оказываются непоправимыми. Надо успокоиться, взять себя в руки и принять какое-то решение".

Она вернулась в дом и прошла на кухню. Окно кухни выходило не на дорогу, а в сад, поэтому она не боялась, что её могут увидеть с улицы. А если по улице к дому подъедет машина, она услышит шум колёс и успеет спрятаться. Хотя где она сможет спрятаться? Под диваном, рядом с кошкой? Вряд ли... Она налила воды в электрический чайник, чтобы попить чаю. Достала из холодильника сыр и колбасу. "Хозяевам придётся простить меня за это. Я же не злоумышленница и не воровка. Я забралась в их дом без злого умысла, ничего воровать здесь не собираюсь. А накормить голодного человека - доброе дело. Русские люди всегда были гостеприимными. Если бы хозяева были здесь, я уверена, что они не отказали бы мне в гостеприимстве и помогли бы, чем смогли", - подумала она и налила себе чашку чая. Чай оказался очень вкусным, и она почувствовала себя чуть лучше.

Вы когда-нибудь замечали, что когда у человека настроение меняется к лучшему, всё вокруг него тоже меняется к лучшему? Бывает так, что человеку не везёт, проблема на проблеме, и даже погода ужасная, на небе тучи. Человек из-за этого волнуется, не знает, что делать. А потом решает отдохнуть, попить чаю, и от этого и на душе лучше становится, и солнышко на небе появляется, и проблема решается.

Она попила чаю, даже печенье какое-то нашла в кухонном шкафу. Мысленно поблагодарила хозяев за угощение, и чашку, конечно, за собой помыла. Как только она подумала, что хватит отдыхать, надо идти дальше (куда именно дальше, она, правда, пока не решила), послышался шум подъезжающей к дому машины.

Судя по звуку, машина подъехала к дому и остановилась. "Полиция? Хозяева? Прятаться или сдаваться?" - думала она в панике, пока шла к входной двери. Подошла к двери и посмотрела в окно, которое было рядом с дверью и выходило на улицу.

And where was the taxi driver? He could not have left because she had not paid for the ride yet and he would not leave without the money. When she thought about the money, she suddenly realized that she did not have her purse with her, which she was usually wearing on her shoulder when she went out. Where could she have left it? Could she have forgotten it in the car?

She quickly walked, almost ran towards the exit. When she opened the door and looked out into the street, she saw that her worst suspicions were justified. The car was no longer there. Together with the car, were gone the purse with the documents and money. The mobile phone was also in the purse.

"Do not panic!" she said to herself. "Panic never helps anyone, but only harms. In a panic, people make mistakes, which are often irreparable. It is necessary to calm down, to pull myself together and make a decision."

She returned to the house and went into the kitchen. The kitchen window was not facing the road, but the garden, so she was not afraid to be seen from the street. And if a car drove on the road towards the house she would hear the noise of the wheels and would have enough time to hide. Though where could she hide? Under the couch, next to the cat? Hardly ... She poured water into the kettle to make some tea to drink and got cheese and sausage from the refrigerator. "The owners will have to forgive me for this. After all, I am not a thug and not a thief. I got into their house without malice, and I am not going to steal anything here. Feeding a hungry is a good deed, and Russian people have always been hospitable. If the owners were here I'm sure they would not have denied me their hospitality and would help all they could," she thought and poured herself a cup of tea. The tea turned out to be refreshing, and she felt a little better.

Have you ever noticed that when a person's mood is changing for the better, all around is also changing for the better? It sometimes happens that a person is out of luck, the problems are piling up, and even the weather is terrible, there are clouds in the sky. The person is worrying because of this and doesn't know what to do. And then they decide to relax, drink some tea, and after that, the mood improves, the sun appears in the sky, and the problem gets resolved.

She drank some tea and even found some cookies in the kitchen cupboard. In her mind she thanked the hosts for the treat, and, of course, washed the cup after herself. Once she thought she had had enough rest and must go further (where to, frankly, she had not yet decided), she heard the sound of the car pulling up to the house. Judging by the sound, the car pulled up to the house and stopped. "The police? The owners? To hide or to surrender?" she thought in a panic as she walked to the front door. She went to the door and looked out the window, which was next to the door and was facing the street.

А где же води́тель такси́? Он не мог уе́хать, ведь она́ ещё не заплати́ла _____ прое́зд, не уе́дет же он _____ де́нег. Когда́ она́ поду́мала _____ де́ньги, она́ вдруг поняла́, что _____ ней нет её су́мочки, кото́рую она́ обы́чно носи́ла _____ плече́, когда́ выходи́ла _____ до́ма. Где же она́ могла́ её оста́вить? Неуже́ли забы́ла _____ маши́не?

Она́ бы́стро пошла́ _____ вы́ходу _____ до́ма. Когда́ она́ откры́ла дверь и посмотре́ла _____ у́лицу, она́ уви́дела, что её са́мые ху́дшие подозре́ния оправда́лись. Маши́ны не оказа́лось _____ том ме́сте, где она́ стоя́ла ра́ньше. Вме́сте _____ маши́ной исче́зла её су́мка _____ докуме́нтами и деньга́ми. Моби́льный телефо́н то́же был _____ су́мке.

"Не панкова́ть!" - сказа́ла она́ сама́ себе́. "Па́ника никогда́ никому́ не помога́ет, а то́лько вреди́т. _____ па́нике лю́ди де́лают оши́бки, кото́рые ча́сто ока́зываются непоправи́мыми. На́до успоко́иться, взять себя́ _____ ру́ки и приня́ть како́е-то реше́ние."

Она́ верну́лась _____ дом и прошла́ _____ ку́хню. Окно́ ку́хни выходи́ло не _____ доро́гу, а _____ сад, поэ́тому она́ не боя́лась, что её мо́гут уви́деть _____ у́лицы. А е́сли _____ у́лице _____ до́му подъе́дет маши́на, она́ услы́шит и успе́ет спря́таться. Хотя́ где она́ смо́жет спря́таться? _____ дива́ном, ря́дом _____ ко́шкой? Вряд ли...

Она́ налила́ воды́ _____ электри́ческий ча́йник, что́бы попи́ть ча́ю. Доста́ла _____ холоди́льника сыр и колбасу́. "Хозя́евам придётся прости́ть меня́ _____ э́то. Я же не злоумы́шленница и не воро́вка. Я забрала́сь _____ их дом _____ зло́го у́мысла, ничего́ ворова́ть здесь не собира́юсь. А накорми́ть голо́дного челове́ка - до́брое де́ло. Éсли бы хозя́ева бы́ли здесь, я уве́рена, что они́ не отказа́ли бы мне _____ гостеприи́мстве и помогли́ бы, чем смогли́" - поду́мала она́ и налила́ себе́ ча́шку ча́я.

Вы когда́-нибудь замеча́ли, что когда́ _____ челове́ка настрое́ние меня́ется _____ лу́чшему, всё вокру́г него́ то́же меня́ется _____ лу́чшему? Быва́ет так, что челове́ку не везёт, пробле́ма _____ пробле́ме, и да́же пого́да ужа́сная, _____ не́бе ту́чи. Челове́к _____ э́того волну́ется, не зна́ет, что де́лать. А пото́м реша́ет отдохну́ть, попи́ть ча́ю, и _____ э́того и _____ душе́ лу́чше стано́вится, и со́лнышко _____ не́бе появля́ется, и пробле́ма реша́ется.

Она́ попила́ ча́ю, да́же пече́нье како́е-то нашла́ _____ ку́хонном шкафу́. Мы́сленно поблагодари́ла хозя́ев _____ угоще́ние, и ча́шку, коне́чно, _____ собо́й помы́ла. Как то́лько она́ поду́мала, что хва́тит отдыха́ть, на́до идти́, послы́шался шум подъезжа́ющей _____ до́му маши́ны. Су́дя _____ зву́ку, маши́на подъе́хала _____ до́му и останови́лась. "Поли́ция? Хозя́ева? Пря́таться и́ли сдава́ться?" - ду́мала она́ _____ па́нике, пока́ шла _____ входно́й две́ри. Подошла́ _____ две́ри и посмотре́ла _____ окно́, кото́рое бы́ло ря́дом _____ две́рью и выходи́ло _____ у́лицу.

К её удивлению, она увидела знакомую ей машину-такси, на которой она приехала сюда около часа назад. Из машины вышел водитель и пошёл в сторону дома.

Она вышла ему навстречу. В этом доме ей делать было нечего, надо быстрее уезжать отсюда, пока её никто не увидел и не вызвал полицию. Она, конечно, сердилась на водителя за то, что он привёз её не по адресу, а потом куда-то исчез и оставил её одну. Но в тот момент она была очень рада его видеть!

- Куда вы исчезли? - спросила она. - Я подумала, что вы бросили меня здесь одну. Моя сумка с документами и деньгами осталась в вашей машине, и телефон тоже, а я уже собиралась в полицию звонить.

- Нельзя всех людей считать обманщиками, - ответил водитель. - Я честный человек. Я не ворую вещи у моих пассажиров. Я хорошо зарабатываю. Люди нередко забывают что-нибудь в машинах, а мы все эти вещи подбираем и сдаём в бюро находок.

- Извините, я не хотела вас обидеть, - сказала она. - Я просто очень испугалась, когда вас не увидела на месте. А где же вы были?

- Съездил залил бензина в машину, - сказал он. - А то уже бак пустой почти был. Думал, успею съездить туда и обратно, пока вы разговариваете со знакомыми. Ну, закончили вы здесь ваши дела? Едем обратно?

Больше всего на свете ей хотелось бы сесть в машину и поехать обратно, домой. Но как же она могла это сделать? Подругу надо найти.

- Нет. Я не закончила свои дела. Я их даже не начинала. Вы привезли меня не по тому адресу, который я вам дала. Это не тот дом, где живёт отец моей подруги. Мне очень повезло, что меня не арестовала полиция за то, что я забралась в чужой дом, как воровка.

- Какая же вы воровка, - сказал водитель. - С пустыми руками выходите. Что же вы у них украли?

- Чашку чая с печеньем, - сказала она сердито. - Я бы им денег оставила, но вы мою сумку увезли.

Она опять начала сердиться на водителя.

- Как это я вас не туда привёз? - спросил он. - Я привёз вас именно туда, куда вы сказали. Улица Белозёрская, дом двадцать два.

- А мне не Белозёрская улица нужна, а Белогорская! - она почти кричала. - Вот, посмотрите, здесь адрес записан! - И она показала ему бумажку с адресом.

- Кто же разберёт, что вы здесь написали! - водитель тоже рассердился на неё. - Ничего не понятно, как будто курица лапой писала!

To her surprise, she saw a car that was familiar to her, the taxi that had brought her here about an hour ago. The driver got out of the car and went towards the house.

She went towards him. There was nothing for her to do in this house, and she had to leave quickly before someone saw her and called the police. Of course, she was angry at the driver for having brought her to the wrong address and then disappearing somewhere and leaving her alone. But at that time she was jubilant to see him!

"Where did you disappear?" she asked. "I thought you left me here alone. My purse with documents and money were left in your car, and my phone too, so I was about to call the police."

"Do not consider all people deceivers," the driver replied. "I am an honest person. I do not steal things from my passengers. I am well paid. People often forget something in the cabs, and we pick up all those things and turn into the lost and found."

"Sorry, I did not mean to offend you," she said. "I just got scared when I didn't see you at your place. And where have you been?"

"Went to get gasoline for the car," he said. "The tank was already almost empty. I thought I had time to go there and back while you talked with your friends. Well, have you finished your business? Let's go back?"

More than anything, she wanted to get in the car and go back home. But how could she do it? She had to find her girlfriend.

"No. I did not finish my business. I did not even start. You brought me to a different address than the one I had given you. This is not the house where the father of my girlfriend lives. I was very lucky that the police didn't arrest me for having entered someone's house like a thief."

"How could you be a thief," the driver said. "You leave empty-handed. What have you stolen from them?"

"A cup of tea with cookies," she snapped angrily. "I would have left them some money, but you have taken away my purse."

She again started to get angry at the driver.

"How is it possible that I have brought you to an incorrect address?" he asked. "I brought you exactly where you said. Belozersky Street, home twenty-two."

"I do not need Belozerskaya Street, but Belogorskaya Street!

She almost cried. Here, look, this address is written right here!" And she showed him a piece of paper with the address.

"Who would decipher what you have written here!" The driver was also angry at her. "Nothing is definite, like chicken scratch writing!"

_____ её удивле́нию, она́ уви́дела знако́мую ей маши́ну-такси́, _____ кото́рой она́ прие́хала сюда́ о́коло часа́ наза́д. _____ маши́ны вы́шел води́тель и пошёл _____ сто́рону до́ма.

Она́ вы́шла ему́ навстре́чу. _____ э́том до́ме ей де́лать бы́ло не́чего. Она́, коне́чно, серди́лась _____ води́теля _____ то, что он привёз её не _____ а́дресу, а пото́м куда́-то исче́з и оста́вил её одну́. Но _____ тот моме́нт она́ была́ о́чень ра́да его́ ви́деть!

- Куда́ вы исче́зли? - спроси́ла она́. - Я поду́мала, что вы бро́сили меня́ здесь одну́. Моя́ су́мка _____ докуме́нтами и деньга́ми оста́лась _____ ва́шей маши́не, и телефо́н то́же, а я уже́ собира́лась _____ поли́цию звони́ть.

- Нельзя́ всех люде́й счита́ть обма́нщиками - отве́тил води́тель. - Я че́стный челове́к. Я не ворую́ ве́щи _____ мои́х пассажи́ров. Лю́ди нере́дко забыва́ют что́-нибудь _____ маши́нах, а мы все э́ти ве́щи подбира́ем и сдаём _____ бюро́ нахо́док.

- Извини́те, я не хоте́ла вас оби́деть - сказа́ла она́. - Я про́сто о́чень испуга́лась, когда́ вас не уви́дела _____ ме́сте. А где же вы бы́ли?

- Съе́здил зали́л бензи́на _____ маши́ну - сказа́л он. - А то уже́ бак пусто́й почти́ был. Ду́мал, успе́ю съе́здить туда́ и обра́тно, пока́ вы разгова́риваете _____ знако́мыми. Ну, зако́нчили вы здесь ва́ши дела́? Е́дем обра́тно?

Бо́льше всего́ _____ свете ей хоте́лось бы сесть _____ маши́ну и пое́хать обра́тно, домо́й. Но как же она́ могла́ э́то сде́лать? Подру́гу на́до найти́.

- Нет. Я не зако́нчила свои́ дела́. Я их да́же не начина́ла. Вы привезли́ меня́ не _____ тому́ а́дресу, кото́рый я вам дала́. Э́то не тот дом, где живёт оте́ц мое́й подру́ги. Мне о́чень повезло́, что меня́ не арестова́ла поли́ция _____ то, что я забрала́сь _____ чужо́й дом, как воро́вка.

- Кака́я же вы воро́вка - сказа́л води́тель. - _____ пусты́ми рука́ми выхо́дите. Что же вы _____ них укра́ли?

- Ча́шку ча́я _____ пече́ньем, - сказа́ла она́ серди́то. - Я бы им де́нег оста́вила, но вы мою́ су́мку увезли́.

Она́ опя́ть начала́ серди́ться _____ води́теля.

- Как э́то я вас не туда́ привёз? - спроси́л он. - Я привёз вас и́менно туда́, куда́ вы сказа́ли. У́лица Белозёрская, дом два́дцать два.

- А мне не Белозёрская у́лица нужна́, а Белого́рская! - она́ почти́ крича́ла. - Вот, посмотри́те, здесь а́дрес запи́сан! - и она́ показа́ла ему́ бума́жку _____ а́дресом.

- Кто же разберёт, что вы здесь написа́ли! - води́тель то́же рассерди́лся _____ неё. - Ничего́ не поня́тно, как бу́дто ку́рица ла́пой писа́ла!

Возмо́жно, и́з-за того́, что они́ разгова́ривали дово́льно гро́мко, дверь до́ма, кото́рый стоя́л напро́тив, че́рез у́лицу, откры́лась, и отту́да вы́глянула кака́я-то же́нщина.

Ни она́, ни води́тель не хоте́ли привлека́ть внима́ние сосе́дей, поэ́тому она́ сказа́ла води́телю: "Подожди́те, я сейча́с", бы́стро подошла́ к до́му, заперла́ дверь на ключ и положи́ла ключ обра́тно под ко́врик пе́ред входно́й две́рью.

По́сле э́того она́ се́ла в маши́ну и сказа́ла:

- Вези́те меня́ тепе́рь по пра́вильному а́дресу. У́лица Белого́рская, дом два́дцать два.

Води́тель нажа́л на газ, и они́ пое́хали. Когда́ они́ отъе́хали от до́ма и дое́хали до поворо́та, води́тель спроси́л:

- Куда́ тепе́рь е́дем? Куда́ повора́чивать, нале́во и́ли напра́во?"

- Вы что, не зна́ете, куда́ е́хать? Вы не зна́ете, где нахо́дится э́та у́лица? Как же вы мо́жете рабо́тать в такси́? Почему́ вы мне не сказа́ли, что не зна́ете доро́гу? Я бы к кому́-нибудь друго́му се́ла! - удиви́лась она́.

- Когда́ вы ко мне в маши́ну се́ли, вы сказа́ли у́лица Белозёрская. Туда́ я вас и привёз. А где Белого́рская, я не зна́ю. Е́сли хоти́те, отвезу́ вас обра́тно на ста́нцию.

- Нет, - сказа́ла она́ твёрдо. - На ста́нцию я возвраща́ться не бу́ду. Я сейча́с постучу́сь в како́й-нибудь дом и спрошу́ доро́гу.

Она́ подошла́ к до́му, кото́рый стоя́л на углу́, на перекрёстке двух у́лиц, и постуча́ла в дверь. Она́ сра́зу услы́шала шаги́ за две́рью, и дверь откры́лась. Же́нщина в краси́вом дли́нном пла́тье, кото́рая откры́ла ей дверь, сра́зу начала́ говори́ть бы́стрым недово́льным го́лосом.

- Наконе́ц-то вы пришли́. Вы опозда́ли на пятна́дцать мину́т! Неуже́ли нельзя́ без опозда́ний. Тепе́рь и мы и́з-за вас опозда́ем и у нас бу́дут пробле́мы. А я ведь объясня́ла, когда́ звони́ла в аге́нтство, что у меня́ сего́дня о́чень ва́жная встре́ча и мне нельзя́ опа́здывать. Они́ обеща́ли, что ня́ня придёт во́время. Я обяза́тельно позвоню́ в аге́нтство за́втра у́тром и пожа́луюсь на вас.

- Ну где же ты? Иди́ скоре́е, мы опа́здываем, - послы́шался мужско́й го́лос из глубины́ до́ма.

- Бегу́, бегу́, сейча́с! Ня́ня то́лько что пришла́! - закрича́ла же́нщина, поверну́лась и бы́стро побежа́ла вглубь до́ма. На бегу́ она́ прокрича́ла: "Еда́ в холоди́льнике! Положи́те дете́й спать в де́вять часо́в. Мы вернёмся по́здно, так что вы бу́дете ночева́ть здесь, а у́тром отведёте их в шко́лу!

- Вы оши́блись, я не та, за кого́ вы меня́ принима́ете! Я не ня́ня! - закрича́ла она́ вслед же́нщине, но та уже́ вы́бежала из до́ма че́рез за́днюю дверь и не услы́шала её, а че́рез не́сколько секу́нд она́ услы́шала шум отъезжа́ющей маши́ны.

Perhaps because they spoke quite loudly, the door of a house across on the other side of the road opened and a woman peeked out.

Neither she nor the driver wanted to attract the attention of the neighbors, so she said to the driver: "Wait, I will be right back," and quickly approached the house, locked the door and put the key under the mat in front of the entrance door.

Then she got into the car and said:

"Now take me to the right place. Belogorskaya Street, house twenty-two."

The driver stepped on the gas pedal, and they drove off. As they drove away from the house and reached the turn, the driver asked:

"Where do we go from here? Where should I turn, left or right?"

"Don't you know where to go? Do you not know where this street is? How can you work in a taxi? Why hadn't you told me you did not know the way? I would have gone with someone else!" she asked.

"When you got into my car, you said street Belozerskaya. That's where I brought you. Where street Belogorskaya is, I do not know. If you like I can take you back to the station."

"No," she said firmly. "I will not go back to the station. I'll knock in any house and ask the way."

She came up to a house that stood on the corner, at the intersection of two streets, and knocked on the door. She immediately heard footsteps behind the door, and the door opened. A woman in a beautiful long dress, who opened the door for her, immediately started talking fast in a discontented voice.

"Finally, you have come. You're fifteen minutes late! Isn't it possible to not be late? Now we will also be late because of you, and we will have problems. And I explained when calling the agency that I have a critical meeting today and I can not be late. They promised that the babysitter would come on time. I will call the office tomorrow morning and complain about you."

"Well, where are you? Hurry, we're late," sounded a man's voice from inside the house.

"I'm running; I'm running, one moment! The babysitter just came!" shouted the woman, as she turned and quickly ran inside the house. On the run, she shouted: "Food is in the refrigerator. Put the kids to bed at nine o'clock. We will get back late, so you'll spend the night here, and in the morning you will take them to school!"

"You are mistaken; I'm not who you think I am! I am not a babysitter!" she shouted to the woman, but the latter had already run out of the house through the back door and did not hear her, and a few seconds later she heard the noise of a departing car.

Возмо́жно, _____ того́, что они́ разгова́ривали дово́льно гро́мко, дверь до́ма, кото́рый стоя́л напро́тив, че́рез у́лицу, откры́лась, и отту́да вы́глянула кака́я-то же́нщина.

Ни она́, ни води́тель не хоте́ли привлека́ть внима́ние сосе́дей, поэ́тому она́ сказа́ла води́телю: "Подожди́те, я сейча́с", бы́стро подошла́ _____ до́му, заперла́ дверь _____ ключ и положи́ла ключ обра́тно _____ ко́врик пе́ред входно́й две́рью.

По́сле э́того она́ се́ла _____ маши́ну и сказа́ла:

- Вези́те меня́ тепе́рь _____ пра́вильному а́дресу. У́лица Белого́рская, дом два́дцать два.

Води́тель нажа́л _____ газ, и они́ пое́хали. Когда́ они́ отъе́хали _____ до́ма и дое́хали _____ поворо́та, води́тель спроси́л:

Куда́ тепе́рь е́дем? Куда́ повора́чивать, нале́во и́ли напра́во?"

Вы что, не зна́ете, куда́ е́хать? Вы не зна́ете, где нахо́дится э́та у́лица? Как же вы мо́жете рабо́тать _____ такси́? Почему́ вы мне не сказа́ли, что не зна́ете доро́гу? Я бы к кому́-нибудь друго́му се́ла! - удиви́лась она́

Когда́ вы ко мне _____ маши́ну се́ли, вы сказа́ли у́лица Белозёрская. туда́ я вас и привёз. А где Белого́рская, я не зна́ю. Е́сли хоти́те, отвезу́ вас обра́тно _____ ста́нцию.

Нет - сказа́ла она́ твёрдо. - _____ ста́нцию я возвраща́ться не бу́ду. Я сейча́с постучу́сь _____ како́й-нибудь дом и спрошу́ доро́гу.

Она́ подошла́ _____ до́му, кото́рый стоя́л _____ углу́, _____ перекрёстке двух у́лиц, и постуча́ла _____ дверь. Она́ сра́зу услы́шала шаги́ _____ две́рью, и дверь откры́лась. Же́нщина _____ краси́вом дли́нном пла́тье, кото́рая откры́ла ей дверь, сра́зу начала́ говори́ть бы́стрым недово́льным го́лосом.

Наконе́ц-то вы пришли́. Вы опозда́ли _____ пятна́дцать мину́т! Неуже́ли нельзя́ _____ опозда́ний. Тепе́рь и мы _____ вас опозда́ем и _____ нас бу́дут пробле́мы. А я ведь объясня́ла, когда́ звони́ла _____ аге́нтство, что _____ меня́ сего́дня о́чень ва́жная встре́ча и мне нельзя́ опа́здывать. Они́ обеща́ли, что ня́ня придёт во́время. Я обяза́тельно позвоню́ _____ аге́нтство за́втра у́тром и пожа́луюсь _____ вас.

Ну где же ты? Иди́ скоре́е, мы опа́здываем - послы́шался мужско́й го́лос _____ глубины́ до́ма.

Бегу́, бегу́, сейча́с! Ня́ня то́лько что пришла́! - закрича́ла же́нщина, поверну́лась и бы́стро побежа́ла вглубь до́ма. _____ бегу́ она́ прокрича́ла: "Еда́ _____ холоди́льнике! Положи́те дете́й спать _____ де́вять часо́в. Мы вернёмся по́здно, так что вы бу́дете ночева́ть здесь, а у́тром отведёте их _____ шко́лу!

Вы оши́блись, я не та, _____ кого́ вы меня́ принима́ете! Я не ня́ня! - Закрича́ла она́ вслед же́нщине, но та уже́ вы́бежала _____ до́ма че́рез за́днюю дверь и не услы́шала её, а че́рез не́сколько секу́нд она́ услы́шала шум отъезжа́ющей маши́ны.

Она́ поверну́лась к двери́ и хоте́ла вы́йти на у́лицу, но в э́тот моме́нт к ней подошли́ дво́е дете́й, ма́льчик и де́вочка. У ма́льчика в руке́ был игру́шечный пистоле́т, о́чень похо́жий на настоя́щий, а у де́вочки - больша́я игру́шечная соба́ка. На вид де́тям бы́ло лет во́семь и́ли де́вять.

- Здра́вствуйте, - сказа́ла де́вочка. - Бу́дете с на́ми игра́ть и́ли про́сто на сту́ле сиде́ть? Как вас зову́т? Почему́ нам ка́ждый раз но́вую ня́ню присыла́ют?

- Я не ня́ня, - сказа́ла она́. - Я здесь случа́йно. Я заблуди́лась и зашла́ к вам, что́бы у вас доро́гу спроси́ть. Ва́ша ма́ма меня́ да́же слу́шать не ста́ла, а сра́зу поверну́лась и убежа́ла куда́-то.

- Они́ на конце́рт опа́здывали, - сказа́л ма́льчик. - А пото́м они́ в рестора́н иду́т и приду́т по́здно. А вам тепе́рь придётся с на́ми оста́ться и присма́тривать за на́ми. Не мо́жем же мы одни́ до́ма остава́ться, без взро́слых. А за́втра на́ша ма́ма вам де́ньги запла́тит и вы да́льше пойдёте.

- А что, никого́ из взро́слых до́ма нет? - спроси́ла она́.

- Нет - сказа́ли де́ти.

- Как же вы не бои́тесь меня́ в дом приглаша́ть? Вы же меня́ совсе́м не зна́ете. Нельзя́ приглаша́ть домо́й незнако́мых люде́й, э́то опа́сно, - сказа́ла она́.

- Не бои́мся - сказа́л ма́льчик. - Вы не стра́шная и не опа́сная. Сра́зу ви́дно, что вы не в на́шем райо́не живёте и не зна́ете на́шего па́пу. Э́то он опа́сный и его́ все боя́тся. А ещё все его́ боя́тся - и при э́тих слова́х ма́льчик откры́л дверь, и́з-за кото́рой вы́шла огро́мная соба́ка, о́чень похо́жая на игру́шку, кото́рую держа́ла в рука́х де́вочка, но раз в ты́сячу бо́льше.

Соба́ка споко́йно подошла́ к ней, поню́хала её и се́ла ря́дом. "Го́споди, кака́я же она́ огро́мная", - поду́мала она́. "Почему́ она́ не зала́яла, когда́ я постуча́ла в дверь? Я бы сра́зу ушла́, хотя́ я и не бою́сь соба́к. Зашла́ бы в како́й-нибудь друго́й дом. А тепе́рь что де́лать? Похо́же, меня́ не вы́пустят отсю́да. Интере́сно, э́ту соба́ку я то́же должна́ корми́ть и спать укла́дывать? И почему́ аге́нтство ка́ждый раз посыла́ет к ним другу́ю ня́ню? Никто́ не хо́чет приходи́ть сюда́ второ́й раз? И́ли никто́ отсю́да живы́м не верну́лся, потому́ что соба́чка съеда́ет ня́ню на у́жин и́ли на за́втрак?"

Ей совсе́м не хоте́лось станови́ться чьи́м-то у́жином и́ли за́втраком. Мо́жет быть, ско́ро придёт настоя́щая ня́ня, из аге́нтства, и тогда́ она́ наконе́ц смо́жет уйти́?

И действи́тельно, как то́лько она́ э́то поду́мала, к до́му подъе́хала маши́на, из кото́рой с трудо́м вы́шла пожила́я же́нщина и пошла́ к входно́й две́ри. "Сла́ва бо́гу", - поду́мала она́ - "Тепе́рь я наконе́ц смогу́ уйти́". Одна́ко, она́ обра́довалась сли́шком ра́но. Де́ти то́же уви́дели э́ту же́нщину, похо́же, она́ уже́ приходи́ла к ним ра́ньше.

She turned to the door and wanted to go out, but at this point, two children, a boy and a girl, approached her. The boy had in his hand a toy pistol, very similar to a real one, and the girl, a huge stuffed toy dog. The children looked eight or nine years old.

"Hello," said the girl. "Will you play with us, or just sit on a chair? What is your name? Why do they every time send us a new babysitter?"

"I'm not a babysitter," she said. "I am here by accident. I got lost and came to ask for directions. Your mother did not even listen to me and immediately turned and ran away."

"They were running late for a concert," the boy said. "And then they will go to a restaurant and will come too late. And you now have to stay with us and look after us. We can not stay home alone, without adults. And my mother will pay you the money, and you'll go on tomorrow."

"And what, none of the adults are at home?" she asked.

"No," the children said.

"How could you not be afraid to invite me in the house? You do not know me. You can not invite strangers home, it is dangerous," she said.

"We do not fear," the boy said. "You are not scary nor dangerous. It is immediately obvious that you do not live in our area and do not know our dad. He's the one who is dangerous, and everyone is afraid of him. Also, everyone is afraid of him," and with these words, the boy opened the door, through which a huge dog walked in, very similar to the toy that the girl was holding, but a thousand times bigger.

The dog quietly came up to her, sniffed her and sat down. "Lord, how huge he is," she thought. "Why didn't he bark when I knocked on the door? I would have left, even though I am not afraid of dogs. I would have gone to some other house. And what should I do now? It looks like I will not get away from here. I wonder, do I also have to feed this dog and lay him to sleep? And why does the agency send them a different babysitter every time? No one wants to come here for the second time? Or nobody has returned alive from here because the doggy eats a babysitter for dinner or breakfast?"

She did not want to become someone's dinner or breakfast. Maybe soon a real babysitter from the agency would come, and then she finally would be able to leave?

And indeed as soon as she thought that, a car drove up to the house, out of which, with difficulty, got an elderly woman and walked towards the front door. "Thank God," she thought - "Now I will finally be able to leave." However, she got glad too early. Children saw the woman too, and it looked like she had come to them before.

Она́ поверну́лась _____ двери́ и хоте́ла вы́йти _____ у́лицу, но _____ э́тот моме́нт _____ ней подошли́ дво́е дете́й, ма́льчик и де́вочка. _____ ма́льчика _____ руке́ был игру́шечный пистоле́т, о́чень похо́жий _____ настоя́щий, а _____ де́вочки - больша́я игру́шечная соба́ка. _____ вид де́тям бы́ло лет во́семь и́ли де́вять.

Здра́вствуйте - сказа́ла де́вочка. - Бу́дете _____ на́ми игра́ть и́ли про́сто _____ сту́ле сиде́ть? Как вас зову́т? Почему́ нам ка́ждый раз но́вую ня́ню присыла́ют?

Я не ня́ня - сказа́ла она́. - Я здесь случа́йно. Я заблуди́лась и зашла́ _____ вам, что́бы _____ вас доро́гу спроси́ть. Ва́ша ма́ма меня́ да́же слу́шать не ста́ла, а сра́зу поверну́лась и убежа́ла куда́-то.

Они́ на конце́рт опа́здывали - сказа́л ма́льчик. - А пото́м они́ _____ рестора́н иду́т и приду́т по́здно. А вам тепе́рь придётся _____ на́ми оста́ться и присма́тривать _____ на́ми. Не мо́жем же мы одни́ до́ма остава́ться, _____ взро́слых. А за́втра на́ша ма́ма вам де́ньги запла́тит и вы да́льше пойдёте.

А что, никого́ _____ взро́слых до́ма нет? - спроси́ла она́.

Нет - сказа́ли де́ти.

Как же вы не бои́тесь меня́ _____ дом приглаша́ть? Вы же меня́ совсе́м не зна́ете. Нельзя́ приглаша́ть домо́й незнако́мых люде́й, э́то опа́сно - сказа́ла она́.

Не боимся - сказал мальчик. - Вы не страшная и не опасная. Сразу видно, что вы не _____ нашем районе живёте и не знаете нашего папу. Это он опасный и его все боятся. А ещё все его боятся - и _____ этих словах мальчик открыл дверь, _____ которой вышла огромная собака, очень похожая _____ игрушку, которую держала _____ руках девочка, но раз _____ тысячу больше.

Собака спокойно подошла _____ ней, понюхала её и села рядом. "Господи, какая же она огромная" - подумала она. "Почему она не залаяла, когда я постучала _____ дверь? Я бы сразу ушла, хотя я и не боюсь собак. Зашла бы _____ какой-нибудь другой дом. А теперь что делать? И почему агентство каждый раз посылает _____ ним другую няню? Никто не хочет приходить сюда второй раз? Или никто отсюда живым не вернулся, потому что собачка съедает няню _____ ужин или _____ завтрак?" Ей совсем не хотелось становиться чьим-то ужином или завтраком. Может быть, скоро придёт настоящая няня, _____ агентства, и тогда она наконец сможет уйти?

И действительно, как только она это подумала, _____ дому подъехала машина, _____ которой _____ трудом вышла пожилая женщина и пошла _____ входной двери. "Слава богу" - подумала она - "Теперь я наконец смогу уйти". Однако, она обрадовалась слишком рано. Дети тоже увидели эту женщину, похоже, она уже приходила _____ ним раньше.

- Опять эта толстая старая скучная бабка! - сказал мальчик. - Не хочу! Надоела! Пусть уходит!

- Я тоже её не хочу! - сказала его сестра. - Мне она тоже надоела. С ней неинтересно. Она сидит в кресле и смотрит телевизор, а потом засыпает. Скучно с ней!

Мальчик открыл дверь и наставил на женщину пистолет, а девочка сказала неожиданно вежливым голосом:

- Добрый вечер. Мама сказала, что вам не нужно сегодня приходить. Мы болеем. Вы тоже заболеете, если зайдёте в наш дом. У нас грипп, высокая температура, мы чихаем и кашляем. К нам пришла медсестра, - и она показала на их гостью.

- Я не медсестра! Это неправда - начала говорить она, но дети быстро закрыли дверь и повели её в комнату, а собака молча шла сзади.

- Я не могу с вами остаться, потому что меня ждёт водитель такси. Мне надо ехать по своим делам, - сказала она в надежде, что это может подействовать на детей и они её отпустят.

Но это не подействовало на них, и вместо неё дети решили отпустить водителя.

- Заплати ему, - сказала девочка брату - и скажи, чтобы приезжал завтра утром.

Мальчик достал из ящика письменного стола деньги и вышел на улицу. В окно она видела, как он помахал рукой водителю такси. Когда машина подъехала, мальчик сказал что-то водителю, после чего дал ему деньги и водитель уехал, а мальчик вернулся в дом. В руке он нёс её сумку.

К её удивлению, вечер оказался не таким уж ужасным. Дети были весёлыми и хорошо воспитанными, если, конечно, закрыть глаза на тот факт, что они заставили её остаться с ними почти что силой. Похоже, они чувствовали себя немного виноватыми, потому что старались изо всех сил, чтобы ей с ними было приятно. Но, если подумать, она не очень старалась сбежать от них. Что бы они сделали, если бы она открыла входную дверь и ушла? Ответа на этот вопрос мы никогда не узнаем. Наверно, в глубине души ей хотелось провести этот вечер спокойно, отдохнуть после всех волнений. Она любила детей и собак тоже и жалела, что у неё не было своих детей.

Дети спросили, хочет ли она есть, и она честно сказала, что очень. Конечно, она попила чаю в первом доме, куда попала по ошибке, но всё равно была очень голодная. Все дружно пошли на кухню, где стоял не один холодильник, а даже два.

- Папа с мамой всегда говорят нам, что гостя надо сначала накормить, - сказала девочка и открыла дверцу холодильника. Она достала из холодильника большую кастрюлю с супом и поставила на плиту, чтобы разогреть. - Полина, наша кухарка, очень хорошо готовит. Вкусно!

"Again this fat annoying old lady!" the boy said. "I do not want her! I am sick and tired of her! Let her go away!"

"I do not want her either," his sister said. "I've had enough of her, too. It is not fun with her. She sits in a chair watching TV and then falls asleep. It is boring with her!"

The boy opened the door and pointed the gun at the woman, and the girl said in a suddenly polite voice, "Good evening. Mom said you do not need to come today. We are sick. You will also get sick if you enter our house. We have influenza, high fever, we sneeze and cough. The nurse came to us," and she pointed to their visitor.

"I'm not a nurse! This is not true," the latter started to say, but the children quickly closed the door and led her into the room, and the dog walked behind in silence.

"I can not stay with you because my taxi driver is waiting for me. I need to go and take care of my own business," she said in the hope that it would have effect on the children and they would let her go.

But it had no effect on them, and instead of her children decided to release the driver.

"Pay him," the girl said to her brother "and tell him to come tomorrow morning."

The boy got money out of a desk drawer and went outside. Through the window, she saw him wave to the taxi driver. When the car pulled up, the boy said something to the driver, then gave him the money, and the driver left. The boy returned to the house, carrying her purse in his hand.

To her surprise, the evening was not so terrible. The children were cheerful and well-mannered, if, of course, to close the eyes to the fact that they had made her stay with them almost by force. They seemed to feel a little guilty because they tried their best to make her pleased with them. But, to think of it, she didn't try very hard to escape from them. What would they do if she opened the door and walked away? The answer to this question we will never know. Perhaps, deep down she wanted to spend the evening quietly and relax after all the anxiety. She loved children and dogs, too, and regretted that she did not have her own children.

The kids asked if she wanted to eat, and she said honestly that she wanted to very much. Of course, she had drunk some tea in the first house, where she got by mistake, but still, she was starved. They all went into the kitchen, where there was not just one refrigerator, but even two.

"Mom and dad always tell us that we must first feed the guest," the girl said, and opened the refrigerator door.

She pulled out of the fridge a big pot of soup and put it on the stove to warm up. "Paulina, our cook, cooks very well. Delicious!"

Опять эта толстая старая скучная бабка! - сказал мальчик. - Не хочу! Надоела! Пусть уходит!

Я тоже её не хочу! - сказала его сестра. - Мне она тоже надоела. _____ ней неинтересно. Она сидит _____ кресле и смотрит телевизор, а потом засыпает. Скучно _____ ней!

Мальчик открыл дверь и наставил _____ женщину пистолет, а девочка сказала неожиданно вежливым голосом:

Добрый вечер. Мама сказала, что вам не нужно сегодня приходить. Мы болеем. Вы тоже заболеете, если зайдёте _____ наш дом. _____ нас грипп, высокая температура, мы чихаем и кашляем. _____ нам пришла медсестра - и она показала _____ их гостью.

Я не медсестра! Это неправда - начала говорить та, но дети быстро закрыли дверь и повели её _____ комнату, а собака молча шла сзади.

Я не могу _____ вами остаться, потому что меня ждёт водитель такси. Мне надо ехать _____ своим делам - сказала она _____ надежде, что это может подействовать _____ детей и они её отпустят.

Но это не подействовало _____ них, и вместо неё дети решили отпустить водителя.

Заплати ему - сказала девочка брату - и скажи, чтобы приезжал завтра утром.

Ма́льчик доста́л _____ я́щика пи́сьменного стола́ де́ньги и вы́шел _____ у́лицу. _____ окно́ она́ ви́дела, как он помаха́л руко́й води́телю такси́. Когда́ маши́на подъе́хала, ма́льчик сказа́л что́-то води́телю, по́сле чего дал ему́ де́ньги и води́тель уе́хал, а ма́льчик верну́лся _____ дом. _____ руке́ он нёс её су́мку.

_____ её удивле́нию, ве́чер оказа́лся не таки́м уж ужа́сным. Де́ти бы́ли весёлыми и хорошо́ воспи́танными, е́сли, коне́чно, закры́ть глаза́ _____ тот факт, что они́ заста́вили её оста́ться _____ ни́ми почти́ что си́лой. Они́ стара́лись и́зо всех сил, что́бы ей _____ ни́ми бы́ло прия́тно. Но, е́сли поду́мать, она́ не о́чень стара́лась сбежа́ть _____ них. Что бы они́ сде́лали, е́сли бы она́ откры́ла входну́ю дверь и ушла́? Отве́та _____ э́тот вопро́с мы никогда́ не узна́ем. Наве́рно, _____ глубине́ души́ ей хоте́лось провести́ э́тот ве́чер споко́йно, отдохну́ть по́сле всех волне́ний. Она́ люби́ла дете́й и соба́к то́же и жале́ла, что _____ неё не́ было свои́х дете́й.

Де́ти спроси́ли, хо́чет ли она́ есть, и она́ че́стно сказа́ла, что о́чень. Коне́чно, она́ попила́ ча́ю _____ пе́рвом до́ме, куда́ попа́ла _____ оши́бке, но всё равно́ была́ о́чень голо́дная. Все дру́жно пошли́ _____ ку́хню, где стоя́л не оди́н холоди́льник, а да́же два.

Па́па _____ ма́мой всегда́ говоря́т нам, что го́стя на́до снача́ла накорми́ть - сказа́ла де́вочка. Она́ доста́ла _____ холоди́льника большу́ю кастрю́лю _____ су́пом и поста́вила _____ плиту́, что́бы разогре́ть.

Пока́ суп гре́лся на плите́, они́ познако́мились. Дете́й зва́ли Анто́н и На́стя. Они́ бы́ли близнецы́, хотя́ вне́шне бы́ли не о́чень похо́жи друг на дру́га. Им, как она́ и поду́мала, бы́ло по во́семь лет.

- Я похо́ж на ма́му, а На́стя на па́пу, - объясни́л Анто́н.

Суп, действи́тельно, оказа́лся вку́сным. Пока́ они́ е́ли, соба́ка споко́йно лежа́ла под столо́м. Соба́ка оказа́лась хорошо́ воспи́танной, потому́ что не выпра́шивала еду́, а жда́ла, пока́ все поедя́т.

- Давно́ не е́ла тако́го вку́сного су́па, спаси́бо, - сказа́ла она́.

- Не на́до мыть посу́ду. За́втра Поли́на помо́ет, - сказа́ли де́ти. - Пошли́ тепе́рь игра́ть. А пото́м вы нам расска́жете, почему́ вы заблуди́лись и отку́да вы прие́хали.

У дете́й бы́ло мно́го насто́льных игр, и, коне́чно, они́ почти́ всё вре́мя выи́грывали, но она́ не обижа́лась на них. Де́ти рассказа́ли ей, что их па́па и ма́ма занима́ются би́знесом, а они́ у́чатся в шко́ле, во второ́м кла́ссе. Они́ неда́вно перее́хали в э́тот посёлок из друго́го го́рода, кото́рый был гора́здо бо́льше. Здесь у них почти́ нет друзе́й, па́па не разреша́ет приводи́ть никого́ домо́й, да́же их однокла́ссников, и им то́же не разреша́ет ни к кому́ ходи́ть в го́сти. Снача́ла однокла́ссники приглаша́ли их к себе́, а пото́м переста́ли. "Наве́рное, поэ́тому э́ти де́ти таки́е воспи́танные и споко́йные",. - поду́мала она́. "Сидя́т до́ма и игра́ют друг с дру́гом. Е́сли бы я жила́ к ним побли́же, я бы обяза́тельно приходи́ла к ним поча́ще".

Де́ти, похо́же, стара́лись ей понра́виться, и когда́ пришло́ вре́мя ложи́ться спать, они́ не ста́ли с ней спо́рить и пошли́ ка́ждый в свою́ ко́мнату. Они́ показа́ли ей спа́льню, в кото́рой должна́ спать она́. Она́ ста́ла говори́ть, что спать не хо́чет, а хо́чет дожда́ться, когда́ верну́тся их роди́тели, что́бы объясни́ться с ни́ми. Но де́ти сказа́ли, что роди́тели верну́тся по́здно и вряд ли им захо́чется разгова́ривать с ней. Лу́чше всего́ бу́дет поговори́ть с ни́ми за́втра у́тром. Всё равно́ но́чью она́ не смо́жет никуда́ уе́хать. И у́тром она́ должна́ отвезти́ их в шко́лу! На э́то она́ им отве́тила, что маши́ну не во́дит и отвезти́ их в шко́лу не смо́жет.

- Ничего́ стра́шного! Пешко́м пойдём, тут недалеко́, идти́ мину́т де́сять, - сказа́л Анто́н, и ей пришло́сь согласи́ться.

Пе́ред сном она́ принесла́ де́тям по стака́ну тёплого молока́, и сама́ то́же с удово́льствием вы́пила стака́н молока́.

- К нам три ра́за в неде́лю, че́рез день, моло́чница прихо́дит и прино́сит све́жее молоко́, - сказа́ла На́стя.

Она́ поду́мала, что то́же хоте́ла бы, что́бы к ней домо́й приходи́ла же́нщина и приноси́ла све́жее молоко́, но к покупа́телям в го́род моло́чницы не е́здят и молоко́ не развозя́т. Заче́м им е́здить в го́род и развози́ть молоко́ горожа́нам по кварти́рам, когда́ они́ мо́гут прода́ть своё молоко́ там, где живу́т? Е́сли они́ и е́здят в го́род, то на ры́нок, куда́ покупа́тели са́ми прихо́дят.

While the soup on the stove was warming up, they got acquainted. The children's names were Anton and Nastya. They were twins, although they did not look like each other. Just as she thought, they were eight years old.

"I look like our mom and Nastya like our dad," Anton explained.

The soup, indeed, was delicious. As they ate, the dog lay quietly under the table. The dog was very well bred because it was not begging for food, but just lay there and waited till everybody finished eating.

"I have not eaten such delicious soup in a long time, thank you," she said.

"Do not wash dishes. Tomorrow Paulina will clean them," the children said. "Let's play now. And then you will tell us why you got lost and where you came from."

The children had a lot of board games, and, of course, they won almost all the time, but she was not upset with them.

The children told her that they studied at school, in the second grade, and their mom and dad were businessmen. They have recently moved to this village from another city, which was much bigger. Here, they had almost no friends, dad did not allow them to bring anyone home, even their classmates, and they also were not allowed to visit anyone. At first, their classmates invited them in and then stopped. "Perhaps that is why these children are so well mannered and calm," she thought. "They sit at home and play with each other. If I lived closer to them, I would come to them more often."

Children seemed to be trying to please her, and when it was time to go to sleep, they did not argue with her, and each went to their room. They showed her the bedroom where she should sleep. She started to say that she did not want to sleep, but wanted to wait till their parents return in order to talk to them. But the children said that their parents would return late, and it was unlikely that they would want to speak to her. The best thing would be to talk to them tomorrow morning. All the same during the night she could not go anywhere. And in the morning she had to give them a ride to school! To this, she replied that she did not drive and wouldn't be able to take them to school.

"No problem! We will go on foot, it is not far from here, ten minutes to walk," Anton said, and she had to agree.

Before going to bed she brought the children a glass of warm milk, and she, too, with pleasure drank a glass of milk. "Three times a week, every other day, our milk lady comes and brings us fresh milk," Nastya said.

She thought that she would also like a woman to come to her home and bring her fresh milk, but milk ladies do not visit customers in the city and do not deliver milk. Why would they go to the city and bring milk to city residents' flats when they can sell their milk where they live. If they ever come to the city, they go to the market, where buyers come themselves.

Пока́ су́п гре́лся _____ плите́, они́ познако́мились. Дете́й зва́ли Анто́н и На́стя. Они́ бы́ли близнецы́, хотя́ вне́шне бы́ли не о́чень похо́жи друг _____ дру́га. Им, как она́ и поду́мала, бы́ло _____ во́семь лет.

- Я похо́ж _____ ма́му, а На́стя _____ па́пу - объясни́л Анто́н.

Пока́ они́ е́ли, соба́ка споко́йно лежа́ла _____ столо́м.

- Давно́ не ела тако́го вку́сного су́па, спаси́бо - сказа́ла она́.

- Не на́до мыть посу́ду. За́втра Поли́на помо́ет - сказа́ли де́ти. - Пошли́ тепе́рь игра́ть. А пото́м вы нам расска́жете, почему́ вы заблуди́лись и отку́да вы прие́хали.

_____ дете́й бы́ло мно́го насто́льных игр, и, коне́чно, они́ почти́ всё вре́мя выи́грывали, но она́ не обижа́лась _____ них.

Де́ти рассказа́ли ей, что они́ у́чатся _____ шко́ле, _____ второ́м кла́ссе. Они́ неда́вно перее́хали _____ э́тот посёлок _____ друго́го го́рода, кото́рый был гора́здо бо́льше. Здесь _____ них почти́ нет друзе́й, па́па не разреша́ет приводи́ть никого́ домо́й, да́же их однокла́ссников, и им то́же не разреша́ет ни _____ кому́ ходи́ть _____ го́сти. Снача́ла однокла́ссники приглаша́ли их _____ себе́, а пото́м переста́ли. "Наве́рное, поэ́тому э́ти де́ти таки́е воспи́танные и споко́йные"- поду́мала она́. "Сидя́т до́ма и игра́ют друг _____ друго́м. Е́сли бы я жила́ _____ ним побли́же, я бы приходи́ла _____ ним поча́ще".

Когда́ пришло́ вре́мя ложи́ться спать, де́ти не ста́ли _____ ней спо́рить и пошли́ ка́ждый _____ свою́ ко́мнату. Они́ показа́ли ей спа́льню, _____ кото́рой должна́ спать она́. Она́ ста́ла говори́ть, что спать не хо́чет, а хо́чет дожда́ться, когда́ верну́тся их роди́тели, что́бы объясни́ться _____ ни́ми. Но де́ти сказа́ли, что роди́тели верну́тся по́здно и вряд ли им захо́чется разгова́ривать _____ ней. Лу́чше всего́ бу́дет поговори́ть _____ ни́ми за́втра у́тром. Всё равно́ но́чью она́ не смо́жет никуда́ уе́хать. И у́тром она́ должна́ отвезти́ их _____ шко́лу! На э́то она́ им отве́тила, что маши́ну не во́дит и отвезти́ их _____ шко́лу не смо́жет.

- Ничего́ стра́шного! Пешко́м пойдём, - сказал Анто́н.

Пе́ред сном она́ принесла́ де́тям _____ стака́ну тёплого молока́, и сама́ то́же _____ удово́льствием вы́пила стака́н молока́.

_____ нам три ра́за _____ неде́лю, че́рез день, моло́чница прихо́дит и прино́сит све́жее молоко́ - сказа́ла На́стя. Она́ поду́мала, что то́же хоте́ла бы, что́бы _____ ней домо́й приходи́ла же́нщина и приноси́ла све́жее молоко́, но _____ покупа́телям _____ го́род моло́чницы не е́здят и молоко́ не развозя́т. Заче́м им е́здить _____ го́род и развози́ть молоко́ горожа́нам _____ кварти́рам. Е́сли они́ и е́здят _____ го́род, то _____ ры́нок, куда́ покупа́тели са́ми прихо́дят.

Она́ боя́лась, что не смо́жет засну́ть, но засну́ла сра́зу, как то́лько положи́ла го́лову на поду́шку. Она́ не слы́шала, как прие́хали роди́тели Анто́на и На́сти. Они́ откры́ли дверь и зашли́ в дом о́чень ти́хо, что́бы никого́ не разбуди́ть, и сра́зу прошли́ в свою́ ко́мнату.

У́тром она́ проснула́сь ра́но, вы́шла из ко́мнаты и прошла́ на ку́хню. Она́ удиви́лась, уви́дев там же́нщину сре́дних лет, кото́рая мы́ла вчера́шнюю посу́ду и что́-то гото́вила на плите́. Пото́м она́ вспо́мнила, как де́ти говори́ли, что к ним прихо́дит куха́рка.

- До́брое у́тро, - поздоро́валась она́ с же́нщиной, и та ей приве́тливо отве́тила.

У куха́рки, похо́же, бы́ло хоро́шее настрое́ние, и она́ поду́мала, что ей, наве́рно, непло́хо пла́тят. Куха́рка предложи́ла пригото́вить для неё я́ичницу, и она́ с удово́льствием согласи́лась.

Она́ не зна́ла, во ско́лько де́ти встаю́т по утра́м и на́до ли их буди́ть, что́бы отвести́ в шко́лу. К сча́стью, де́ти вста́ли са́ми, по буди́льнику, и пришли́ на ку́хню за́втракать.

Когда́ все поза́втракали, де́ти сказа́ли: "Пошли́", и они́ вы́шли на у́лицу. Бы́ло прохла́дно, но, к сча́стью, ни дождя́, ни сне́га не́ было. По доро́ге в шко́лу де́ти сказа́ли, что она́ должна́ верну́ться в дом и поговори́ть с их роди́телями. Они́ запла́тят ей и отвезу́т, куда́ ей на́до. Хотя́ де́тям о́чень бы хоте́лось, что́бы она́ оста́лась с ни́ми. Ма́ма давно́ и́щет для них постоя́нную ня́ню, но им никто́ не нра́вится, а она́ им понра́вилась о́чень!

До шко́лы идти́ бы́ло недалеко́, но нужно бы́ло перейти́ че́рез доро́гу, по кото́рой е́здили маши́ны. Она́ взяла́ дете́й за́ руки и перевела́ их че́рез доро́гу, хотя́ они́ говори́ли, что уже́ больши́е и мо́гут перейти́ че́рез доро́гу са́ми.

- А мне прия́тно держа́ть вас за́ руки, - сказа́ла она́ и улыбну́лась.

Она́ довела́ дете́й до две́ри шко́лы, попроща́лась с ни́ми и пошла́ обра́тно.

* * *

Она́ боя́лась, что не смо́жет засну́ть, но засну́ла сра́зу, как то́лько положи́ла го́лову _____ поду́шку. Она́ не слы́шала, как прие́хали роди́тели Анто́на и На́сти. Они́ откры́ли дверь и зашли́ _____ дом о́чень ти́хо, что́бы никого́ не разбуди́ть, и сра́зу прошли́ _____ свою́ ко́мнату.

У́тром она́ проснула́сь ра́но, вы́шла _____ ко́мнаты и прошла́ _____ ку́хню. Она́ удиви́лась, уви́дев там же́нщину сре́дних лет, кото́рая мы́ла вчера́шнюю посу́ду и что́-то гото́вила _____ плите́. Пото́м она́ вспо́мнила, как де́ти говори́ли, что _____ ним прихо́дит куха́рка.

До́брое у́тро - поздоро́валась она́ _____ же́нщиной, и та ей приве́тливо отве́тила.

_____ куха́рки, похо́же, бы́ло хоро́шее настрое́ние, и она́ поду́мала, что ей, наве́рно, непло́хо пла́тят. Куха́рка предложи́ла пригото́вить _____ неё яи́чницу, и она́ _____ удово́льствием согласи́лась.

She was afraid that would not be able to fall asleep, but fell asleep at once, as soon as put her head on the pillow. She did not hear the parents of Anton and Nastya come. They opened the door and entered the house very quietly, so that not to wake up anyone, and at once went to their room.

In the morning she woke up early, came out of her room and went to the kitchen. She was surprised to see a middle-aged woman there, who was washing yesterday's dishes and cooking something on the stove. Then she remembered that the children had mentioned a cook who comes to them.

"Good morning," she greeted the woman, and the latter affably replied.

The cook seemed to be in a good mood, and she thought that they probably paid her rather well. The cook offered to prepare scrambled eggs for her, and she gladly agreed. She did not know at what time the children got up in the morning and whether she had to wake them up to take them to school. Fortunately, the children got up by themselves, by the alarm clock, and came to the kitchen to eat breakfast. When everyone had eaten the children said: "Let's go," and they went outside. It was cool, but, fortunately, it did not rain or snow. On the way to school, the children said that she should return to the house and talk with their parents. They would pay her and give her a ride where she needed to go. Although, the children very much would want her to stay with them. Their mom had been looking for a permanent babysitter for a long time, and they did not like anyone, but they liked her very much!

It wasn't a long way to get to school, but they had to cross the road where cars were driving. She took the children by their hands and led them across the road, although they said that they were already big and could cross the street by themselves.

"But it is a pleasure for me to hold your hands," she said and smiled. She brought the children to the school doors, said goodbye to them and went back.

* * *

Она́ не зна́ла, _____ ско́лько де́ти встаю́т _____ утра́м и на́до ли их буди́ть, что́бы отвести́ _____ шко́лу. _____ сча́стью, де́ти вста́ли са́ми, _____ буди́льнику, и пришли́ _____ ку́хню за́втракать.

Когда́ все поза́втракали, де́ти сказа́ли: "Пошли́", и они́ вы́шли _____ у́лицу. Бы́ло прохла́дно, но, _____ сча́стью, ни дождя́, ни сне́га не́ было. По доро́ге _____ шко́лу де́ти сказа́ли, что она́ должна́ верну́ться _____ дом и поговори́ть _____ их роди́телями. Они́ запла́тят ей и отвезу́т, куда́ ей на́до. Хотя́ де́тям о́чень бы хоте́лось, что́бы она́ оста́лась _____ ни́ми. Ма́ма давно́ и́щет _____ них постоя́нную ня́ню, но им никто́ не нра́вится, а она́ им понра́вилась о́чень!

_____ шко́лы идти́ бы́ло недалеко́, но ну́жно бы́ло перейти́ че́рез доро́гу, _____ кото́рой е́здили маши́ны. Она́ взяла́ дете́й _____ ру́ки и перевела́ их че́рез доро́гу, хотя́ они́ говори́ли, что уже́ больши́е и мо́гут перейти́ че́рез доро́гу са́ми.

А мне прия́тно держа́ть вас _____ ру́ки - сказа́ла она́ и улыбну́лась.

Она́ довела́ дете́й _____ две́ри шко́лы, попроща́лась _____ ни́ми и пошла́ обра́тно.

В до́ме её уже́ жда́ли мать и оте́ц Анто́на и На́сти.

- Почему́ вы нам не сказа́ли, что вы не из аге́нтства, а про́сто проходи́ли ми́мо и заблуди́лись? - спроси́ла её же́нщина серди́тым го́лосом.

- Я сра́зу сказа́ла вам об э́том, когда́ поняла́, что вы меня́ принима́ете за кого́-то друго́го, но вы меня́ не ста́ли слу́шать, а сра́зу убежа́ли, - отве́тила она́. - А пото́м пришла́ настоя́щая ня́ня, но ва́ши де́ти сказа́ли ей, что́бы она́ уходи́ла, а мне они́ не да́ли уйти́. Что же я могла́ сде́лать?

- Ничего́ стра́шного не произошло́, - сказа́л оте́ц дете́й. - Вы о́чень понра́вились на́шим де́тям. Не хоте́ли бы вы приходи́ть к ним, когда́ нам нужна́ ня́ня? Мы вам могли́ бы хорошо́ плати́ть.

- Мне ва́ши де́ти то́же о́чень понра́вились, и мы с ни́ми о́чень хорошо́ провели́ вре́мя вчера́ ве́чером, - отве́тила она́ - Но, к сожале́нию, я не смогу́ приходи́ть сюда́, я живу́ о́чень далеко́ отсю́да, и я оказа́лась здесь случа́йно.

- А что с ва́ми случи́лось? - удиви́лись роди́тели.

Она́ ко́ротко объясни́ла им, что произошло́ с её подру́гой, рассказа́ла, что пое́хала её иска́ть и прие́хала не по тому́ а́дресу.

- А тепе́рь я вообще́ не зна́ю, что де́лать, - сказа́ла она́. - Ва́ши де́ти вчера́ сказа́ли такси́сту, что́бы он уезжа́л, и он уе́хал. Я сомнева́юсь, что он вернётся сюда́ сего́дня, что́бы меня́ забра́ть. Наверняка́ он уже́ забы́л обо мне́. Не представля́ю, что мне тепе́рь де́лать.

- Не волну́йтесь, мы вам помо́жем, - сказа́л оте́ц. - Я вас отвезу́, куда́ вам ну́жно. По како́му а́дресу вам на́до е́хать?

Она́ доста́ла из карма́на бума́жку с а́дресом и показа́ла ему́.

- У́лица Белого́рская, - заду́мчиво сказа́л он. - Где же э́то? Я не зна́ю таку́ю у́лицу. Пра́вда, мы не так давно́ здесь живём. Дава́йте посмо́трим ка́рту.

Он принёс ка́рту, и они́ вме́сте ста́ли рассма́тривать её. Они́ рассмотре́ли её всю, сантиме́тр за сантиме́тром, но у́лицы Белого́рская на ка́рте не́ было. В чём де́ло? Мо́жет быть, ка́рта ста́рая? Мо́жет быть, назва́ние у́лицы измени́лось?

- Я сейча́с позвоню́ в поли́цию, - сказа́л мужчи́на - и спрошу́ у них.

Он, действи́тельно, позвони́л в поли́цию.

- Скажи́те пожа́луйста, где нахо́дится у́лица Белого́рская?

- Э́то поли́ция, а не спра́вочная, - отве́тили ему́ на друго́м конце́ про́вода не сли́шком ве́жливо. Мы охраня́ем поря́док, а вы нам задаёте глу́пые вопро́сы и меша́ете.

- По мое́й информа́ции, там, возмо́жно, произошло́ преступле́ние, - сказа́л он.

- Назови́те а́дрес по́лностью, - сказа́л полице́йский.

- Посёлок Воронко́во, у́лица Белого́рская, дом два́дцать два.

In the house, the mother and father of Anton and Nastya were already waiting for her.

"Why didn't you tell us that you were not from the agency, but merely passing by and lost your way?" the woman asked her angrily.

"I told you about it at once when I realized that you took me for someone else, but you would not listen to me, and immediately ran away," she said. "And then the real babysitter came, but your kids told her to go away, and they did not allow me to leave. What could I have done?"

"Nothing bad has happened," said the children's father. "Our kids liked you. Would you like to come to them when we need a babysitter? We could pay you well."

"I, too, loved your children very much, and we had a good time last night," she said, "but unfortunately, I can not come here. I live very far away, and I got here by accident."

"What happened?" the parents were surprised.

She briefly explained to them what had happened to her friend, said that she went to look for her and came to a wrong address.

"And now I do not know what to do, she said. Your children yesterday told the taxi driver that he should leave and he left. I doubt that he'll be back here today to pick me up. He must have forgotten about me. I do not know what to do now."

"Do not worry; we'll help you," the father said. "I'll take you where you need to be. At what address do you want to go?"

She pulled out of her pocket a piece of paper with the address and showed him.

"Belogorskaya Street," he said, thinking. "Where is it? I do not know this street. However, we have not been living here that long. Let's look at the map."

He brought a map, and they began to examine it together. They looked through it all, centimeter by centimeter, but the street Belogorskaya was not on the map. What's the matter? Maybe the map was old? Perhaps the street name had changed?

"I will now call the police," the man said, "and I'll ask them."

He, indeed, called the cops.

"Please tell me, where is Belogorskaya Street located?"

"It's the police, not the help desk," said someone to him at the other end of the phone line not very politely. "We guard the order, and you are asking us stupid questions and hindering us."

"According to my information, a crime might have occurred there," he said.

"Give us the full address," the police said.

"Village Voronkovo, Belogorskaya Street, at house twenty-two."

- Ну так и звоните в посёлок Воронково. Наш посёлок Воронцово, - ответили ему и положили трубку.

Она не могла поверить своим ушам. Как она могла так ошибиться? И посёлок не тот, и улица не та. Сколько времени, да и денег, потрачено зря.

Ей некого было обвинять в том, что произошло. Это даже нельзя было назвать несчастным случаем! Она ошиблась адресом. Если бы она была внимательнее, этого бы не случилось. Она сама была во всём виновата и обижаться могла только на себя.

Раньше бывали случаи, когда она оказывалась совсем не там, куда ей надо было попасть. Ей всегда было легко заблудиться. Но такого, как сейчас, с ней ещё не случалось.

- Если я отвезу вас на автобусную остановку, вы сможете доехать до станции и сесть на поезд? - спросил мужчина.

Ей стало очень стыдно. Она подумала, что эти люди, наверное, считают её полной дурой. А ведь они были готовы доверить ей своих детей!

- Да, конечно. Спасибо вам большое, - ответила она.

- Лучше довезти её до станции, - сказала женщина. - Автобус ходит не так часто. Хотя подождите, не уезжайте, давайте сначала посмотрим расписание поездов.

Это была очень хорошая идея, потому что, как оказалось, поезд до Москвы ходил только один раз в день, утром. Надо было торопиться, иначе на сегодняшний поезд она могла опоздать.

Они с мужчиной побежали к машине.

"Well, then call the Voronkovo village. Our village is Vorontsovo, " they said and hung up.

She could not believe her ears. How could she have been so wrong? Neither the village nor the street was the right ones. How much time and money had been spent in vain.

She had no one to blame for what had happened. This couldn't even be called an accident! She made a mistake with the address. If she had paid closer attention, this would not have happened. She was to blame and could be upset only with herself.

Previously, there had been times when she found herself at a wrong place, and not where she needed to be. It was always easy for her to get lost. But what happened now had never happened before.

"If I give you a ride to the bus stop, will you be able to get to the station and take the train?" the man asked.

She felt ashamed. She thought that these people probably considered her to be a complete fool. And they were willing to entrust their children to her!

"Oh sure. Thank you very much," she said.

"You better give her a ride to the station, "the woman said. The bus runs not that frequently. Although wait, do not go, let's first look at the train schedule."

It was an excellent idea, because, as it turned out, the train went to the city once a day, in the morning. They had to hurry up. Otherwise, they could be too late for today's train.

She and the man ran to the car.

_____ до́ме её уже́ жда́ли мать и отец Анто́на и На́сти.

Почему́ вы нам не сказа́ли, что вы не _____ аге́нтства, а про́сто проходи́ли ми́мо и заблуди́лись? - спроси́ла её же́нщина серди́тым го́лосом.

- Я сра́зу сказа́ла вам об э́том, когда́ поняла́, что вы меня́ принима́ете _____ кого́-то друго́го, но вы меня́ не ста́ли слу́шать, а сра́зу убежа́ли - отве́тила она́. - А пото́м пришла́ настоя́щая ня́ня, но ва́ши де́ти сказа́ли ей, чтобы она́ уходи́ла, а мне они́ не да́ли уйти́. Что же я могла́ сде́лать?

- Ничего́ стра́шного не произошло́ - сказа́л отец дете́й. - Вы о́чень понра́вились на́шим де́тям.   Не хоте́ли бы вы приходи́ть _____ ним, когда́ нам нужна́ ня́ня? Мы вам могли́ бы хорошо́ плати́ть.

- Мне ва́ши де́ти то́же о́чень понра́вились, и мы _____ ни́ми о́чень хорошо́ прове́ли вре́мя вчера́ ве́чером - отве́тила она́ - Но, _____ сожале́нию, я не смогу́ приходи́ть сюда́, я живу́ о́чень далеко́ отсю́да, и я оказа́лась здесь случа́йно.

- А что _____ ва́ми случи́лось? - удиви́лись роди́тели.

Она́ ко́ротко объясни́ла им, что произошло́ _____ её подру́гой, рассказа́ла, что пое́хала её иска́ть и прие́хала не _____ тому́ а́дресу.

- А тепе́рь я вообще́ не зна́ю, что де́лать - сказа́ла она́. - Ва́ши де́ти вчера́ сказа́ли такси́сту, чтобы он уезжа́л, и он уе́хал. Я сомнева́юсь, что он вернётся сюда́ сего́дня, чтобы меня́ забра́ть. Наверняка́ он уже́ забы́л _____ мне. Не представля́ю, что мне тепе́рь де́лать.

- Не волну́йтесь, мы вам помо́жем - сказа́л отец. - Я вас отвезу́, куда́ вам ну́жно. _____ како́му а́дресу вам на́до е́хать?

Она́ доста́ла _____ карма́на бума́жку _____ а́дресом и показа́ла ему́.

- У́лица Белого́рская - заду́мчиво сказа́л он. Где же э́то? Я не зна́ю таку́ю у́лицу. Пра́вда, мы не так давно́ здесь живём. Дава́йте посмо́трим ка́рту.

Он принёс ка́рту, и они́ вме́сте ста́ли рассма́тривать её. Они́ рассмотре́ли её всю, сантиме́тр _____ сантиме́тром, но у́лицы Белого́рская _____ ка́рте не́ было. _____ чём де́ло? Мо́жет быть, ка́рта ста́рая? Мо́жет быть, назва́ние у́лицы измени́лось?

Я сейча́с позвоню́ _____ поли́цию- сказа́л мужчи́на - и спрошу́ _____ них.

Он, действи́тельно, позвони́л _____ поли́цию.

Скажи́те пожа́луйста, где нахо́дится у́лица Белого́рская?

Э́то поли́ция, а не спра́вочная слу́жба - отве́тили ему́ _____ друго́м конце́ про́вода не сли́шком ве́жливо. Мы охраня́ем поря́док, а вы нам задаёте глу́пые вопро́сы и меша́ете.

По мое́й информа́ции, там, возмо́жно, произошло́ преступле́ние - сказа́л он.

Назови́те а́дрес по́лностью - сказа́л полице́йский.

Посёлок Воронко́во, у́лица Белого́рская, дом два́дцать два.

Ну так и звони́те _____ посёлок Воронко́во. Наш посёлок Воронцо́во - отве́тили ему́ и положи́ли тру́бку.

Она́ не могла́ пове́рить свои́м уша́м. Как она́ могла́ так ошиби́ться? И посёлок не тот, и у́лица не та. Ско́лько вре́мени, да и де́нег, потра́чено зря.

Ей не́кого бы́ло обвиня́ть _____ том, что произошло́. Э́то да́же нельзя́ бы́ло назва́ть несча́стным слу́чаем! Она́ оши́блась а́дресом. Е́сли бы она́ была́ внима́тельнее, э́того бы не случи́лось. Она́ сама́ была́ во всём винова́та и обижа́ться могла́ то́лько _____ себя́.

Ра́ньше быва́ли слу́чаи, когда́ она́ ока́зывалась совсе́м не там, куда́ ей на́до бы́ло попа́сть. Ей всегда́ бы́ло легко́ заблуди́ться. Но тако́го, как сейча́с, _____ ней ещё не случа́лось.

Е́сли я отвезу́ вас _____ авто́бусную остано́вку, вы смо́жете дое́хать _____ ста́нции и сесть _____ по́езд? - спроси́л мужчи́на.

Ей ста́ло о́чень сты́дно. Она́ поду́мала, что э́ти лю́ди, наве́рное, счита́ют её по́лной ду́рой. А ведь они́ бы́ли гото́вы дове́рить ей свои́х дете́й!

Да, коне́чно. Спаси́бо вам большо́е - отве́тила она́.

Лу́чше довезти́ её _____ ста́нции - сказа́ла же́нщина. - Авто́бус хо́дит не так ча́сто. Хотя́ подожди́те, не уезжа́йте, дава́йте снача́ла посмо́трим расписа́ние поездо́в.

Э́то была́ о́чень хоро́шая иде́я, потому́ что, как оказа́лось, по́езд _____ Москвы́ ходи́л то́лько оди́н раз _____ день, у́тром. На́до бы́ло торопи́ться, ина́че _____ сего́дняшний по́езд она́ могла́ опозда́ть.

Они́ _____ мужчи́ной побежа́ли _____ маши́не.

За не́которое вре́мя до э́тих собы́тий, совсе́м в друго́м ме́сте, дово́льно далеко́, в го́роде Красноя́рске, кото́рый нахо́дится в Сиби́ри, с други́ми людьми́ происходи́ли други́е собы́тия.

У Васи́лия Ива́новича бы́ло хоро́шее настрое́ние. Он сиде́л у окна́ у себя́ до́ма и любова́лся прекра́сным осе́нним днём. У него́ бы́ли причи́ны ра́доваться. Ему́ повезло́, опера́ция прошла́ успе́шно, и он чу́вствовал себя́ замеча́тельно. У него́ уже́ не боле́ло се́рдце. Боль ушла́, остава́лась уста́лость, но он был уве́рен, что и уста́лость уйдёт. У него́ был оптимисти́чный, жизнера́достный хара́ктер, а у таки́х люде́й всегда́ всё уда́чно. Он был успе́шным бизнесме́ном, у кото́рого всегда́ всё получа́лось, как на́до.

Не́сколько ме́сяцев наза́д, когда́ у него́ случи́лся инфа́ркт, он испуга́лся, что мо́жет умере́ть. Когда́ у него́ появи́лись мы́сли о сме́рти, он упа́л ду́хом. Стал вспомина́ть прожи́тую жизнь, оши́бки, уда́чи. Он мно́гое успе́л сде́лать. Постро́ил успе́шный би́знес, его́ уважа́ли колле́ги, у него́ бы́ло мно́го друзе́й, хотя́ бы́ли и враги́. У него́ был большо́й, краси́вый дом, не́сколько маши́н, кру́пный ба́нковский счёт. Он мно́го е́здил и мно́гое успе́л уви́деть. Его́ устра́ивала его́ жизнь! Пра́вда, когда́ он ду́мал, что умира́ет, у него́ появи́лись други́е мы́сли. Он вдруг испуга́лся, что мо́жет умере́ть совсе́м оди́н, и по́нял, что, несмотря́ на все его́ успе́хи, у него́ нет бли́зких люде́й. Кому́ он оста́вит всё своё бога́тство?

По́сле опера́ции, когда́ он верну́лся домо́й, врачи́ не разреши́ли ему́ рабо́тать. Они́ сказа́ли, что ему́ на́до пое́хать куда́-нибу́дь отдохну́ть, смени́ть кли́мат, развле́чься.

Когда́ он был у врача́, тот спроси́л его́:

- Заче́м вам рабо́тать? У вас что, де́нег ма́ло?
- Де́нег у меня́ мно́го, - отве́тил он.
- Ну так тра́тьте ва́ши де́ньги, - сказа́л врач. - Получа́йте удово́льствие! Отдыха́йте! Поезжа́йте путеше́ствовать! Вы чуть не у́мерли, потому́ что рабо́тали сли́шком мно́го. Мы вас сейча́с спасли́, но второ́й раз у нас э́то не полу́чится.

У него́ начала́сь па́ника! Он не знал, чем себя́ заня́ть. У него́ не́ было никаки́х интере́сов, кро́ме рабо́ты, а что же де́лать, е́сли рабо́тать нельзя́! Он не уме́л так жить! Он позвони́л своему́ секретарю́ и сказа́л, что́бы тот присла́л ему́ домо́й все после́дние отчёты компа́нии.

- Я хочу́, что́бы за́втра у́тром все э́ти докуме́нты бы́ли у меня́ - сказа́л он.

У секретаря́ был о́чень ве́жливый, но твёрдый го́лос, когда́ он отве́тил:

- Вы меня́ удивля́ете, уважа́емый Васи́лий Ива́нович. У меня́ есть инстру́кции ва́шего врача́. Вам нельзя́ рабо́тать. У вас больно́е се́рдце, вы чуть не у́мерли! У вас была́ опера́ция, вас спасли́, а тепе́рь вы должны́ отдыха́ть.

Some time before these events, in another place, quite far away, in the city of Krasnoyarsk, which is located in Siberia, other events were going on with other people.

Vasily Ivanovich was in a good mood. He was sitting by the window at home admiring a beautiful autumn day. He had a reason to be happy. He was lucky, the operation had been successful, and it felt wonderful. He had had no heart ache anymore. The pain was gone, but the tiredness remained, but he was sure that the fatigue would go away also. He was optimistic, of a cheerful disposition, and for such people, everything always goes well. He was a successful businessman, who always got things done the right way.

A few months ago, when he suffered a heart attack, he was afraid that he could die. When the thought of death came to him, he lost heart. He began to reminisce about his past life, his mistakes, and his achievements. He compared successes and failures, victories and defeats. He had accomplished a lot. He had built a successful business and was respected by colleagues; he had many friends, though he also had enemies. He had a big, beautiful house and a huge lot of land, several car's, and a significant bank account. He had had a chance to travel a lot and see a lot. He was satisfied with his life! However, when he thought he was dying, other thoughts came to his mind. Suddenly he was afraid that he could die all alone and realized that, in spite of all his success, he had no close friends. Whom will he leave all his wealth?

After the surgery, when he returned home, the doctors did not allow him to work. They said that he had to go somewhere to relax, to change the climate, and have fun.

When he was at the doctor's, the latter asked him:

"Why do you need to work? Do you have that little money?"

"I have a lot of money," he said.

"Well, so spend your money," said the doctor. "Enjoy! Relax! Go traveling! You almost died, because you worked too much. We saved you now, but we will not be able to save you the second time."

He started to panic! He did not know what to do. He had no interests other than work, but what to do if he was not allowed to work? He could not live like this! He called his secretary and ordered to send to his home all the latest reports of the company.

"I want all these documents to be at my place by tomorrow," he said.

The secretary's voice was very polite, but firm when he said,

"You surprise me, my dear Vasiliy Ivanovich. I have the instructions of your doctor. You are not allowed to work. You have a heart condition, you almost died! You have had an operation, you were saved, and now you need to rest."

_____ не́которое вре́мя _____ э́тих собы́тий, совсе́м _____ друго́м ме́сте, дово́льно далеко́, _____ други́ми людьми́ происходи́ли други́е собы́тия.

_____ Васи́лия Ива́новича бы́ло хоро́шее настрое́ние. Он сиде́л _____ окна́ _____ себя́ до́ма и любова́лся прекра́сным осе́нним днём. _____ него́ бы́ли причи́ны ра́доваться. Ему́ повезло́, опера́ция прошла́ успе́шно, и он чу́вствовал себя́ замеча́тельно. _____ него́ не боле́ло се́рдце. Боль ушла́, остава́лась уста́лость, но он был уве́рен, что и уста́лость уйдёт. _____ него́ был оптимисти́чный, жизнера́достный хара́ктер, а _____ таки́х люде́й всегда́ всё уда́чно. Он был успе́шным бизнесме́ном, _____ кото́рого всегда́ всё получа́лось, как на́до.

Не́сколько ме́сяцев наза́д, когда́ _____ него́ случи́лся инфаркт, он испуга́лся, что мо́жет умере́ть. Когда́ _____ него́ появи́лись мы́сли _____ сме́рти, он упа́л ду́хом. Ста́л вспомина́ть прожи́тую жизнь, оши́бки, уда́чи. Он мно́гое успе́л сде́лать. Постро́ил успе́шный би́знес, его́ уважа́ли колле́ги, _____ него́ бы́ло мно́го друзе́й, хотя́ бы́ли и враги́. _____ него́ был большо́й, краси́вый дом, не́сколько маши́н, кру́пный ба́нковский счёт. Пра́вда, когда́ он ду́мал, что умира́ет, _____ него́ появи́лись други́е мы́сли. Он вдруг испуга́лся, что мо́жет умере́ть совсе́м оди́н, и по́нял, что, несмотря́ на все его́ успе́хи, _____ него́ нет бли́зких люде́й. Кому́ он оста́вит всё своё бога́тство?

После операции, когда он вернулся домой, врачи не разрешили ему работать. Они сказали, что ему надо поехать куда-нибудь отдохнуть, сменить климат, развлечься.

Когда он был _____ врача, тот спросил его:

Зачем вам работать? _____ вас что, денег мало?

Денег _____ меня много - ответил он.

Ну так тратьте ваши деньги - сказал врач. - Получайте удовольствие! Отдыхайте! Поезжайте путешествовать! Вы чуть не умерли, потому что работали слишком много. Мы вас сейчас спасли, но второй раз _____ нас это не получится.

_____ него начала́сь па́ника! Он не знал, чем себя занять. _____ него не было никаких интересов, кроме работы, а что же делать, если работать нельзя! Он не умел так жить! Он позвонил своему секретарю и сказал, чтобы тот прислал ему домой все последние отчёты компании.

Я хочу, чтобы завтра утром все эти документы были _____ меня - сказал он.

_____ секретаря был очень вежливый, но твёрдый голос, когда он ответил:

Вы меня удивляете, уважаемый Василий Иванович. _____ меня есть инструкции вашего врача. Вам нельзя работать. _____ вас больное сердце, вы чуть не умерли! _____ вас была операция, вас спасли, а теперь вы должны отдыхать.

- Я не уме́ю отдыха́ть, - чуть не запла́кал Васи́лий Ива́нович, - я никогда́ не отдыха́ю, я уме́ю то́лько рабо́тать!

- Учи́тесь отдыха́ть, учи́ться никогда́ не по́здно, - отве́тил секрета́рь. - Поезжа́йте куда́-нибудь.   У меня́ есть рекла́ма туристи́ческого аге́нтства, я вам её пришлю́. Вы́берите како́й-нибудь куро́рт, поезжа́йте туда́, а нам откры́тку пришлёте и́ли фотогра́фии.

- Как же я пое́ду отдыха́ть оди́н? - спроси́л он. - У меня́ ведь нет ни семьи́, ни подру́ги.

- У вас до́чка есть, Ма́ша, - напо́мнил ему́ секрета́рь. - Возьми́те её и поезжа́йте вме́сте.

Когда́-то о́чень давно́, когда́ он был молоды́м, у него́ была́ жена́, пото́м у них появи́лась дочь, Ма́ша. Но семья́ отнима́ет мно́го вре́мени, а у него́ не́ было вре́мени, ему́ на́до бы́ло рабо́тать. Жена́ не́сколько лет ждала́, когда́ у него́ поя́вится вре́мя для семьи́, но не дождала́сь, взяла́ до́чку и ушла́. Снача́ла она́ жила́ у свои́х роди́телей, а пото́м у неё появи́лся друго́й муж и они́ уе́хали. Бо́льше он никогда́ свою́ бы́вшую жену́ не ви́дел, и, е́сли бы не ста́рые фотогра́фии, кото́рые у него́ остава́лись, он бы, наве́рное, да́же забы́л, как она́ вы́глядела.

Бо́льше он не жени́лся, и да́же подру́гу себе́ не завёл, у него́ не́ было вре́мени. У него́ не́ было вре́мени ни на что. Таки́х люде́й называ́ют трудого́ликами. Они́ живу́т, что́бы рабо́тать, а бо́льше у них нет никаки́х интере́сов.

До́чка, Ма́ша, коне́чно, оста́лась у ма́тери. До́чку он, коне́чно, люби́л, но ви́дел о́чень ре́дко. Он да́же не мог вспо́мнить, когда́ они́ ви́делись после́дний раз. Иногда́ они́ разгова́ривали, но не ча́сто; времена́ми он посыла́л Ма́ше пода́рки и де́ньги. Ма́ша ре́дко проси́ла у него́ де́ньги, но он знал, что у неё де́нег ма́ло, а у него́ де́нег бы́ло бо́льше, чем он мог потра́тить. У него́ ра́ньше был её а́дрес, но пото́м она́ перее́хала, и а́дрес у неё измени́лся, а та́кже измени́лся но́мер телефо́на. Но́вый а́дрес он не знал, и он никогда́ не был у неё до́ма, хотя́ она́ его́ не́сколько раз приглаша́ла.   Пода́рки, отпра́вленные по́чтой, ста́ли возвраща́ться обра́тно.

Когда́ секрета́рь сказа́л, что ему́ на́до найти́ Ма́шу и пригласи́ть её пое́хать вме́сте отдыха́ть, ему́ э́та мы́сль о́чень понра́вилась. Но как её найти́? У него́ же не́ было её но́вого а́дреса, и да́же ста́рый а́дрес у него́ не сохрани́лся.

- Не волну́йтесь, мы найдём её, - пообеща́л секрета́рь. - У меня́ есть знако́мый ча́стный детекти́в. Он найдёт кого́ хо́чешь. Я бу́ду у него́ за́втра и объясню́ ему́, что ну́жно сде́лать.

Васи́лий Ива́нович о́чень обра́довался. У него́ сра́зу улу́чшилось настрое́ние, когда́ он поду́мал, что ско́ро уви́дит дочь. У него́, пра́вда, появи́лась мысль, что у неё мо́гут быть каки́е-то дела́, свои́ пла́ны, но секрета́рь уве́ренно сказа́л ему́, что они́ обяза́тельно уговоря́т её прие́хать и погости́ть у отца́. Она́ не смо́жет отказа́ть!

"I can not rest," almost cried Vasiliy Ivanovich. "I never rest, I can only work!"

"Learn to relax; it is never too late to learn," the secretary said. "Travel somewhere. I have a travel agency advertising, and I'll send it to you. Select some resort, go there, and send us a postcard or a photo."

"How can I go on vacation by myself?" he asked. "I have no family, nor friends."

"You have a daughter, Masha," the secretary reminded him. "Take her and go together."

Once upon a time long ago, when he was young, he had a wife, then they had a daughter, Masha. But the family is time-consuming, and he had no time, he had to work. His wife waited for a few years for him to have time for his family, but it did not happen, so she took their daughter and left. At first, she lived with her parents, and then she got another husband, and they left. He had never again seen his ex-wife, and if it hadn't been for the old photos that remained in his possession, he probably would have even forgotten how she looked.

He did not remarry and even did not get a girlfriend, he had no time for that. He had no time for anything. Such people are called workaholics. They live to work, and most of them do not have any other interests.

His daughter, Masha, of course, remained with her mother. Of course, he loved his daughter but rarely saw her. He could not even remember when the last time they saw each other was. Sometimes they talked, but not often. From time to time he sent Masha gifts and money. Masha rarely asked him for money, but he knew that she had little money, while he had more money than he could spend. Previously he had had her address, but then she moved, her address changed and the phone number as well. He did not know her new address, and he had never been in her house, although she had invited him several times. Gifts that sent by mail began to come back.

When the secretary said that he had to find Masha and invite her to come along for a vacation, he liked this idea very much. But how to find her? He did not have her new address, and he had not even saved her old address.

"Do not worry, we'll find her," the secretary promised. "I have a friend who is a private detective. He will find anyone you want. I'll see him tomorrow and explain to him what to do."

Vasily Ivanovich was very glad. His mood immediately improved when he thought that soon he would see his daughter. Frankly, it entered his mind that she might have things to do, her plans, but the secretary confidently said that they would persuade her to come and visit with her father. She would not be able to refuse!

- Я не уме́ю отдыха́ть - чуть не запла́кал Васи́лий Ива́нович - я никогда́ не отдыха́ю, я уме́ю то́лько рабо́тать!

- Учи́тесь отдыха́ть, учи́ться никогда́ не по́здно - отве́тил секрета́рь. - Поезжа́йте куда́-нибудь. _____ меня́ есть рекла́ма туристи́ческого аге́нтства, я вам её пришлю́. Вы́берите како́й-нибудь куро́рт, поезжа́йте туда́, а нам откры́тку пришлёте и́ли фотогра́фии.

Как же я пое́ду отдыха́ть оди́н? - спроси́л он. - _____ меня́ ведь нет ни семьи́, ни подру́ги.

_____ вас до́чка есть, Ма́ша - напо́мнил ему́ секрета́рь. - Возьми́те её и поезжа́йте вме́сте.

Когда́-то о́чень давно́, когда́ он был молоды́м, _____ него́ была́ жена́, пото́м _____ них появи́лась дочь, Ма́ша. Но семья́ отнима́ет мно́го вре́мени, а _____ него́ не́ было вре́мени, ему́ на́до бы́ло рабо́тать. Жена́ не́сколько лет ждала́, когда́ _____ него́ поя́вится вре́мя _____ семьи, но не дождала́сь, взяла́ до́чку и ушла́. Снача́ла она́ жила́ _____ свои́х роди́телей, а пото́м _____ неё появи́лся друго́й муж и они́ уе́хали. Бо́льше он никогда́ свою́ бы́вшую жену́ не ви́дел, и, е́сли бы не ста́рые фотогра́фии, кото́рые _____ него́ остава́лись, он бы, наве́рное, да́же забы́л, как она́ вы́глядела.

Бо́льше он не жени́лся, и да́же подру́гу себе́ не завёл, _____ него́ не́ было вре́мени. _____ него́ не́ было вре́мени ни _____ что. таки́х люде́й называ́ют трудого́ликами. Они́ живу́т, что́бы рабо́тать, а бо́льше _____ них нет никаки́х интере́сов.

Дочка, Маша, конечно, осталась _____ матери. Дочку он, конечно, любил, но видел очень редко. Он даже не мог вспомнить, когда они виделись последний раз. Иногда они разговаривали, но не часто; временами он посылал Маше подарки и деньги. Маша редко просила _____ него деньги, но он знал, что _____ неё денег мало, а _____ него денег было больше, чем он мог потратить. _____ него раньше был её адрес, но потом она переехала, и адрес _____ неё изменился, а также изменился номер телефона. Новый адрес он не знал, и он никогда не был _____ неё дома, хотя она его несколько раз приглашала. Подарки, отправленные почтой, стали возвращаться обратно.

Когда секретарь сказал, что ему надо найти Машу и пригласить её поехать вместе отдыхать, ему эта мысль очень понравилась. Но как её найти? _____ него же не было её нового адреса, и даже старый адрес _____ него не сохранился.

Не волнуйтесь, мы найдём её - пообещал секретарь. - _____ меня есть знакомый частный детектив. Он найдёт кого хочешь. Я буду _____ него завтра и объясню ему, что нужно сделать.

Василий Иванович очень обрадовался. _____ него сразу улучшилось Настроение, когда он подумал, что скоро увидит дочь.

_____ него, правда, появилась мысль, что _____ неё могут быть какие-то дела, свои планы, но секретарь уверенно сказал ему, что они обязательно уговорят её приехать и погостить _____ отца.

Секрета́рь, действи́тельно, пое́хал к своему́ знако́мому детекти́ву. Детекти́в был молоды́м, энерги́чным челове́ком, кото́рый прекра́сно выполня́л свою́ рабо́ту. Лю́дям приходи́лось до́лго ждать, что́бы попа́сть к нему́. К нему́ была́ о́чередь, так как он всегда́ был о́чень за́нят. Зака́зов бы́ло мно́жество! Пра́вда, к секретарю́ Васи́лия Ива́новича он относи́лся осо́бо. Когда́-то секрета́рь о́чень помо́г ему́, когда́ никто́, да́же са́мые бли́зкие друзья́, не пришли́ к нему́ на по́мощь. Детекти́в был благодаре́н ему́ и давно́ ждал слу́чая показа́ть свою́ благода́рность. К сча́стью, секретарю́ не пришло́сь ждать, что́бы попа́сть к нему́. Одного́ телефо́нного звонка́ бы́ло доста́точно, что́бы назна́чить встре́чу.

- У меня́ к тебе́ ва́жное де́ло, - сказа́л секрета́рь. - Когда́ я могу́ к тебе́ прийти́?

- Жду вас за́втра к пяти́ часа́м, - отве́тил детекти́в.

Когда́, ро́вно к пяти́ часа́м, маши́на секретаря́ подъе́хала к до́му, детекти́в уже́ ждал его́ и вы́шел к нему́ навстре́чу. Они́ пожа́ли друг дру́гу ру́ки, и детекти́в повёл секретаря́ к себе́.

- Никто́ не до́лжен ко мне заходи́ть, - сказа́л он свое́й секрета́рше. - Я за́нят, никого́ ко мне не пуска́йте. К шести́ часа́м до́лжен прие́хать клие́нт, пусть подождёт. Позвони́те ко мне домо́й и скажи́те, что я, к сожале́нию, опозда́ю к у́жину, пусть они́ меня́ не ждут. И принеси́те нам, пожа́луйста, ча́ю.

- Хорошо́, сейча́с принесу́, - сказа́ла де́вушка. - А что вы хоти́те к ча́ю? Конфе́ты, пече́нье?

- И то, и друго́е, - попроси́л детекти́в. Он люби́л сла́дкое.

- Я ви́жу, ты уже́ привы́к к популя́рности - сказа́л секрета́рь, улыба́ясь. Я слы́шал, к тебе́ стои́т о́чередь.

- К популя́рности привыка́ешь бы́стро, - отве́тил детекти́в и то́же улыбну́лся, - хотя́ популя́рность мне ни к чему́. Ко мне прихо́дит мно́го ра́зных люде́й, но, к сожале́нию, не хвата́ет вре́мени, что́бы всем помо́чь. А что привело́ вас ко мне? Что у вас случи́лось? - спроси́л он.

- Есть одна́ пробле́ма - отве́тил секрета́рь. - На́до найти́ одну́ де́вушку, до́чку моего́ нача́льника, и привезти́ её к нему́.

Он объясни́л ситуа́цию, и детекти́в заду́мался, а пото́м сказа́л:

- Коне́чно, я найду́ её и привезу́ к отцу́. К концу́ сле́дующего ме́сяца она́ бу́дет здесь. Переда́йте ва́шему нача́льнику, что́бы он начина́л гото́виться к путеше́ствию. К прие́зду до́чери чемода́ны должны́ быть со́браны! Но у меня́, коне́чно, есть к нему́ не́сколько вопро́сов, и нам на́до встре́титься.

His secretary, in fact, went to his friend the detective. The detective was a young, energetic man who did his job well. People had to wait to get to him. There was always a waiting list to get to him as he was always very busy. There were many requests! However, he treated the secretary in a special way. Once, he had helped him a lot when nobody, not even his closest friends came to his aid. The detective was grateful to him and for a long time was waiting for an opportunity to show his gratitude. Fortunately, the secretary did not have to wait to visit him. One phone call was enough to make an appointment.

"I have an important matter for you," the secretary said. "When can I come to you?"

"I will be waiting for you tomorrow at five o'clock," the detective answered.

Exactly at five o'clock, the secretary's car pulled up to the house. The detective was already waiting for him and stepped outside to meet him. They shook hands with each other and the detective led the secretary to his place.

"No one should come to me," the detective said to the girl who was his secretary. "I'm busy, do not let anyone enter my office. "By six o'clock a customer should come, let him wait. Call my house and tell them that I, unfortunately, am going to be late for dinner and they shouldn't wait for me. And please bring us some tea."

"Okay, I'll bring it right away," she said. "What do you want with your tea? Candy, cookies?"

"Both," - answered the detective. He loved sweets.

"I see you're already accustomed to popularity," the secretary said, smiling. " I've heard there is a waiting list to get to you."

"One quickly gets used to popularity," the detective said and smiled,

"Although I don't need popularity. A lot of different people come to me, but unfortunately, I don't have enough time to help everyone. And what brings you to me? What has happened?" he asked.

"There is one problem," the secretary said. "We need to find a girl, a daughter of my boss, and bring her to him." He explained the situation. The detective thought for some time, and then said, "Of course, I'll find her and bring her to the father. By the end of next month, she will be here. Tell your boss to start preparing for the trip. By the arrival of his daughter, the suitcases must have been packed! But I, of course, have a few questions for him, and we need to meet."

Секретарь, действительно, поехал _____ своему знакомому детективу. Детектив был молодым, энергичным человеком, который прекрасно выполнял свою работу. Людям приходилось долго ждать, чтобы попасть _____ нему. _____ нему была очередь, так как он всегда был очень занят. Заказов было множество! Правда, _____ секретарю Василия Ивановича он относился особо. Когда-то секретарь очень помог ему, когда никто, даже самые близкие друзья, не пришли _____ нему на помощь. Детектив был благодарен ему и давно ждал случая показать свою благодарность. _____ счастью, секретарю не пришлось ждать, чтобы попасть _____ нему. Одного телефонного звонка было достаточно, чтобы назначить встречу.

_____ меня _____ тебе важное дело - сказал секретарь. - Когда я могу _____ тебе прийти?

Жду вас завтра _____ пяти часам - ответил детектив.

Когда, ровно _____ пяти часам, машина секретаря подъехала _____ дому, детектив уже ждал его и вышел _____ нему навстречу. Они пожали друг другу руки, и детектив повёл секретаря _____ себе.

Никто не должен _____ мне заходить, - сказал он своей секретарше. - Я занят, никого _____ мне не пускайте. _____ шести часам должен приехать клиент, пусть подождёт. Позвоните _____ мне домой и скажите, что я, _____ сожалению, опоздаю _____ ужину, пусть они меня не ждут. И принесите нам, пожалуйста, чаю.

Хорошо́, сейча́с принесу́, - сказа́ла де́вушка. - А что вы хоти́те

_____ ча́ю? Конфе́ты, пече́нье?

И то, и друго́е, - попроси́л детекти́в. Он люби́л сла́дкое.

Я ви́жу, ты уже́ привы́к _____ популя́рности - сказа́л

секрета́рь, улыба́ясь. Я слы́шал, _____ тебе́ стои́т о́чередь.

_____ популя́рности привыка́ешь бы́стро, - отве́тил детекти́в и

то́же улыбну́лся, - хотя́ популя́рность мне ни _____ чему. _____ мне

прихо́дит мно́го ра́зных люде́й, но, _____ сожале́нию, не хвата́ет

вре́мени, что́бы всем помо́чь. А что привело́ вас _____ мне? Что

_____ вас случи́лось? - спроси́л он.

Есть одна́ пробле́ма - отве́тил секрета́рь. - На́до найти́ одну́

де́вушку, до́чку моего́ нача́льника, и привезти́ её _____ нему.

Он объясни́л ситуа́цию, и детекти́в заду́мался, а пото́м сказа́л:

Коне́чно, я найду́ её и привезу́ _____ отцу́. _____ концу́

сле́дующего ме́сяца она́ бу́дет здесь. Переда́йте ва́шему нача́льнику,

что́бы он начина́л гото́виться _____ путеше́ствию. _____ прие́зду

до́чери чемода́ны должны́ быть со́браны! Но у меня́, коне́чно, есть к

нему́ не́сколько вопро́сов, и нам на́до встре́титься.

Для того́, что́бы нача́ть по́иски, детекти́ву, коне́чно, нужна́ была́ информа́ция. Секрета́рь позвони́л Васи́лию Ива́новичу для того́, что́бы назна́чить им встре́чу.

Для встре́чи вы́брали дом Васи́лия Ива́новича, там бы́ло ти́хо и никто́ не мог помеша́ть разгово́ру. Для разгово́ра оказа́лось доста́точно двух часо́в. Васи́лий Ива́нович зара́нее постара́лся пригото́вить для детекти́ва информа́цию, кото́рая могла́ помо́чь для того́, что́бы нача́ть по́иски.

Васи́лий Ива́нович был гото́в на всё для того́, что́бы найти́ дочь, но, к сожале́нию, информа́ции для по́исков у него́ бы́ло не так мно́го.

По́сле инфа́ркта его́ па́мять ста́ла намно́го ху́же (он не сказа́л об э́том свои́м врача́м. Врачи́ уже́ сде́лали для него́ всё, что могли́. Ему́ надое́ло лечи́тся....)

Он приме́рно по́мнил райо́н го́рода, где когда́-то, мно́го лет наза́д, жила́ его́ семья́, но не по́мнил ни то́чного а́дреса, ни то́чного вре́мени, когда́ они́ там жи́ли. Это бы́ло сли́шком давно́. Он никогда́ не ду́мал, что ему́ когда́-нибудь для чего́-то мо́жет пона́добиться э́та информа́ция. Докуме́нты тех времён он не сохрани́л. И́мя свое́й бы́вшей жены́ он то́же не по́мнил! Забы́л, как стра́шный сон!

У него́ не́ было ни тепе́решнего а́дреса Ма́ши, ни но́мера телефо́на, ни да́же фотогра́фии. Он да́же забы́л да́ту рожде́ния до́чери, по́мнил то́лько, что ей бы́ло приме́рно лет три́дцать. Профе́ссию Ма́ши и ме́сто рабо́ты и учёбы Васи́лий Ива́нович то́же не смог вспо́мнить. Он то́чно знал, что у неё не́ было дете́й, а муж, ка́жется, был, хотя́, мо́жет быть, не муж, а друг....

Детекти́в встреча́л мно́го ра́зных люде́й, кото́рым была́ нужна́ его́ по́мощь, и привы́к ничему́ не удивля́ться. Он люби́л свою́ рабо́ту, для него́ бы́ло привы́чным иска́ть и находи́ть люде́й. Он дорожи́л свое́й репута́цией и всегда́ стара́лся сде́лать для свои́х клие́нтов всё, что мог. Чем трудне́е была́ зада́ча, тем интере́снее она́ была́ для него́.

- Доста́точно для нача́ла, - сказа́л он по́сле того́, как клие́нт рассказа́л ему́ всё, что мог.

Он сказа́л свое́й секрета́рше, что сро́чно до́лжен уе́хать, и попроси́л её как мо́жно скоре́е пригото́вить всё, что ну́жно для пое́здки.

- Я неме́дленно всё для вас пригото́влю, - пообеща́ла она́.

To start the search, the detective, of course, needed information. The secretary called Vasily Ivanovich to set up a meeting for them.

For the meeting, they chose the house of Vasily Ivanovich. It was quiet there, and no one could interfere with the conversation. Two hours turned out to be enough for the conversation. Vassily Ivanovich tried to prepare the information for the detective that could help him to begin the search in advance.

Vasily Ivanovich was ready to do anything to find his daughter, but, unfortunately, he did not have that much information for the search.

After the heart attack, his memory became far worse (he did not mention this to the doctors. The doctors had done all they could for him. He was tired of medical treatment ...)

He remembered the approximate area of ??the city, where once, many years ago, his family had lived but did not remember the exact address or the exact time when they lived there. It had been too long ago. He had never thought that he might have some day for whatever reason need this information. He did not keep any documents about that time.

He did not have the present address of Masha, her phone number or even pictures. He even forgot the date of birth of his daughter, only remembering that she was about thirty years old. Masha's profession and her place of work and study Vassily Ivanovich could not remember either. While he knew that she had no children, it seemed to him that she had a husband, though, perhaps, not a spouse, but a boyfriend.

The detective met many different people who needed his help and got used to not being surprised by anything. He loved his job and was accustomed to searching for people and finding them. He valued his reputation and always tried to do everything he could for his clients. The more difficult the task, the more interesting it was for him.

"Enough for a start," he said after the client had told him everything he could.

He told his secretary that he urgently needed to leave and asked her to prepare all that was needed for the trip as soon as possible.

"I will immediately prepare everything for you," she promised.

_____ того, чтобы начать поиски, детективу, конечно, нужна была информация. Секретарь позвонил Василию Ивановичу _____ того, чтобы назначить им встречу.

_____ встречи выбрали дом Василия Ивановича, там было тихо и никто не мог помешать разговору. _____ разговора оказалось достаточно двух часов. Василий Иванович заранее постарался приготовить _____ детектива информацию, которая могла помочь _____ того, чтобы начать поиски.

Василий Иванович был готов _____ всё _____ того, чтобы найти дочь, но, _____ сожалению, информации _____ поисков _____ него было не так много.

После инфаркта его память стала намного хуже (он не сказал _____ этом своим врачам. Врачи уже сделали _____ него всё, что могли. Ему надоело лечится....)

Он примерно помнил район города, где когда-то, много лет назад, жила его семья, но не помнил ни точного адреса, ни точного времени, когда они там жили. Это было слишком давно. Он никогда не думал, что ему когда-нибудь _____ чего-то может понадобиться эта информация. Документы тех времён он не сохранил. Имя своей бывшей жены он тоже не помнил! Забыл, как страшный сон!

_____ него не было ни теперешнего адреса Маши, ни номера телефона, ни даже фотографии. Он даже забыл дату рождения дочери, помнил только, что ей было примерно лет тридцать. Профессию Маши и место работы и учёбы Василий Иванович тоже не смог вспомнить. Он точно знал, что _____ неё не было детей, а муж, кажется, был, хотя, может быть, не муж, а друг....

Детектив встречал много разных людей, которым была нужна его помощь, и привык ничему не удивляться. Он любил свою работу, _____ него было привычным искать и находить людей. Он дорожил своей репутацией и всегда старался сделать _____ своих клиентов всё, что мог. Чем труднее была задача, тем интереснее она была _____ него.

Достаточно _____ начала, - сказал он после того, как клиент рассказал ему всё, что мог.

Он сказал своей секретарше, что срочно должен уехать, и попросил её как можно скорее приготовить всё, что нужно _____ поездки.

Я немедленно всё _____ вас приготовлю, - пообещала она.

Детекти́в привы́к име́ть де́ло с людьми́, кото́рые привы́кли ожида́ть неме́дленных результа́тов. Сра́зу же по́сле разгово́ра с Васи́лием Ива́новичем он собра́лся в доро́гу. Он совсе́м ненадо́лго зашёл с рабо́ты домо́й, что́бы взять каки́е-то ве́щи и сказа́ть свои́м дома́шним, что уезжа́ет по дела́м. До́ма уже́ привы́кли к его́ ча́стым отъе́здам. Он взял с собо́й каку́ю - то оде́жду, докуме́нты, де́ньги и уже́ че́рез не́сколько часо́в по́сле встре́чи с клие́нтом сиде́л в самолёте. Его́ ме́сто бы́ло у окна́. Он люби́л сиде́ть у окна́ и смотре́ть на облака́, э́то помога́ло ему́ ду́мать. Сего́дня ему́ ну́жно бы́ло собра́ться с мы́слями, так как пе́ред ним стоя́ла нелёгкая зада́ча.

Найти́ в го́роде, где живу́т не́сколько миллио́нов челове́к, молоду́ю же́нщину, о кото́рой он не зна́ет ничего́, кро́ме и́мени и фами́лии - зада́ча не из лёгких.

Мари́я Васи́льевна Его́рова, во́зраст о́коло тридцати́ лет, то ли за́мужем, то ли нет, без дете́й. Ско́лько же́нщин с таки́м же и́менем и тако́й же фами́лией живу́т в Москве́? Мо́жет быть, не́сколько ты́сяч? С чего́ же нача́ть по́иски? Вре́мени на по́иски ма́ло, у него́ о́чень мно́го други́х дел, к нему́ о́чередь, мно́гие лю́ди наде́ются на него́ и ждут его́ с нетерпе́нием. Детекти́в не мог потра́тить на по́иски Ма́ши бо́льше неде́ли, в кра́йнем слу́чае, де́сять дней.

Прилете́в в Москву́, он останови́лся в гости́нице Москва́. Он всегда́ там остана́вливался, когда́ быва́л в Москве́. Отдыха́ть по́сле до́лгого перелёта вре́мени не́ было, на́до сра́зу бра́ться за де́ло.

Пе́рвым де́лом он дал объявле́ние в газе́те о том, что, по поруче́нию больно́го, возмо́жно, умира́ющего отца́ разы́скивается Мари́я Васи́льевна Его́рова. Кто зна́ет, мо́жет быть, ему́ повезёт и Ма́ша прочтёт э́то объявле́ние? Пото́м он позвони́л своему́ колле́ге в детекти́вное аге́нтство и попроси́л помо́чь с по́исками. Э́тот колле́га и ра́ньше, быва́ло, помога́л ему́; не отказа́л и сейча́с. Он внима́тельно вы́слушал детекти́ва и по́сле э́того сказа́л:

    - Не так мно́го информа́ции для по́исков, как хоте́лось бы, но ничего́ стра́шного, найдём, не сомнева́йтесь.

Он вы́звал к себе́ трёх свои́х помо́щников и поручи́л всем трои́м нача́ть по́иски. Все тро́е сра́зу взяли́сь за де́ло.

Уже́ че́рез па́ру дней к детекти́ву поступи́ли пе́рвые результа́ты по́исков. Колле́ги нашли́ двух молоды́х же́нщин, кото́рых зва́ли Мари́я Васи́льевна Его́рова. Обе соотве́тствовали описа́нию до́чери Васи́лия Ива́новича и приме́рно в одно́ и то же вре́мя, мно́го лет наза́д, жи́ли в том же райо́не Москвы́, где жила́ семья́ Его́ровых. Отцо́в всех э́тих же́нщин зва́ли Васи́лий Ива́нович Его́ров. Их роди́тели развели́сь мно́го лет наза́д и разъе́хались по ра́зным города́м, а куда́ и́менно, неизве́стно. Ни муже́й, ни дете́й у э́тих же́нщин никогда́ не́ было, и жи́ли они́ одни́.

The detective frequently dealt with people who expected immediate results. Immediately after the conversation with Vasily Ivanovich, he prepared for the trip. He briefly came home from work to pick up some things and tell his family that he was leaving on business. His family was used to his frequent departures. He took some clothing, documents, and money with him and a few hours after the meeting with the client he was already sitting on a plane. His seat was by the window. He liked to sit by the window and look at the clouds; it helped him think. Today, he had to gather his thoughts because the task that he was facing was not easy.

To find in the city of several million people a young woman whom he knew nothing about except the first and last name was not an easy task.

Mariya Egorova, about thirty years old, maybe married, maybe not, without children. How many women with the same name and the same surname lived in Moscow? Perhaps several thousand? Where to start looking? There was little time for this search; he had a lot of other things to do, and there was a waiting list to see him, many people relied on him and waited for him impatiently. The detective could not spend more than a week searching for Masha, ten days at the most.

Upon arrival in Moscow, he checked in at the hotel Moskva. He always stayed there when he was in Moscow. He had no time to rest after a long flight; he had to get down to business immediately.

First, he placed an ad in the newspaper that, on behalf of a sick, possibly dying father he was looking for Mariya Egorova. Who knew, maybe he would get lucky, and Masha would read this ad? Then he called his colleague at a local detective agency and asked for help with the search. This associate used to help him before; he did not refuse now. He listened carefully to the detective, and then said, "Not as much information for the search as we would like, but that's okay, we will find her, do not doubt."

He summoned his three assistants and ordered all three to start the search. All three of them at once got down to business.

In a couple of days, the detective had already received the first results of the search. His colleagues found two young women, named Mariya Vasilyevna Egorova. Both matched the description of the daughter of Vasily Ivanovich and at about the same time, many years ago, had lived in the same neighborhood of Moscow where the family of Egorova lived. Fathers of all these women were called Vasily Ivanovich Egorov. Their parents had divorced many years ago and lived in different cities, but they didn't know where exactly. None of these women had ever had a husband or children, and they lived alone.

Детекти́в привы́к име́ть де́ло _____ людьми́, кото́рые привы́кли ожида́ть неме́дленных результа́тов. Сра́зу же по́сле разгово́ра _____ Васи́лием Ива́новичем он собра́лся _____ доро́гу. Он совсе́м ненадо́лго зашёл _____ рабо́ты домо́й, что́бы взять каки́е-то ве́щи и сказа́ть свои́м дома́шним, что уезжа́ет _____ дела́м. До́ма уже́ привы́кли _____ его́ ча́стым отъе́здам. Он взял _____ собо́й каку́ю-то оде́жду, докуме́нты, де́ньги и уже́ че́рез не́сколько часо́в по́сле встре́чи _____ клие́нтом сиде́л _____ самолёте. Его́ ме́сто бы́ло _____ окна́. Он люби́л сиде́ть _____ окна́ и смотре́ть _____ облака́, э́то помога́ло ему́ ду́мать. Сего́дня ему́ ну́жно бы́ло собра́ться _____ мы́слями, так как пе́ред ним стоя́ла нелёгкая зада́ча.

Найти́ _____ го́роде , где живу́т не́сколько миллио́нов челове́к, молоду́ю же́нщину, _____ кото́рой он не зна́ет ничего́, кро́ме и́мени и фами́лии - зада́ча не _____ лёгких.

Мари́я Васи́льевна Его́рова, во́зраст о́коло тридцати́ лет, то ли за́мужем, то ли нет, _____ дете́й. Ско́лько же́нщин _____ таки́м же и́менем и тако́й же фами́лией живу́т _____ Москве́? Мо́жет быть, не́сколько ты́сяч? _____ чего́ же нача́ть по́иски? Вре́мени на по́иски ма́ло, _____ него́ о́чень мно́го други́х дел, _____ нему́ о́чередь, мно́гие лю́ди наде́ются _____ него́ и ждут его́ _____ нетерпе́нием. Детекти́в не мог потра́тить _____ по́иски Ма́ши бо́льше неде́ли, _____ кра́йнем слу́чае, де́сять дней.

Прилете́в _____ Москву́, он останови́лся _____ гости́нице Москва́. Он всегда́ там остана́вливался, когда́ быва́л _____ Москве́. Отдыха́ть по́сле до́лгого перелёта вре́мени не́ было, на́до сра́зу бра́ться _____ де́ло.

Пе́рвым де́лом он дал объявле́ние _____ газе́те _____ том, что, _____ поруче́нию больно́го, возмо́жно, умира́ющего отца́ разы́скивается Мари́я Васи́льевна Его́роваПото́м он позвони́л своему́ колле́ге _____ детекти́вное аге́нтство и попроси́л помо́чь _____ по́исками. Э́тот колле́га внима́тельно вы́слушал детекти́ва и по́сле э́того сказа́л:

Не так мно́го информа́ции _____ по́исков, как хоте́лось бы, но ничего́ стра́шного, найдём, не сомнева́йтесь.

Он вы́звал _____ себе́ трёх свои́х помо́щников и поручи́л всем трои́м нача́ть по́иски. Все тро́е сра́зу взяли́сь _____ де́ло.

Уже́ че́рез па́ру дней _____ детекти́ву поступи́ли пе́рвые результа́ты по́исков. Колле́ги нашли́ двух молоды́х же́нщин, кото́рых зва́ли Мари́я Васи́льевна Его́рова. Обе соотве́тствовали описа́нию до́чери Васи́лия Ива́новича и приме́рно _____ одно́ и то же вре́мя, мно́го лет наза́д, жи́ли _____ том же райо́не Москвы́, где жила́ семья́ Его́ровых. Отцо́в всех э́тих же́нщин зва́ли Васи́лий Ива́нович Его́ров. Их роди́тели развели́сь мно́го лет наза́д и разъе́хались _____ ра́зным города́м, а куда́ и́менно, неизве́стно. Ни муже́й, ни дете́й _____ э́тих же́нщин не́ было.

Через несколько дней количество женщин увеличилось до пяти, и детектив подумал, что если так пойдёт и дальше, ему будет нелегко выбрать одну из этой группы. Как он узнает, кто из них - настоящая Маша? Конечно, помог бы анализ крови, но Василий Иванович сказал, что просить женщин делать анализ крови не надо. Он боялся, что они не захотят делать этого по просьбе незнакомого человека и могут вообще отказаться от встречи с ним.

- Вы же знаете женщин, - сказал он детективу. - Они могут быть очень нерациональными. Анализ крови можно отложить до личной встречи.

Детектив подумал, что это Василий Иванович ведёт себя нерационально, но спорить с ним не стал. Если бы он спорил со своими клиентами, у него бы их не было!

Сотрудники из детективного агентства поговорили с четырьмя из женщин и узнали, что никто из них почти не поддерживал отношений с отцом. Каждой из них отец время от времени посылал какие-то подарки, деньги, но они не видели друг друга уже много лет. Они разговаривали по телефону, но редко, и номера телефона отца ни у кого из них не было. "Где-то этот номер записан, но найти не могу уже давно", - сказала одна из женщин. "Записную книжку потеряла",- сказала другая. "Неправильно записала номер, не могу дозвониться",- сказала третья. У четвёртой тоже номер телефона отца был давно потерян. С пятой пока не разговаривали, когда один из помощников пришёл по её адресу, её не было дома. На письмо из агентства она не ответила.

Никто из этих женщин не знал, в каком именно городе в данный момент жил её отец. По характеру работы ему приходилось иногда переезжать из одного города в другой. Где-то в Сибири.... а Сибирь – она большая....

Кого же из них он повезёт к своему клиенту?

Этот вопрос он задал своему коллеге, которого пригласил на чашку кофе. Они сидели в небольшом кафе недалеко от гостиницы и разговаривали. Они знали друг друга уже давно, познакомились несколько лет назад, когда занимались поисками пропавших детей. Детей нашли, с ними всё оказалось в порядке, они просто решили убежать из Красноярска в Москву в поисках приключений. В Москве их нашли и вернули родителям, а коллеги-детективы после этого случая подружились и время от времени помогали друг другу. Дел у обоих было очень много, жили они в разных городах и не так часто могли посидеть вдвоём за чашечкой кофе.

Услышав вопрос о том, какую из Маш выбрать для того, чтобы отвезти к любящему отцу, коллега засмеялся.

- Да, друг, серьёзная проблема,- сказал он со смехом. - Ты выбери ту, которая тебе больше нравится, её и вези к своему клиенту.

A few days later, the number of women increased to five, and the detective thought that if it went on like this, it would be hard to choose one from this group. How would he find out which one of them was the real Masha? Of course, a blood test would help, but Vasily Ivanovich had said that asking the women to do a blood test was not necessary. He was afraid that they would not want to do it at the request of an unknown person and may even refuse to meet with him.

"You know women," he said to the detective. "They can be very irrational. The blood test can be postponed until a personal meeting."

The detective thought it was Vasily Ivanovich who behaved irrationally but did not argue with him. If he had argued with his clients, he would not have them!

Employees of the detective agency spoke with four of the women and learned that all of them had almost no contact with their fathers. From time to time fathers sent each of them some gifts and money, but they had not seen each other for many years. They talked on the phone, but rarely, and none of them had the father's phone number. "I wrote it down somewhere, but can not find it since long ago," one of the women said. "I lost my notebook," said the other. "I wrote down the number incorrectly and can't get through," said the third. The fourth, too, had lost her father's phone number long ago. They hadn't yet talked with the fifth; when one of the assistants came at her address, she was not home. She had not answered the letter from the agency.

None of these women knew which city her father lived. Due to the nature of his work, he sometimes had to move from one city to another. Somewhere in Siberia...., and Siberia is huge ...

Whom to take to the client?

It was the question he asked his colleague whom he had invited for a cup of coffee. They were sitting in a small cafe near the hotel and talking. They knew each other for a long time; they had met a few years ago when engaged in the search for missing children. The children were found; everything was fine with them, they simply had decided to get away from Krasnoyarsk to Moscow in search of adventures. In Moscow, they were found and returned to their parents, and the two detectives became friends and occasionally helped each other following this incident. Both had a lot of cases, and as they lived in different cities, they did not get a chance to meet over a cup of coffee that often.

Hearing the question which of Masha's to choose to take to the loving father, the colleague laughed.

"Yes, friend, this is a serious problem," he said with a laugh. "You choose the one that you like most and take her to the client.

Через несколько дней коли́чество же́нщин увели́чилось _____ пяти́, и детекти́в поду́мал, что ему́ бу́дет нелегко́ вы́брать одну́ _____ э́той гру́ппы. Как он узна́ет, кто _____ них - настоя́щая Ма́ша? Он боя́лся, что они́ не захотя́т де́лать э́того _____ про́сьбе незнако́мого челове́ка и мо́гут вообще́ отказа́ться _____ встре́чи _____ ним.

Ана́лиз кро́ви мо́жно отложи́ть _____ ли́чной встре́чи.

Детекти́в поду́мал, что Васи́лий Ива́нович ведёт себя́ нерациона́льно, но спо́рить _____ ним не ста́л. Е́сли бы он спо́рил _____ свои́ми клие́нтами, _____ него́ бы их не́ бы́ло!

Сотру́дники _____ детекти́вного аге́нтства поговори́ли _____ четырьмя́ _____ же́нщин и узна́ли, что никто́ _____ них почти́ не подде́рживал отноше́ний _____ отцо́м. Ка́ждой _____ них оте́ц вре́мя _____ вре́мени посыла́л каки́е-то пода́рки, де́ньги, но они́ не ви́дели друг дру́га уже́ мно́го лет. Они́ разгова́ривали _____ телефо́ну, но ре́дко, и но́мера телефо́на отца́ ни _____ кого́ _____ них не́ бы́ло. "Где-то э́тот но́мер запи́сан, но найти́ не могу́ уже́ давно́", - сказа́ла одна́ _____ же́нщин. "Записну́ю кни́жку потеря́ла",- сказа́ла друга́я. "Непра́вильно записа́ла но́мер, не могу́ дозвони́ться",- сказа́ла тре́тья. _____ четвёртой то́же но́мер телефо́на отца́ был давно́ поте́рян. _____ пя́той пока́ не разгова́ривали, когда́ оди́н _____ помо́щников пришёл _____ её а́дресу, её не́ бы́ло до́ма. _____ письмо́ _____ аге́нтства она́ не отве́тила.

Никто́ _____ э́тих же́нщин не знал, _____ како́м и́менно го́роде _____ да́нный моме́нт жил её оте́ц. _____ хара́ктеру рабо́ты ему́ приходи́лось иногда́ переезжа́ть _____ одного́ го́рода _____ друго́й. Где́-то _____ Сиби́ри.... а она́ больша́я....

Кого́ же _____ них он повезёт _____ своему́ клие́нту?

Э́тот вопро́с он зада́л своему́ колле́ге, кото́рого пригласи́л _____ ча́шку ко́фе. Они́ сиде́ли _____ небольшо́м кафе́ недалеко́ _____ гости́ницы и разгова́ривали. Они́ зна́ли друг дру́га уже́ давно́, познако́мились не́сколько лет наза́д, когда́ занима́лись по́исками пропа́вших дете́й. Дете́й нашли́, _____ ни́ми всё оказа́лось _____ поря́дке, они́ про́сто реши́ли убежа́ть _____ Красноя́рска _____ Москву́ _____ по́исках приключе́ний. _____ Москве́ их нашли́ и верну́ли роди́телям, а колле́ги-детекти́вы по́сле э́того слу́чая подружи́лись и вре́мя _____ вре́мени помога́ли друг дру́гу. Дел _____ обо́их бы́ло о́чень мно́го, жи́ли они́ _____ ра́зных города́х и не так ча́сто могли́ посиде́ть вдвоём _____ ча́шечкой ко́фе.

Услы́шав вопро́с о том, каку́ю _____ Маш вы́брать _____ того́, что́бы отвезти́ _____ лю́бящему отцу́, колле́га засмея́лся.

Да, друг, серьёзная пробле́ма,- сказа́л он _____ сме́хом. - Ты вы́бери ту, кото́рая тебе́ бо́льше нра́вится, её и вези́ _____ своему́ клие́нту.

Или, ещё лу́чше, всех пятеры́х к нему́ отвези́, пуска́й сам выбира́ет себе́ до́чку! -

- До́рого сли́шком биле́ты на самолёт сто́ят на пятеры́х челове́к, - отве́тил детекти́в.

- А вы на по́езде поезжа́йте, - сказа́л колле́га.

Детекти́в заду́мался. Ему́ не хоте́лось е́хать на по́езде: сли́шком до́лго. Из Москвы́ до Красноя́рска е́хать почти́ три дня. Он не мог теря́ть сто́лько вре́мени, его́ жда́ли клие́нты, рабо́та. Он люби́л передвига́ться бы́стро.

- У меня́ уже́ есть обра́тный биле́т на самолёт, - сказа́л он. - И биле́т для одно́й де́вушки уже́ то́же опла́чен клие́нтом.

- Вы́бери одну́ и лети́ с ней самолётом, - посове́товал колле́га. - А остальны́е пусть по́ездом туда́ добира́ются.

Коне́чно, э́то был не са́мый лу́чший вы́ход из положе́ния, но ничего́ друго́го ни детекти́ву, ни его́ колле́ге в го́лову не приходи́ло. Коне́чно, Васи́лий Ива́нович удиви́тся, когда́ узна́ет, что к нему́ прие́дут сра́зу пять же́нщин вме́сто одно́й до́чери. Но что же де́лать, е́сли нет никако́й возмо́жности поня́ть, кто его́ дочь, пока́ они́ не встре́тятся?

- Лу́чше уж пять, чем ни одно́й, - ра́достно сказа́л колле́га детекти́ва, кото́рого вся э́та ситуа́ция о́чень весели́ла. - Жаль, что я не смогу́ с тобо́й пое́хать. Бы́ло бы интере́сно посмотре́ть, как э́ти деви́цы бу́дут соревнова́ться друг с дру́гом, что́бы отца́ себе́ получи́ть...

- А что, - оживи́лся детекти́в, кото́рому э́та иде́я о́чень понра́вилась. - Ты то́же с ни́ми на по́езде поезжа́й. Присмо́тришь за ни́ми по доро́ге, что́бы с ни́ми ничего́ не случи́лось и что́бы они́ не подрали́сь друг с дру́гом.

- Да я бы пое́хал, - отве́тил колле́га. - Уста́л, как соба́ка, не́сколько лет уже́ в о́тпуске не был. То́лько я не могу́, дел мно́го, да и жена́ убьёт, е́сли узна́ет, что я с четырьмя́ же́нщинами в одно́м купе́ три дня бу́ду находи́ться.

- Не убьёт, не бо́йся, - сказа́л детекти́в. - Во-пе́рвых, в одно́м купе́ ты с ни́ми не бу́дешь находи́ться, в ка́ждом купе́ то́лько четы́ре челове́ка мо́гут находи́ться. Во-вторы́х, заче́м ей об э́том знать. Ска́жешь, что е́дешь по дела́м, а я тебе́ заплачу́ за то, что ты мне помога́ешь. А ме́стными дела́ми помо́щники твои́ пуска́й занима́ются.

- Я поду́маю, - сказа́л колле́га, разгля́дывая фотогра́фии молоды́х же́нщин с мечта́тельным выраже́нием лица́. Тако́е выраже́ние лица́ детекти́ву бы́ло знако́мо, и он по́нял, что ему́ на́до бу́дет покупа́ть пять биле́тов на по́езд.

Or better yet, take all five to him. Let him choose a daughter!"

"Airplane tickets for five people are too expensive," the detective said.

"Well, go by train," the colleague said.

The detective thought about it. He did not want to go by train; it was too long. The ride from Moscow to Krasnoyarsk took almost three days. He could not lose so much time; his clients and his work were waiting for him. He liked to move fast.

"I already have a return airplane ticket," said he. "And a ticket for one girl has also been paid for by the client."

"Choose one and fly with her by plane," advised the colleague. "And let the rest get there by train."

Of course, this was not the best way out, but nothing else occurred either to the detective or his colleague. Of course, Vasily Ivanovich would be surprised when he found out that five women would come to him at once instead of just one daughter. But what could be done if there was no way to understand who his daughter was until they met?

"Better five than none," the fellow detective who was tremendously amused by this whole situation said cheerfully. "It's a pity that I can't go with you. It will be interesting to see how these young ladies will be competing to get a father."

"Why, yeah," cheered up the detective, who liked the idea. "You, too, ride with them on the train. You'll watch after them during the trip to make sure nothing happens to them, and they don't get into a fight with each other."

"I would like to go," the colleague said. "I'm tired as a dog and haven't been on vacation in a few years. I just can't, we have a lot of cases, and the wife will kill me if she finds out that I will be with four women in the same car for three days."

"She won't kill you, don't you worry," the detective said. "First, you won't be in the same car with them, only four people can be in the same car. Second, why would she know about it? You will say that you are going on business, and I will pay you for helping me. Then, let your assistants deal with the local affairs."

"I'll think about it," the colleague said, looking at the photos of the young women with dreamy expressions on their faces. Such expressions were familiar to the detective, and he realized that he would have to buy five tickets to the train.

Или, ещё лу́чше, всех пятеры́х _____ нему отвези́. пуска́й сам выбира́ет себе́ до́чку! -

До́рого сли́шком биле́ты _____ самолёт стоят _____ пятеры́х челове́к, - отве́тил детекти́в.

А вы _____ по́езде поезжа́йте, - сказа́л колле́га.

Детекти́в заду́мался. Ему́ не хоте́лось е́хать _____ по́езде: сли́шком до́лго. _____ Москвы́ _____ Красноя́рска е́хать почти́ три дня. Он не мог теря́ть сто́лько вре́мени, его́ жда́ли клие́нты, рабо́та. Он люби́л передвига́ться бы́стро.

_____ меня́ уже́ есть обра́тный биле́т _____ самолёт, - сказа́л он. - И биле́т _____ одно́й де́вушки уже́ то́же опла́чен клие́нтом.

Вы́бери одну́ и лети́ _____ ней самолётом, - посове́товал колле́га. - А остальны́е пусть по́ездом туда́ добира́ются.

Коне́чно, э́то был не са́мый лу́чший вы́ход _____ положе́ния, но ничего́ друго́го ни детекти́ву, ни его́ колле́ге _____ го́лову не приходи́ло. Коне́чно, Васи́лий Ива́нович удиви́тся, когда́ узна́ет, что _____ нему прие́дут сра́зу пять же́нщин вме́сто одно́й до́чери. Но что же де́лать, е́сли нет никако́й возмо́жности поня́ть, кто его́ дочь, пока́ они́ не встре́тятся?

- Жаль, что я не смогу _____ тобóй поéхать. Бы́ло бы интерéсно посмотрéть, как э́ти деви́цы бу́дут соревновáться друг _____ другом, чтóбы отцá себé получи́ть...

А что, - оживи́лся детекти́в, котóрому э́та идéя óчень понрáвилась. - Ты тóже _____ ни́ми _____ пóезде поезжáй. Присмóтришь _____ ни́ми _____ дорóге, чтóбы _____ ни́ми ничегó не случи́лось и чтóбы они́ не подрáлись друг _____ другом.

Да я бы поéхал, - отвéтил коллéга. - Устáл, как собáка, нéсколько лет ужé _____ óтпуске не был. Тóлько я не могу́, дел мнóго, да и женá убьёт, éсли узнáет, что я _____ четырьмя́ жéнщинами _____ однóм купé три дня бу́ду находи́ться.

Не убьёт, не бóйся - сказáл детекти́в. - Во-пéрвых, _____ однóм купé ты _____ ни́ми не бу́дешь находи́ться, _____ кáждом купé тóлько четы́ре человéка мóгут находи́ться. Во-вторы́х, зачéм ей _____ э́том знать. Скáжешь, что éдешь _____ делáм, а я тебé заплачу́ _____ то, что ты мне помогáешь. А мéстными делáми помóщники твои́ пускáй занимáются.

Я подýмаю, - сказáл коллéга, разгля́дывая фотогрáфии молоды́х жéнщин _____ мечтáтельным выражéнием лицá. Такóе выражéние лицá детекти́ву бы́ло знакóмо, и он пóнял, что емý нáдо бу́дет покупáть пять билéтов _____ пóезд.

Коне́чно, пе́ред тем, как покупа́ть биле́ты на по́езд, на́до бы́ло поговори́ть с ка́ждой из же́нщин и получи́ть их согла́сие. Не мог же он их похи́тить и́ли увезти́ си́лой.

Уговори́ть совреме́нную молоду́ю городску́ю же́нщину пове́рить соверше́нно незнако́мому челове́ку и неме́дленно бро́сить все дела́, что́бы пое́хать за ним почти́ на кра́й све́та - зада́ча не из лёгких. Как к э́тому подойти́?

Детекти́ву бы́ло над чем поду́мать, ведь е́сли же́нщина по́сле пе́рвой встре́чи ска́жет ему́ "Нет", переубеди́ть её бу́дет почти́ невозмо́жно.

Он раскры́л па́пку, на кото́рой бы́ло напи́сано: "Де́ло отца́ и до́чери".

В па́пке бы́ло не́сколько листо́в с фотогра́фиями и коро́ткой биогра́фией ка́ждой из же́нщин. Все же́нщины бы́ли прия́тными на вид и да́же немно́го похо́жими друг на дру́га.

Мари́я Васи́льевна Его́рова но́мер оди́н рабо́тала бухга́лтером в кру́пной торго́вой организа́ции. Она́ рабо́тала там давно́, уже́ лет де́сять, и на рабо́те её уважа́ли. К сча́стью для детекти́ва, его́ колле́га не так давно́ помо́г успе́шно расследовать похище́ние большо́й су́ммы де́нег в э́той организа́ции, поэ́тому детекти́в попроси́л его́ поговори́ть с нача́льником Мари́и Васи́льевны. Коне́чно, по́сле того́, как колле́га объясни́л нача́льнику ситуа́цию с отцо́м Мари́и Васи́льевны (пра́вда, не до конца́ - он не стал говори́ть, что, кро́ме э́той Мари́и Васи́льевны, есть ещё четы́ре кандида́тки на роль до́чери) нача́льник согласи́лся отпусти́ть её на не́сколько дней для встре́чи с отцо́м. Нача́льник да́же сам предложи́л, что поговори́т с ней об э́том и убеди́т пое́хать в Красноя́рск. Разгово́р прошёл успе́шно, Мари́я Васи́льевна согласи́лась на пое́здку, что́бы отдохну́ть не́сколько дней от бухга́лтерских дел. И кто зна́ет, мо́жет быть, она́ действи́тельно встре́тит своего́ отца́, кото́рого не ви́дела уже́ давны́м-давно́? Её мать умерла́ не́сколько лет наза́д от тяжёлой боле́зни, и никаки́х бли́зких люде́й у неё не́ было. Вопро́с с Мари́ей Васи́льевной но́мер оди́н был решён.

Ма́ша но́мер два рабо́тала в шко́ле учи́тельницей исто́рии. С ней детекти́ву то́же повезло́, так как в шко́ле че́рез па́ру дней начина́лись кани́кулы, а зна́чит, она́ не могла́ отказа́ться от пое́здки и́з-за рабо́ты. Детекти́в сам пошёл в шко́лу и поговори́л с дире́ктором шко́лы, а дире́ктор, в свою́ о́чередь, поговори́л с Ма́шей.

- Поезжа́йте в Красноя́рск, а пото́м напи́шете в шко́льную газе́ту о ва́шей пое́здке, - сказа́л он ей.

Ма́ша согласи́лась. Ей бы́ло интере́сно узна́ть, действи́тельно ли её оте́ц хо́чет с ней встре́титься. Ведь ка́ждая де́вушка мечта́ет, что́бы у неё был до́брый, лю́бящий оте́ц.

Of course, before buying the train tickets, they had to talk to each of the women and get their consent. He could not possibly kidnap them or take them away by force.

Persuading young modern urban women to believe a complete stranger and immediately drop everything to follow him almost to the world's end is not an easy task. How to approach this?

The detective had something to think about because if a woman said "No" after the first meeting, it would be almost impossible to change her mind.

He opened the folder which said: "The Case Of Father And Daughter."

In the folder were several sheets with pictures and a short biography of each of the women. All the women were lovely to look at and even looked a little bit alike.

Mariya Vasilyevna Egorova number one worked as an accountant at a large trading company. She worked there for ten years and was respected where she work. Fortunately for the detective, his colleague had recently helped to successfully investigate the theft of a significant amount of money from this organization, so the detective asked him to talk to the boss of Mariya Vasilyevna. Of course, after the colleague had told the boss about the situation with the father of Mariya Vasilyevna (though not to the end, he did not say that besides this Mariya Vasilyevna, there were four more female candidates for the role of the daughter) the boss agreed to release her for a few days to meet with her father. The boss even suggested that he would talk to her about it and convince to go to Krasnoyarsk. The conversation was fruitful, and Mariya agreed to the trip to rest for a few days from the accounting affairs. And who knows, maybe she really would meet her father, whom she had not seen for a long, long time? Her mother had died a few years ago from a serious illness, so she did not have any close relatives. The matter of Mariya Vasilyevna number one was resolved.

Masha number two worked at school as a history teacher. With her, the detective also was in luck because a school break was to feign a few days later and, therefore, she could not refuse to go because of work. The detective himself went to school and talked to the school principal and the principal, in turn, spoke with Masha.

- Go to Krasnoyarsk, and then write an article in the school newspaper about your trip - he told her.

Masha agreed. She was interested to know whether her father really wanted to meet her. After all, every girl dreams that she has a kind, loving father.

Коне́чно, пе́ред тем, как покупа́ть биле́ты _____ по́езд, на́до бы́ло поговори́ть _____ ка́ждой _____ же́нщин и получи́ть их согла́сие. Не мог же он их похи́тить и́ли увезти́ си́лой.

Уговори́ть совреме́нную молоду́ю городску́ю же́нщину пове́рить соверше́нно незнако́мому челове́ку и неме́дленно бро́сить все дела́, что́бы пое́хать _____ ним почти́ _____ край све́та - зада́ча не _____ лёгких. Как _____ э́тому подойти́?

Детекти́ву бы́ло над чем поду́мать, ведь е́сли же́нщина по́сле пе́рвой встре́чи ска́жет ему́ "Нет", переубеди́ть её бу́дет почти́ невозмо́жно.

Он раскры́л па́пку, _____ кото́рой бы́ло напи́сано: "Де́ло отца́ и до́чери".

_____ па́пке бы́ло не́сколько листо́в _____ фотогра́фиями и коро́ткой биогра́фией ка́ждой _____ же́нщин. Все же́нщины бы́ли прия́тными _____ вид и да́же немно́го похо́жими друг _____ дру́га.

Мари́я Васи́льевна Его́рова но́мер оди́н рабо́тала бухга́лтером _____ кру́пной торго́вой организа́ции. Она́ рабо́тала там давно́, уже́ лет де́сять, и _____ рабо́те её уважа́ли. _____ сча́стью _____ детекти́ва, его́ колле́га не так давно́ помо́г успе́шно рассле́довать похище́ние большо́й су́ммы де́нег _____ э́той организа́ции, поэ́тому детекти́в попроси́л его́ поговори́ть _____ нача́льником Мари́и Васи́льевны.

Коне́чно, по́сле того́, как колле́га объясни́л нача́льнику ситуа́цию

_____ отцо́м Мари́и Васи́льевны (пра́вда, не _____ конца́ - он не

ста́л говори́ть, что, кро́ме э́той Мари́и Васи́льевны, есть ещё четы́ре

кандида́тки _____ роль до́чери) нача́льник согласи́лся отпусти́ть её

_____ не́сколько дней _____ встре́чи _____ отцо́м. Нача́льник

да́же сам предложи́л, что поговори́т _____ ней _____ э́том и убеди́т

пое́хать _____ Красноя́рск. Разгово́р прошёл успе́шно, Мари́я

Васи́льевна согласи́лась _____ пое́здку, чтобы отдохну́ть не́сколько

дней _____ бухга́лтерских дел. Её мать у́мерла́ не́сколько лет наза́д

_____ тяжёлой боле́зни, и никаки́х бли́зких люде́й _____ неё не́

бы́ло. Вопро́с _____ Мари́ей Васи́льевной но́мер оди́н был решён.

Ма́ша но́мер два рабо́тала _____ шко́ле учи́тельницей исто́рии.

_____ ней детекти́ву то́же повезло́, так как _____ шко́ле че́рез па́ру

дней начина́лись кани́кулы, а зна́чит, она́ не могла́ отказа́ться _____

пое́здки _____ рабо́ты. Детекти́в сам пошёл _____ шко́лу и

поговори́л _____ дире́ктором шко́лы, а дире́ктор, _____ свою́

о́чередь, поговори́л _____ Ма́шей.

- Поезжа́йте _____ Красноя́рск, а пото́м напи́шете _____

шко́льную газе́ту _____ ва́шей пое́здке, - сказа́л он ей.

Ма́ша согласи́лась. Ей бы́ло интере́сно узна́ть, действи́тельно ли

её оте́ц хо́чет _____ ней встре́титься. Ведь ка́ждая де́вушка мечта́ет,

чтобы _____ неё был до́брый, лю́бящий оте́ц.

Ма́ша но́мер три рабо́тала инжене́ром на заво́де и получа́ла о́чень небольшу́ю зарпла́ту. Неда́вно она́ расста́лась со свои́м молоды́м челове́ком, кото́рый рабо́тал на том же заво́де. Он ушёл от Ма́ши к её подру́ге и разби́л ей се́рдце. Подру́га, кото́рая увела́ у Ма́ши э́того молодо́го челове́ка, то́же рабо́тала на э́том заво́де. "Э́ту Ма́шу нетру́дно бу́дет уговори́ть пое́хать в Красноя́рск к лю́бящему бога́тому отцу́", - поду́мал детекти́в и оказа́лся прав. Ма́ша но́мер три была́ гото́ва пое́хать куда́ уго́дно, лишь бы не ви́деть ка́ждый день на рабо́те мужчи́ну и бы́вшую подру́гу, кото́рые разби́ли ей се́рдце.

Ма́ша но́мер четы́ре рабо́тала диза́йнером интерье́ра, и детекти́в собира́лся предложи́ть ей контра́кт на оформле́ние его́ о́фиса. Ему́ и на са́мом де́ле давно́ хоте́лось переде́лать свой о́фис, перекра́сить сте́ны, передви́нуть, а мо́жет быть и поменя́ть ме́бель, но вре́мени не́ было э́тим заня́ться. Ему́ повезло́, она́ как раз зако́нчила рабо́ту по кру́пному контра́кту, и пока́ у неё не́ было но́вых зака́зов. Она́ с удово́льствием согласи́лась пое́хать в Красноя́рск. Точне́е, полете́ть,. потому́ что и́менно её детекти́в реши́л взять с собо́й на самолёте. Он да́же ничего́ не стал ей говори́ть о том, что её, возмо́жно, разы́скивает оте́ц. Там ви́дно бу́дет....

Ма́шу но́мер пять, к сожале́нию, найти́ не смогли́. Когда́ оди́н из помо́щников детекти́ва пришёл к ней домо́й, там никого́ не́ было. На телефо́нные звонки́ она́ не отвеча́ла. Сосе́дка сказа́ла, что не ви́дела Ма́шу уже́ не́сколько дней. Ма́ша но́мер пять рабо́тала по контра́кту ги́дом-перево́дчиком с гру́ппами англоязы́чных тури́стов. Сейча́с она́ была́ без гру́ппы, и на рабо́те не зна́ли, где она́ нахо́дится. В о́фисе тури́сти́ческого аге́нтства сказа́ли, что сле́дующая гру́ппа тури́стов из А́нглии прие́дет че́рез неде́лю, и тогда́ для Ма́ши бу́дет рабо́та.

- Тури́сты из тёплых стран не приезжа́ют к нам в э́то вре́мя го́да, - сказа́ла сотру́дница аге́нтства. - Им у нас сли́шком хо́лодно. По́здней о́сенью к нам приезжа́ют тури́сты, кото́рые привы́кли к холо́дному, дождли́вому кли́мату. И вы приходи́те че́рез неде́лю, тогда́ и встре́титесь с Мари́ей Васи́льевной. А пока́, что́бы вам не́ было ску́чно, дава́йте мы запи́шем вас на экску́рсию по Москве́. На каку́ю вас экску́рсию записа́ть, авто́бусную и́ли пешехо́дную?

С э́тими слова́ми сотру́дница аге́нтства взяла́ в ру́ки журна́л, на кото́ром бы́ло напи́сано "Регистра́ция", но детекти́в извини́лся, сказа́л, что он о́чень за́нят и бы́стро ушёл. Он не мог остава́ться в Москве́ ещё це́лую неде́лю, что́бы ждать встре́чи с очередно́й Мари́ей Васи́льевной Его́ровой, у него́ бы́ло мно́го дел до́ма, в Красноя́рске. Оди́н из помо́щников его́ моско́вского колле́ги до́лжен бу́дет зайти́ в аге́нтство че́рез неде́лю, когда́ здесь поя́вится Ма́ша, е́сли, коне́чно, в э́том бу́дет необходи́мость. Детекти́в о́чень наде́ялся, что до́чка Васи́лия Ива́новича ока́жется среди́ тех Маш, кото́рых он к нему́ привезёт. Бо́льше всего́ он наде́ялся, что э́той Ма́шей ока́жется "его́" Ма́ша, диза́йнер интерье́ра. Она́ понра́вилась ему́.

Masha number three worked as an engineer at a factory and received a very small salary. She had recently broken up with her boyfriend, who worked at the same factory. He had left Masha for her girlfriend and broke her heart. The girlfriend, who had stolen this young man from Masha, also worked at that plant. "It will not be difficult to persuade this Masha to go to Krasnoyarsk to a loving, rich father" - the detective thought, and he was right. Masha number three was willing to go anywhere so that she would not see every day at work the man and the former girlfriend who had broken her heart.

Masha umber four worked as an interior designer, and the detective was going to offer her a contract to decorate his office. He in fact had wanted for a long time to remodel his office, repaint the walls, move, and maybe even change the furniture, but had not have enough time to do it. He was lucky, she had just finished working on a major contract and had no new projects yet. She gladly agreed to go to Krasnoyarsk. More precisely, to fly, because it was she whom the detective decided to take with him on the plane. He even did not tell her anything about her father possibly looking for her. It was to be seen ....

Masha number five, unfortunately, could not be found. When an assistants of the detective came to her home, no one was there. She did not answer the phone calls. A neighbor said she had not seen Masha for several days. Masha number five worked under a contract as a guide-interpreter with English-speaking tourists groups. She was now without a group, and at work they did not know where she was located. The travel agency's office said that the next group of tourists from England would arrive in a week and then there would be work for Masha.

- Tourists from warm countries do not come to us at this time of the year - an employee of the agency said. - It is too cold for them. In late autumn, tourists who are accustomed to the cold, rainy climate come to us. And you come back in a week and then you will meet with Mariya Vasilyevna. And meanwhile, so that you do not get bored, let us sign you up for an excursion around Moscow. Which tour to sign you up, by bus or walking?

With these words, the employee of the agency picked up the journal with the sign "Register" written on it, but the detective apologized, said that he was very busy, and quickly left. He could not stay in Moscow one more week to wait for the meeting with the next Mariya Vasilyevna Egorova, he had a lot to do at home, in Krasnoyarsk. One of the assistants of his Moscow colleague would have to go to the agency a week later, when Mariya appears there, of course, if that would be needed. The detective hoped that the daughter of Vasily Ivanovich would be among those Mashas whom he would bring to him. Most of all, he hoped that this Masha would turn out to be "his" Masha, the interior designer. He liked her.

Маша номер три работала инженером _____ заводе. Недавно она рассталась _____ своим молодым человеком, который работал_____ том же заводе. Он ушёл _____ Маши _____ её подруге. Подруга, которая увела _____ Маши этого молодого человека, тоже работала _____ этом заводе. "Эту Машу нетрудно будет уговорить поехать _____ Красноярск _____ любящему богатому отцу", - подумал детектив и оказался прав. Маша номер три была готова поехать куда угодно, лишь бы не видеть каждый день _____ работе мужчину и бывшую подругу, которые разбили ей сердце.

Маша номер четыре работала дизайнером, и детектив собирался предложить ей контракт _____ оформление его офиса. Ему повезло, она как раз закончила работу _____ крупному контракту, и пока _____ неё не было новых заказов. Она _____ удовольствием согласилась _____ Красноярск. Детектив решил взять _____ собой _____ самолёте. Он не стал ей говорить _____ том, что её разыскивает отец.

Машу номер пять, _____ сожалению, найти не смогли. Когда один _____ помощников детектива пришёл _____ ней домой, там никого не было. _____ телефонные звонки она не отвечала. Соседка сказала, что не видела Машу уже несколько дней.

Ма́ша но́мер пять рабо́тала _____ контра́кту гидом-переводчиком _____ гру́ппами англоязы́чных иностра́нных тури́стов. Сейча́с она́ была́ _____ гру́ппы, и на рабо́те не зна́ли, где она́ нахо́дится. _____ о́фисе туристи́ческого аге́нтства сказа́ли, что сле́дующая гру́ппа тури́стов _____ А́нглии прие́дет че́рез неде́лю, и тогда́ _____ Ма́ши бу́дет рабо́та.

Тури́сты _____ тёплых стра́н не приезжа́ют _____ нам _____ э́то вре́мя го́да, - сказа́ла сотру́дница аге́нтства. - Им _____ нас сли́шком хо́лодно. По́здней о́сенью _____ нам приезжа́ют тури́сты, кото́рые привы́кли _____ холо́дному, дождли́вому кли́мату. И вы приходи́те че́рез неде́лю, тогда́ и встре́титесь _____ Мари́ей Васи́льевной. А пока́ мы запи́шем вас _____ экску́рсию _____ Москве́. _____ каку́ю вас экску́рсию записа́ть снача́ла, _____ авто́бусную и́ли пешехо́дную?

_____ э́тими слова́ми сотру́дница аге́нтства взяла́ _____ ру́ки журна́л, _____ кото́ром бы́ло напи́сано "Регистра́ция", но детекти́в сказа́л, что он о́чень за́нят. Он не мог остава́ться _____ Москве́ ещё це́лую неде́лю, что́бы ждать встре́чи _____ очередно́й Мари́ей Васи́льевной Его́ровой, _____ него́ бы́ло мно́го дел до́ма, _____ Красноя́рске. Оди́н _____ помо́щников его́ моско́вского колле́ги до́лжен бу́дет зайти́ _____ аге́нтство че́рез неде́лю, когда́ здесь поя́вится Ма́ша, е́сли, коне́чно, _____ э́том бу́дет необходи́мость. Детекти́в о́чень наде́ялся, что до́чка Васи́лия Ива́новича ока́жется среди́ тех Маш, кото́рых он _____ нему́ привезёт.

Через два дня в десять часов утра три Марии Васильевны Егоровы вместе с коллегой детектива сели на поезд Москва-Красноярск.

Детективы не стали заранее знакомить женщин друг с другом, также как и не стали заранее объяснять каждой из них, что есть несколько кандидаток на роль дочери Василия Ивановича. Пусть каждая из них думает, что она - единственная, а то вдруг откажется ехать.

Билеты всем троим были куплены в одно и то же купе, так что все трое поедут вместе, вот и познакомятся.

Коллега детектива тоже ехал в этом же купе, вместе с тремя женщинами.

Накануне вечером детектив встретился с Машей номер четыре в аэропорту. Туда её привёз один из помощников его коллеги. Маша выглядела растерянной и удивлённой.

- Почему этот человек сказал мне, что меня хочет видеть отец, который находится при смерти, а сам привёз меня к вам? Что это за глупая шутка? Я испугалась за отца, подумала, что с ним действительно что-то случилось. Я ведь очень давно его не видела, - удивлённо и сердито спросила она у детектива.

- Дело в том, что мы, действительно, разыскиваем Марию Васильевну Егорову по поручению её отца, - ответил ей детектив. - Но мы, кажется, уже нашли её. Я попросил моего помощника привезти вас ко мне, так как я сам не успевал за вами заехать, мне нужно было доделать некоторые дела в Москве. А он, наверное, решил, что я жду вас, чтобы отвезти к отцу. Я, кажется, забыл ему сказать, что вы мой дизайнер.

Детективу пришлось придумывать объяснение для Маши, а он не был готов к этому. Он сердился на помощника за то, что тот поставил его в такое неловкое положение. Он был уверен, что попросил помощника просто передать Маше, что ждёт её в аэропорту. Зачем помощник всё-таки решил сказать ей, что она должна ехать к отцу, детектив не понимал, но спрашивать его об этом не стал, тем более, что тот сразу ушёл.

"Лучше бы я сам за ней заехал, а не понадеялся на него. Всегда лучше делать всё самому, а не надеяться на кого-то другого", - подумал детектив. "А потом, когда мы прилетим в Красноярск и поедем к Василию Ивановичу, опять придётся объяснять ей всё по-другому, и она подумает, что я патологический врун".

Он улыбнулся Маше своей самой очаровательной улыбкой в надежде, что она перестанет переживать из-за этого инцидента. Он знал, что его улыбка нравилась женщинам.

Two days later, at ten am three Mariya Vasilyevna Egorovs, together with the colleague of the detective, boarded the train Moscow - Krasnoyarsk. The detectives had not introduced the women to each other in advance, as well as had not explained in advance to each of them that there were several candidates for the role of the daughter of Vasily Ivanovich. Let each of them think that she was the only one. Otherwise, they might refuse to go. The tickets for all three were purchased for the same car so that all three would go together, and that's when they would get acquainted. The colleague of the detective also rode in the same car along with the three women.

On the same day in the evening, the detective met with Masha number four at the airport. There she was brought by one of the assistants of his colleague. Masha looked confused and surprised.

"Why did this man tell me that my dying father wanted to see me, but he brought me to you? What kind of a sick joke is that? I was scared for my father; I thought that something had happened to him. I haven't seen him in a while, you know," she asked the detective in anger and surprise.

"As a matter of fact, we actually were looking for Mariya Vasilyevna Yegorova on behalf of her father," the detective replied to her. "But it seems that we have found her already. I asked my assistant to bring you to me since I did not have time to call you, as I had to finish some business in Moscow. He probably thought I was waiting for you to take you to your father. I think I forgot to tell him that you are my designer.

The detective had to come up with an explanation for Masha, and he was not ready for it. He was angry with the assistant for having put him in such an awkward position. He was sure that he had asked the assistant to simply tell Masha that he was waiting for her at the airport. The detective did not understand why the assistant still decided to tell her that she should go to her father, but he did not ask him about it. Besides, the latter had immediately left.

"I wish I had picked her up by myself and would not have counted on someone else. It is always better to do everything yourself and not rely on another person," the detective thought. "And then, when we arrive in Krasnoyarsk and go to Vasily Ivanovich I will have to explain it all over again in a different way, and she'll think I'm a pathological liar."

He smiled at Masha with his most charming smile in the hope that she would stop being upset because of this incident. He knew that women liked his smile.

Через два дня _____ десять часов утра три Марии Васильевны Егоровы вместе _____ коллегой детектива сели _____ поезд Москва-Красноярск. Детективы не стали заранее знакомить женщин друг _____ другом, также как и не стали заранее объяснять каждой _____ них, что есть несколько кандидаток _____ роль дочери Василия Ивановича. Пусть каждая _____ них думает, что она - единственная, а то вдруг откажется ехать. Билеты всем троим были куплены _____ одно и то же купе, так что все трое поедут вместе, вот и познакомятся. Коллега детектива тоже ехал _____ этом же купе, вместе _____ тремя женщинами.

Накануне вечером детектив встретился _____ Машей номер четыре _____ аэропорту. Туда её привёз один _____ помощников его коллеги. Маша выглядела растерянной и удивлённой.

Почему этот человек сказал мне, что меня хочет видеть отец, который находится _____ смерти, а сам привёз меня _____ вам? Что это _____ глупая шутка? Я испугалась _____ отца, подумала, что _____ ним действительно что-то случилось. Я ведь очень давно его не видела - удивлённо и сердито спросила она _____ детектива.

Дело _____ том, что мы, действительно, разыскиваем Марию Васильевну Егорову _____ поручению её отца, - ответил ей детектив. - Но мы, кажется, уже нашли её. Я попросил моего помощника привезти вас _____ мне, так как я сам не успевал _____ вами заехать, мне нужно было доделать некоторые дела _____ Москве. А он, наверное, решил, что я жду вас, чтобы отвезти _____ отцу. Я, кажется, забыл ему сказать, что вы мой дизайнер.

Детективу пришлось придумывать объяснение _____ Маши, а он не был готов _____ этому. Он сердился _____ помощника _____ то, что тот поставил его _____ такое неловкое положение. Он был уверен, что попросил помощника просто передать Маше, что ждёт её _____ аэропорту. Зачем помощник всё-таки решил сказать ей, что она должна ехать _____ отцу, детектив не понимал, но спрашивать его _____ этом не стал, тем более, что тот сразу ушёл.

"Лучше бы я сам _____ ней заехал, а не понадеялся _____ него. Всегда лучше делать всё самому, а не надеяться _____ кого-то другого", - подумал детектив. "А потом, когда мы прилетим _____ Красноярск и поедем _____ Василию Ивановичу, опять придётся объяснять ей всё по-другому, и она подумает, что я патологический врун".

Он улыбнулся Маше своей самой очаровательной улыбкой _____ надежде, что она перестанет переживать _____ этого инцидента. Он знал, что его улыбка нравилась женщинам.

Но Маша всё ещё выглядела недовольной.

- Я даже домой не успела зайти, - сказала она сердито. - Вы ведь мне не сказали заранее, когда именно мы улетаем. У меня нет с собой почти никаких вещей! Я была в гостях у подруги, и ваш помощник пришёл за мной к ней домой. Хорошо, что у меня паспорт всегда с собой, я его ношу в сумке. А если бы у меня не было с собой паспорта, меня бы не посадили на самолёт!

"А ведь она права", - подумал детектив и сказал:

- Извините меня, пожалуйста! Я, действительно, виноват перед вами. Но у меня было очень много дел, я был так занят, что даже поесть не успел. Я умираю от голода! До рейса осталось ещё несколько минут, пойдёмте, найдём что-нибудь поесть. А насчёт вещей не волнуйтесь, я куплю вам всё, что будет нужно.

Он выглядел таким виноватым, что Маше стало его жалко.

- Пойдёмте, - сказала она. - Только мне нужно позвонить и сказать моей подруге, что я улетаю в Красноярск по работе, а то она будет волноваться за меня. Тем более, что она слышала, как ваш помощник говорил, что мой отец умирает.

Маша хотела добавить, что ещё два дня назад её отец прекрасно себя чувствовал. Он неожиданно позвонил ей, сказал, что соскучился, так как они очень давно не разговаривали и не виделись. Он сказал, что купил дом недалеко от Москвы, дал ей адрес и пригласил в гости. Если бы не этот контракт в Красноярске, она обязательно поехала бы в гости к отцу. Но она не стала ничего этого говорить. Она подумала, что детективу совсем неинтересно знать, как чувствует себя её отец.

У Маши были непростые отношения с отцом, её родители развелись, когда она была ещё очень маленькая. После этого её отец уехал куда-то на север, и она разговаривала с ним довольно редко, а видела ещё реже. В последний раз она видела его несколько лет назад, когда он был в Москве проездом. Но не так давно он переехал обратно, так как север ему надоел, а денег он заработал достаточно и мог не работать.

Может быть, из-за того, что у него появилось слишком много свободного времени и было нечем себя занять, он решил сблизиться со своей единственной дочерью? Маша была даже рада этому и была готова пойти ему навстречу. У неё ведь тоже было не так много близких людей. Мать жила в другом городе со своим вторым мужем, у них было двое детей, и она была всё время очень занята. Они редко разговаривали об отце Маши, а когда это происходило, мать его только ругала и называла эгоистом. А ведь каждой девушке хочется, чтобы у неё был любящий, добрый отец.

Маша иногда думала, что не вышла замуж из-за того, что семья её родителей была такой неудачной. Может быть, из-за этого она боялась, что, если она выйдет за кого-нибудь замуж, то у неё тоже будет неудачная семья и она тоже в конце концов разведётся со своим мужем?

But Masha still looked unhappy.

"I didn't even have time to go home," she said angrily. "You did not tell me in advance exactly when we're leaving. I do not have any of my things with me! I was visiting a girlfriend, and your assistant came to her home to get me. The good thing is that I have my passport with me, as I always carry it in my purse. And if I hadn't had the passport, I would not be put on a plane!"

"Well, she's right," the detective thought and said:

"Excuse me, please! I wronged you. But I had a lot to do; I was so busy that I even did not have time to eat. I am starving! We have a few minutes before the flight, let's go and find something to eat. And as for your stuff, do not worry, I'll buy you everything you will need."

He looked so guilty that Masha felt sorry for him.

"Let's go," she said. "I need to call and tell my girlfriend that I'm flying to Krasnoyarsk to work. Otherwise, she will worry about me, especially since she heard your assistant saying that my father was dying."

Masha wanted to add that just two days ago her father felt fine. He suddenly called her, said that he missed her, as they had not spoken for a long time and had not seen each other. He said he had bought a house near Moscow, gave her the address and invited her to visit. If it weren't for the contract in Krasnoyarsk, she certainly would have gone to visit her father. But she did not say any of this. She thought that the detective was not at all interested in knowing how her father was doing.

Masha had a complicated relationship with her father, as her parents had divorced when she was still very young. After that, her father went off somewhere to the north, and she talked to him rather seldom and saw him even less often. The last time she saw him had been a few years ago when he traveled to Moscow. But not so long ago he had moved back because he was tired of the north and he had earned enough money so that he did not have to work.

Perhaps because he had too much free time and there was nothing to do, he decided to communicate more with his only daughter? Masha was actually glad about it and was ready to meet him halfway. She, too, did not have a lot of close family. Her mother lived in another town with her second husband, they had two children, and she was very busy all the time. They rarely talked about Masha's father and when this happened her mother only scolded him and called him selfish. But every girl wants to have a loving, kind father!

Masha sometimes thought that she was not married because the marriage of her parents had been so unsuccessful. Perhaps because of this, she was afraid that if she married someone, then it will be a complicated family, too, and she would also end up divorcing her husband?

- Я даже домой не успела зайти. Вы ведь мне не сказали, когда мы улетаем. _____ меня нет _____ собой почти никаких вещей! Я была _____ гостях _____ подруги, и ваш помощник пришёл _____ мной _____ ней домой. Хорошо, что _____ меня паспорт всегда _____ собой, я его ношу _____ сумке. А если бы _____ меня не было _____ собой паспорта, меня бы не посадили _____ самолёт!

"А ведь она права", - подумал детектив и сказал:

- Я, действительно, виноват перед вами. Но _____ меня было очень много дел, я был так занят, что даже поесть не успел. Я умираю _____ голода! _____ рейса осталось ещё несколько минут, пойдёмте, найдём что-нибудь поесть.

Пойдёмте, - сказала она. - Только мне нужно позвонить и сказать моей подруге, что я улетаю _____ Красноярск _____ работе, а то она будет волноваться _____ меня. Тем более, что она слышала, как ваш помощник говорил, что мой отец умирает.

Маша хотела добавить, что ещё два дня назад её отец прекрасно себя чувствовал. Он неожиданно позвонил ей, сказал, что соскучился, так как они очень давно не разговаривали и не виделись. Он сказал, что купил дом недалеко _____ Москвы, дал ей адрес и пригласил _____ гости. Если бы не этот контракт _____ Красноярске, она обязательно поехала бы _____ гости _____ отцу. Но она не стала ничего этого говорить. Она подумала, что детективу совсем неинтересно знать, как чувствует себя её отец

_____ Ма́ши бы́ли непросты́е отноше́ния _____ отцо́м, её роди́тели развели́сь, когда́ она́ была́ ещё о́чень ма́ленькая. По́сле э́того её оте́ц уе́хал куда́-то _____ се́вер, и она́ разгова́ривала _____ ним дово́льно ре́дко, а ви́дела ещё ре́же. _____ после́дний раз она́ ви́дела его́ не́сколько лет наза́д, когда́ он был _____ Москве́ прое́здом. Но не так давно́ он перее́хал обра́тно, так как се́вер ему́ надое́л, а де́нег он зарабо́тал доста́точно и мог не рабо́тать.

Мо́жет быть, _____ того́, что _____ него́ появи́лось сли́шком мно́го свобо́дного вре́мени и бы́ло не́чем себя́ заня́ть, он реши́л сбли́зиться _____ свое́й еди́нственной до́черью? Ма́ша была́ да́же ра́да э́тому и была́ гото́ва пойти́ ему́ навстре́чу. _____ неё ведь то́же бы́ло не так мно́го бли́зких люде́й. Мать жила́ _____ друго́м го́роде _____ свои́м вторы́м му́жем, _____ них бы́ло дво́е дете́й, и она́ была́ всё вре́мя о́чень занята́. Они́ ре́дко разгова́ривали _____ отце́ Ма́ши, а когда́ э́то происходи́ло, мать его́ то́лько руга́ла и называ́ла эго́истом. А ведь ка́ждой де́вушке хо́чется, что́бы _____ неё был лю́бящий, до́брый оте́ц.

Ма́ша иногда́ ду́мала, что не вы́шла за́муж _____ того́, что семья́ её роди́телей была́ тако́й неуда́чной. Мо́жет быть, _____ э́того она́ боя́лась, что, е́сли она́ вы́йдет _____ кого́-нибудь за́муж, то _____ неё то́же бу́дет неуда́чная семья́ и она́ то́же _____ конце́ концо́в разведётся _____ свои́м му́жем?

У неё бы́ло не́сколько рома́нов, оди́н из кото́рых дли́лся о́коло пяти́ лет и зако́нчился совсе́м неда́вно, па́ру ме́сяцев наза́д. Её друг потеря́л рабо́ту в Москве́ и реши́л уе́хать на се́вер на за́работки. На се́вере почему́-то пла́тят бо́льше, чем на ю́ге. Мо́жет быть, потому́, что там холодне́е?

Он позва́л Ма́шу с собо́й, но она́ запла́кала и сказа́ла, что никуда́ из Москвы́ не пое́дет. Она́ не люби́ла холо́дный кли́мат.

- Е́сли ты меня́ лю́бишь, ты пое́дешь со мной, - сказа́л друг.

- А е́сли ты меня́ лю́бишь, ты не ста́нешь от меня́ уезжа́ть, - отве́тила она́.

Детекти́в ви́дел, что Ма́ша о чём-то заду́малась, и не меша́л ей.

Позвони́ть свое́й подру́ге по телефо́ну и сказа́ть, чтобы та не волнова́лась, Ма́ша забы́ла. Она́ вспо́мнила об э́том то́лько в полёте.

Приме́рно че́рез пять часо́в самолёт приземли́лся в Красноя́рске. Ма́шин со́товый телефо́н там не рабо́тал, так как Красноя́рск был вне зо́ны Ма́шиной телефо́нной компа́нии, да и батаре́я была́ на нуле́. Воспо́льзоваться други́м телефо́ном она́ не могла́, так как не по́мнила но́мер подру́ги. Когда́ ей на́до бы́ло позвони́ть, она́ про́сто нажима́ла на кно́пку, и аппара́т соединя́л её с подру́гой. А тепе́рь, когда́ батаре́я была́ на нуле́, посмотре́ть подру́гин но́мер телефо́на она́ не могла́. Вот как быва́ет, когда́ рассчи́тываешь не на свою́ па́мять, а на па́мять телефо́нного аппара́та.... Ма́ша о́чень расстро́илась и опя́ть начала́ серди́ться на детекти́ва за то, что он так по-дура́цки увёз её из Москвы́. "Пря́мо как похи́тил", - поду́мала она́. "Мо́жет, зря я вообще́ согласи́лась на э́то. Что у них, в Красноя́рске, свои́х диза́йнеров нет?" Детекти́в по́нял, что Ма́ша опя́ть начина́ет серди́ться на него́, и постара́лся поскоре́е привести́ её в хоро́шее настрое́ние. Он отвёз её в са́мую лу́чшую гости́ницу в го́роде и сказа́л, что, когда́ она́ отдохнёт, он придёт и отведёт её поза́втракать, а по́сле э́того они́ пое́дут к нему́ на рабо́ту.

Детекти́в пообеща́л, что попро́сит кого́-нибудь из свои́х колле́г в Москве́ зайти́ к её подру́ге и переда́ть, что с Ма́шей всё в поря́дке.

- Да́йте мне, пожа́луйста, а́дрес ва́шей подру́ги, - сказа́л он, и Ма́ша написа́ла на листе́ бума́ги а́дрес, кото́рый, к сча́стью, по́мнила.

- Кста́ти, а как зову́т ва́шу подру́гу? - спроси́л он.

- Её зову́т Ма́ша, как и меня́, - отве́тила та. - У нас с ней всё одина́ковое, и и́мя, и о́тчество, и фами́лия. Она́ то́же Мари́я Васи́льевна Его́рова. Представля́ете, како́е совпаде́ние?

"Так вот она́, Ма́ша но́мер пять", - поду́мал детекти́в. - "Вот почему́ помо́щник пришёл по тому́ а́дресу, сказа́л мое́й Ма́ше, что её оте́ц умира́ет и что я жду её в аэропорту́. Он перепу́тал э́тих Маш и перепу́тал, что говори́ть ка́ждой из них. А кто бы не перепу́тал? Как мы могли́ знать, что э́ти Ма́ши подру́ги? Ну ла́дно, ничего́ стра́шного не произошло́. Привезу́ её в Красноя́рск по́зже, е́сли ни одна́ из четырёх други́х не подойдёт клие́нту", - и он реши́л пока́ оста́вить Ма́шу но́мер пять в поко́е.

She had had several relationships, one of which lasted five years and ended just recently, a few months ago, when her boyfriend lost his job in Moscow and decided to go to the north to make some money. In the north, for some reason, they paid more than in the south. Maybe because it was cold? He invited Masha to come with him, but she began to cry and said that she would not go anywhere away from Moscow. She did not like the cold climate.

"If you love me, you will go with me," her boyfriend said.

"And if you love me, you will not leave me," she said.

The detective saw that Masha was deep in thought about something and did not bother her.

Masha forgot to call her girlfriend on the phone to tell her not to worry. She remembered it only during the flight.

About five hours later the plane landed in Krasnoyarsk. Masha's cell phone did not work there, as Krasnoyarsk was outside the range of Masha's telephone company, and the battery was at zero. She could not use another phone because she did not remember the girlfriend's number. When she had to call, she simply pressed a button, and the phone device connected her with her girlfriend. And now, when the battery was at zero, she could not even pull up her girlfriend's phone number. That's how it is when one does not count on his or her own memory, but the memory of the telephone ... Masha got very upset and again started to be angry with the detective because he had taken her away from Moscow in such a stupid way. "Just like an abduction," - she thought. "Maybe I should not have agreed to do it. Don't they have their own designers in Krasnoyarsk?" The detective realized that Masha again started to get angry at him and tried, as quickly as possible, to bring her back to a good mood. He took her to the best hotel in the city and said that after she had rested, he would come and take her for breakfast, and then they would go to his work.

The detective promised that he would ask one of his colleagues in Moscow to go to her friend's home and tell her that Masha was all right.

"Please give me the address of your girlfriend," he said, and Masha wrote the address which, fortunately, she remembered well, on a sheet of paper.

"By the way, what is the name of your girlfriend?" he asked.

"Her name is Masha, like mine," she replied. "Everything is the same, the name, the patronymic, and the last name. She, too, is Mariya Vasilyevna Egorova. Can you imagine such a coincidence?"

"So that's her, Masha number five," ?the detective thought. "That's why the assistant arrived at this address and told my Masha that her father was dying while I was waiting for her at the airport. He got confused between the two Mashas and got it wrong what to say to each of them. Who wouldn't be confused? How could we have known that these Mashas were girlfriends? Well, no big deal. I'll bring her to Krasnoyarsk later if none of the other four Mashas doesn't suit the client," and he decided for the time being to leave Masha number five alone.

_____ неё было несколько романов, один _____ которых закончился недавно. Её друг потерял работу _____ Москве и решил уехать _____ север _____ заработки. _____ севере почему-то платят больше, чем _____ юге. Он позвал Машу _____ собой, но она сказала, что никуда _____ Москвы не поедет.

- Если ты меня любишь, ты поедешь _____ мной, - сказал друг.

- А если ты меня любишь, ты не станешь _____ меня уезжать, - ответила она.

Детектив видел, что Маша _____ чём-то задумалась, и не мешал ей.

Позвонить своей подруге _____ телефону, чтобы та не волновалась, Маша забыла, и вспомнила _____ этом _____ полёте.

Примерно через пять часов самолёт приземлился _____ Красноярске. Машин сотовый телефон там не работал, так как батарея была _____ нуле. Когда ей надо было позвонить, она просто нажимала _____ кнопку, и аппарат соединял её _____ подругой. А теперь, когда батарея была _____ нуле, посмотреть подругин номер телефона она не могла. Вот как бывает, когда рассчитываешь не _____ свою память, а _____ память телефонного аппарата.... Маша очень расстроилась и опять начала сердиться _____ детектива _____ то, что он так по-дурацки увёз её _____ Москвы. "Может, зря я вообще согласилась _____ это. Что _____ них, _____ Красноярске, своих дизайнеров нет?"

Детекти́в по́нял, что Ма́ша опя́ть начина́ет серди́ться _____ него́, и постара́лся поскоре́е привести́ её _____ хоро́шее настрое́ние. Он отвёз её _____ са́мую лу́чшую гости́ницу _____ го́роде и сказа́л, что, когда́ она́ отдохнёт, они́ пое́дут _____ нему́ _____ рабо́ту.

Детекти́в пообеща́л, что попро́сит кого́-нибу́дь _____ свои́х колле́г _____ Москве́ зайти́ домо́й _____ её подру́ге и переда́ть, что _____ Ма́шей всё _____ поря́дке.

- Да́йте мне, пожа́луйста, а́дрес ва́шей подру́ги, - сказа́л он, и Ма́ша написа́ла _____ листе́ бума́ги а́дрес, кото́рый, _____ сча́стью, она́ хорошо́ по́мнила.

- Кста́ти, а как зову́т ва́шу подру́гу? - спроси́л он.

- Её зову́т Ма́ша, как и меня́ - отве́тила та. - _____ нас с ней всё одина́ковое. "Так вот она́, Ма́ша но́мер пять" - поду́мал детекти́в. - "Вот почему́ помо́щник пришёл _____ тому́ а́дресу и сказа́л мое́й Ма́ше, что я жду её _____ аэропорту́. Он перепу́тал э́тих Маш и перепу́тал, что говори́ть ка́ждой _____ них. . Привезу́ её _____ Красноя́рск по́зже, е́сли ни одна́ _____ четырёх други́х Маш не подойдёт клие́нту.", - и он реши́л пока́ оста́вить Ма́шу но́мер пять _____ поко́е.

А что же происходило с той группой, которая поехала в Красноярск на поезде?

В день отъезда всё шло по плану. Никаких неожиданностей ни с кем не произошло. Никто из путешественников не потерял и не забыл дома билеты на поезд (каждой из женщин детектив дал её билет заранее); никто не передумал ехать; никто не заболел; никто не опоздал на посадку.

Все четверо - три Марии Васильевны Егоровы и коллега детектива - вовремя пришли на станцию, сели именно на тот поезд, который им был нужен, зашли в своё купе, положили вещи и сели на две нижние полки.

У коллеги детектива и одной из Маш были места на верхних полках, а у двух других Маш - на нижних, но пока ложиться спать было рано, поэтому все четверо сидели внизу и смотрели в окно. За окном стояла толпа провожающих, кто-то был с детьми, кто-то без детей. Люди обнимались друг с другом, целовались, обещали ждать друг друга, звонить или писать друг другу, говорили, что жить не могут друг без друга и будут скучать друг по другу. Кто-то из провожающих и отъезжающих даже плакал (может быть, эти люди прощались навсегда?)

Никого из нашей компании никто не провожал, и трём женщинам было немного грустно из-за этого. Когда уезжаешь, особенно в дальнее путешествие, обычно очень хочется, чтобы кто-то из близких людей проводил тебя на поезд, говорил, что жить без тебя не может, обещал ждать и скучать, обнял и поцеловал, а потом долго стоял на платформе и махал рукой вслед отъезжающему поезду. Тогда хочется поскорее вернуться обратно, к близким людям, а когда дома никто не ждёт, то можно и не спешить назад, а поискать приключений на новом месте...

Вскоре после того, как поезд отъехал от станции, проводница стала разносить пассажирам чай. Дорога от Москвы до Красноярска долгая, время в пути - около шестидесяти часов, то есть почти три дня. Если пассажирам нечего делать, они могут и заскучать!

Русские люди общительные, поэтому за чаем три молодые женщины и один молодой человек, которые оказались в одном купе, сразу стали знакомиться друг с другом. Правда, знакомились между собой только женщины, с детективом каждая из них уже была знакома. Он несколько раз уже разговаривал с каждой из них о Егорове Василии Ивановиче и о том, что тот разыскивает свою дочь, которую не видел очень давно, с самого её детства. Но в то время он не сказал никому из них, что она - не единственная кандидатка на роль дочери, а есть ещё несколько женщин, каждая из которых может оказаться этой дочерью.

And what was going on with the group that went to Krasnoyarsk by train?

On the day of departure, everything went according to plan. No surprises had happened to anyone. None of the travelers had lost or forgotten their train tickets at home (the detective gave each woman her ticket in advance); no one changed their mind about the trip; no one got sick; no one missed the boarding.

All of the four - three of Mariya Vasilyevna Egorovs and the fellow detective - came to the station on time, got on the train they had to be on, went into their car, put down their things and sat on the bottom two shelves.

The fellow detective and one of the Mashas had tickets to the top shelves, and the other two Mashas to the lower, but still it was too early to go to bed, so all four of them were sitting on the bottom shelves looking out the window. Outside, there was a crowd of people seeing off the train; some were with children and some without children. People hugged each other, kissed, promised to wait for each other, call or write to each other, saying that they could not live without each other, and would miss each other. Some of the staying and departing people even cried (maybe these people were saying goodbye to one another forever?)

Nobody came to see off anyone in our company, and the three women were a little sad because of this. When leaving, especially on a long journey, one usually wants to have some relatives see him or her to the train, saying that they could not live without him or her, promising to wait and miss, hugging and kissing them and then standing on the platform for a long time waving at the departing train. Then people want to quickly return to the loved ones, while when there is no one at home waiting for you, you do not have to rush back and can look for adventures in a new place ...

Shortly after the train had pulled away from the station, the conductor began bringing tea to the passengers. The road from Moscow to Krasnoyarsk is long, the journey time is about sixty hours, which is almost three days. If passengers had nothing to do, they might get bored!

Russian people are sociable, so over tea, the three young women and a young man who happened to be in the same car immediately began to get acquainted with each other. However, only the women were introducing themselves to one another, as each of them had already met the detective. Several times he had already talked with each of them about Egorov Vasily Ivanovich, that he was looking for his daughter, whom he had not seen for a long time, since her childhood. But he had not yet told any of them that she was not the sole candidate for the role of the daughter, and there were several women, each of whom might turn up to be that daughter.

А что же происходило _____ той группой, которая поехала _____ Красноярск _____ поезде?

_____ день отъезда всё шло _____ плану. Никаких неожиданностей ни _____ кем не произошло. Никто _____ путешественников не потерял билеты _____ поезд (каждой _____ женщин детектив дал билет заранее); никто не опоздал _____ посадку.

Все четверо вовремя пришли _____ станцию, сели именно _____ тот поезд, который им был нужен, зашли _____ своё купе, положили вещи и сели _____ две нижние полки.

_____ коллеги детектива и одной _____ Маш были места _____ верхних полках, а _____ двух других Маш - _____ нижних, но пока ложиться спать было рано, поэтому все четверо сидели внизу и смотрели _____ окно. _____ окном стояла толпа провожающих, кто-то был _____ детьми, кто-то _____ детей. Люди обнимались друг _____ другом, целовались, обещали ждать друг друга, звонить или писать друг другу, говорили, что жить не могут друг _____ друга и будут скучать друг _____ другу. Кто-то _____ провожающих и отъезжающих даже плакал (может быть, эти люди прощались навсегда?)

Никого _____ нашей компании никто не провожал, и трём женщинам было немного грустно _____ этого. Когда уезжаешь, особенно _____ дальнее путешествие, обычно очень хочется, чтобы кто-то _____ близких людей проводил тебя _____ поезд, говорил, что жить _____ тебя не может, обещал ждать и скучать, обнял и поцеловал, а потом долго стоял _____ платформе и махал рукой вслед отъезжающему поезду. Тогда хочется поскорее вернуться обратно, _____ близким людям, а когда дома никто не ждёт, то можно и не спешить назад, а поискать приключений _____ новом месте....

Вскоре после того, как поезд отъехал _____ станции, проводница стала разносить пассажирам чай. Дорога _____ Москвы _____ Красноярска долгая, время _____ пути - около шестидесяти часов, то есть почти три дня. Если пассажирам нечего делать, они могут и заскучать!

Русские люди общительные, поэтому _____ чаем три молодые женщины и один молодой человек, которые оказались _____ одном купе, сразу стали знакомиться друг _____ другом. Правда, знакомились между собой только женщины, _____ детективом каждая _____ них уже была знакома. Он несколько раз уже разговаривал _____ каждой _____ них _____ Егорове Василии Ивановиче и _____ том, что тот разыскивает свою дочь, которую не видел очень давно, _____ самого её детства. Но _____ то время он не сказал никому _____ них, что она - не единственная кандидатка _____ роль дочери, а есть ещё несколько женщин, каждая _____ которых может оказаться этой дочерью.

Пе́рвой предста́вилась Мари́я Васи́льевна но́мер оди́н, кото́рая рабо́тала бухга́лтером на заво́де. На вид она́ была́ самой ста́ршей из э́тих же́нщин. Она́ была́ невысо́кого ро́ста, по́лная, в очка́х, во́лосы у неё бы́ли коро́ткие, тёмные, выраже́ние лица́ реши́тельное. На ней был наде́т тёмный доро́жный костю́м.

- Здра́вствуйте, де́вочки, дава́йте знако́миться, - сказа́ла она́. - Меня́ зову́т Мари́я Васи́льевна.

По её то́ну бы́ло поня́тно, что она́ привы́кла кома́ндовать людьми́, ведь она́ рабо́тала нача́льницей отде́ла.

- О́чень прия́тно. Смешно́е совпаде́ние, меня́ то́же зову́т Мари́я Васи́льевна, - с улы́бкой сказа́ла Ма́ша но́мер два - но меня́ мо́жно называ́ть про́сто Ма́ша.

У неё бы́ли све́тлые во́лосы до плеч, се́рые приве́тливые глаза́, прия́тная улы́бка. Она́ была́ ху́денькая, сре́днего ро́ста, на ней бы́ли наде́ты джи́нсы и се́рый сви́тер под цвет глаз.

- Действи́тельно, како́е смешно́е совпаде́ние, - сказа́ла Ма́ша но́мер три. - И меня́ то́же зову́т Мари́я Васи́льевна.

Во́лосы у неё бы́ли тёмные, не коро́ткие и не дли́нные, лицо́ гру́стное, не краси́вое, но дово́льно прия́тное. На ней то́же бы́ли наде́ты джи́нсы, а её сви́тер был кори́чневого цве́та. Все три же́нщины посмотре́ли друг на дру́га с удивле́нием и засмея́лись, но, коне́чно, то́лько из ве́жливости. Что смешно́го в том, что трои́х же́нщин зову́т одина́ково?

"Е́сли бы вы то́лько зна́ли, ско́лько ещё есть таки́х совпаде́ний, вы бы про́сто со сме́ху у́мерли", - поду́мал детекти́в, но вслу́х э́того не сказа́л. Ему́ сейча́с бы́ло не до сме́ха, и он чу́вствовал себя́ дово́льно нело́вко.

Он ду́мал о том, что совсе́м ско́ро, мо́жет быть, че́рез не́сколько мину́т, э́ти три Мари́и Васи́льевны узна́ют, что у них не то́лько имена́ и о́тчества одни́ и те же, но и фами́лии. А пото́м они́ узна́ют, что он знако́м со все́ми трои́ми и, бо́лее того́, организова́л для всех трои́х э́ту совме́стную пое́здку в Красноя́рск к "любя́щему отцу́". Но ведь у Васи́лия Ива́новича Его́рова была́ то́лько одна́ дочь, а не три. (Во вся́ком слу́чае, когда́ он нанима́л детекти́ва для э́той рабо́ты, речь шла́ то́лько об одно́й до́чери, а не о трёх.) Зна́чит, э́ти три же́нщины пойму́т, что детекти́в не сказа́л им всей пра́вды, когда́ угова́ривал пое́хать с ним в Красноя́рск, что́бы встре́титься с челове́ком, кото́рый разы́скивает свою́ дочь Ма́шу.

Коне́чно, он не обеща́л ни одно́й из э́тих Маш, что она́ обяза́тельно ока́жется э́той до́черью. Никаки́х гара́нтий он никому́ не дава́л! Но детекти́в доста́точно хорошо́ знал же́нщин и понима́л, что логи́ческие объясне́ния не всегда́ их убежда́ют. Ка́ждая из них обяза́тельно бу́дет счита́ть его́ обма́нщиком!

First Mariya Vasilyevna number one who worked as an accountant at a factory introduced herself. In appearance, she was the eldest of the women. She was short, plump, wore glasses, her hair was short and dark, and the expression on her face was firm. She was dressed in a dark traveling suit.

"Hello, girls, let's get acquainted," she said. "My name is Mariya Vasilyevna." Judging by her tone, it was clear that she was used to bossing people around since she worked as the chief of a department.

"Very nice. Funny coincidence, my name is Mariya Vasilyevna, too," Masha number two said with a smile, "but you can just call me Masha." She had blond hair that reached her shoulders, gray-friendly eyes, and a nice smile. She was slim, of medium height, and she was wearing jeans and a gray sweater matching her eye color.

"Really, what a funny coincidence," said Masha number three. "And my name is also Mariya Vasilyevna." Her hair was dark, neither short nor long, and her face was sad, not beautiful, but quite pleasant. She, too, was wearing jeans, and her sweater was a brown color. All three women looked at each other in amazement and laughed, but, of course, only out of politeness. What is funny about three women having the same name?

"If you only knew how many more of such coincidences there are, you would just die laughing," thought the detective, but did not say it aloud. He was not amused at the moment but felt quite uncomfortable.

He thought that very soon, maybe in a few minutes, the three Maria Vasilievna would find out that not just their names and patronymic were the same, but their last names, too. And then they would discover that he was familiar with all three of them, and, moreover, had arranged for all three this joint trip to Krasnoyarsk to a "loving father." But Vassily Ivanovich Yegorov had only one daughter, not three. (In any case, when he hired a detective for the job, it was a question of only one daughter, and not three.) So, the three women would understand that the detective had not told them the whole truth when persuaded to go with him to Krasnoyarsk to meet with the man who was looking for his daughter Masha. Of course, he had not promised any of these Mashas that she would turn out to be this daughter. He had not given any guarantees to anyone! But the detective knew women well enough and understood that a logical explanation was not always convincing for them. Each of them would consider him a deceiver!

Пе́рвой предста́вилась Мари́я Васи́льевна но́мер оди́н, кото́рая рабо́тала бухга́лтером _____ заво́де. _____ вид она́ была́ са́мой ста́ршей _____ э́тих же́нщин. Она́ была́ невысо́кого ро́ста, по́лная, _____ очка́х, во́лосы _____ неё бы́ли коро́ткие, тёмные, выраже́ние лица́ реши́тельное. _____ ней был наде́т тёмный доро́жный костю́м.

- Здра́вствуйте, де́вочки, дава́йте знако́миться, - сказа́ла она́. - Меня́ зову́т Мари́я Васи́льевна. _____ её то́ну бы́ло поня́тно, что она́ привы́кла кома́ндовать людьми́, ведь она́ рабо́тала нача́льницей отде́ла.

- О́чень прия́тно. Смешно́е совпаде́ние, меня́ то́же зову́т Мари́я Васи́льевна, - _____ улы́бкой сказа́ла Ма́ша но́мер два - но меня́ мо́жно называ́ть про́сто Ма́ша. _____ неё бы́ли све́тлые во́лосы _____ плеч, се́рые приве́тливые глаза́, прия́тная улы́бка. Она́ была́ худе́нькая, сре́днего ро́ста, _____ ней бы́ли наде́ты джи́нсы и се́рый сви́тер _____ цвет глаз.

- Действи́тельно, како́е смешно́е совпаде́ние, - сказа́ла Ма́ша но́мер три. - И меня́ то́же зову́т Мари́я Васи́льевна. Во́лосы _____ неё бы́ли тёмные, не коро́ткие и не дли́нные, лицо́ гру́стное, не краси́вое, но дово́льно прия́тное. _____ ней то́же бы́ли наде́ты джи́нсы, а её сви́тер был кори́чневого цве́та.

Все три же́нщины посмотре́ли друг _____ дру́га _____ удивле́нием и засмея́лись, но, коне́чно, то́лько _____ ве́жливости. Что смешно́го _____ том, что трои́х же́нщин зову́т одина́ково?

Éсли бы вы то́лько зна́ли, ско́лько ещё есть таки́х совпаде́ний, вы бы про́сто _____ сме́ху у́мерли", - поду́мал детекти́в, но вслу́х э́того не сказа́л. Ему́ сейча́с бы́ло не _____ сме́ха, и он чу́вствовал себя́ дово́льно нело́вко.

Он ду́мал _____ том, что совсе́м ско́ро, мо́жет быть, че́рез не́сколько мину́т, э́ти три Мари́и Васи́льевны узна́ют, что _____ них не то́лько имена́ и о́тчества одни́ и те же, но и фами́лии. А пото́м они́ узна́ют, что он знако́м _____ все́ми трои́ми и, бо́лее того́, организова́л _____ всех трои́х э́ту совме́стную пое́здку _____ Красноя́рск _____ "лю́бящему отцу́". Но ведь _____ Васи́лия Ива́новича Его́рова была́ то́лько одна́ дочь, а не три. (_____ вся́ком слу́чае, когда́ он нанима́л детекти́ва _____ э́той рабо́ты, речь шла́ то́лько _____ одно́й до́чери, а не _____ трёх.) Зна́чит, э́ти три же́нщины пойму́т, что детекти́в не сказа́л им всей пра́вды, когда́ угова́ривал пое́хать _____ ним _____ Красноя́рск, что́бы встре́титься _____ челове́ком, кото́рый разы́скивает свою́ дочь Ма́шу. Коне́чно, он не обеща́л ни одно́й _____ э́тих Маш, что она́ обяза́тельно ока́жется э́той до́черью. Никаки́х гара́нтий он никому́ не дава́л! Но детекти́в доста́точно хорошо́ знал же́нщин и понима́л, что логи́ческие объясне́ния не всегда́ их убежда́ют. Ка́ждая _____ них обяза́тельно бу́дет счита́ть его́ обма́нщиком!

Детектив был женатым человеком и знал, на что способна одна рассерженная женщина. А о том, что могут сделать с ним три рассерженные женщины, ему было даже страшно подумать. Могут из поезда выкинуть...

У детектива было богатое воображение (Ну а как же детективу без воображения? Без воображения ни одно дело не раскроешь.) Он представил, как эти три Маши открывают окно и дружно выкидывают его из поезда прямо на ходу, а потом начинают драться между собой. Победительница получает отца. В роли победительницы он почему-то представил Машу номер один, главного бухгалтера завода. Очень уж решительное было у неё выражение лица.

На минуту он пожалел, что не остался дома, в Москве, а согласился на эту довольно странную авантюру. Но детектив был человеком действия, поэтому он не стал пассивно ждать, что будет дальше, а решил взять инициативу в свои руки.

Он улыбнулся женщинам своей самой очаровательной улыбкой и сказал:

- Ну вот вы и познакомились между собой, а со мной вы уже знакомы, но, если забыли, меня зовут Кирилл, - и он быстро продолжал говорить, чтобы не дать им времени перехватить инициативу. - Вы уже знаете, для чего я вас здесь собрал всех вместе. Мы едем в Красноярск, чтобы помочь Егорову Василию Ивановичу найти дочь. Ему тяжело, он болеет, совсем недавно перенёс инфаркт, и ему очень нужна ваша помощь. По просьбе Василия Ивановича, мы с коллегами из Красноярского детективного агентства разыскиваем его дочь, которую он уже очень давно не видел. Мы нашли несколько женщин, которые по описанию похожи на его дочь, но не смогли точно узнать, кто именно - его дочь. Для этого у нас слишком мало информации, не хватает документов и фактов. Одна из вас может оказаться его дочерью. У всех вас одинаковые имена и фамилии, вы все примерно одного возраста, у вас похожие судьбы. Мы в детективном агентстве не смогли понять, кто именно из вас его дочь, и он попросил привезти к нему всех троих. Я надеюсь, что одна из вас окажется его дочерью, а кто именно это будет, может показать анализ крови на ДНК. Двум другим хорошо заплатят за вашу помощь, Василий Иванович богатый человек.

Детектив, конечно, соврал женщинам. Василий Иванович не знал, что к нему везут несколько женщин, из которых ему придётся выбрать одну. Ему не сказали об этом заранее. Детективы не стали объяснять ему, что нашли в Москве слишком много Маш Егоровых и решили привезти их всех в Красноярск, чтобы он сам выбирал ту, которая ему понравится. Если бы он знал об этом, то, наверное, испугался бы и отказался от поисков. Вернулся бы к своей привычной одинокой жизни и только время от времени вспоминал бы о том, что где-то есть Маша Егорова, его дочь. Но ситуация уже вышла из-под его контроля, четыре Маши Егоровы были в пути, а ещё одну пока не нашли (Но найдут обязательно! Детективы очень серьёзно относятся к своей работе.)

The detective was a married man and knew what one angry woman was capable of doing. And what three women could do with him was too scary even to consider. They could throw him off the train ... The detective was imaginative (But how can a detective be without imagination? Without imagination, no case could be solved.) He imagined these three Mashas opening the window and together throwing him out of the moving train, and then start to fight among themselves. The winner would get a father. In the role of the winner, he for some reason pictured Masha number one, the chief accountant of the plant. Her facial expression was really tough.

For a moment he wished he had stayed at home in Moscow and had not agreed to this rather strange adventure. But the detective was a man of action, so he did not wait passively for what would happen next, but decided to take the initiative in his own hands.

He smiled at the women with his most charming smile and said:

"Well, you just got acquainted with each other, and you know me already but if you forgot, my name is Cyril," and he quickly continued speaking so not to give them time to seize the initiative. "You already know why I gathered all of you here. We are going to Krasnoyarsk to help Egorov Vasily Ivanovich find his daughter. He is in a tough spot, he is ill, recently has suffered a heart attack, and he sincerely needs your help. At the request of Vasily Ivanovich, my colleagues from a Krasnoyarsk detective agency were looking for his daughter, whom he has not seen for a long time. We found several women who resemble the description of his daughter, but could not find out exactly who his daughter is. To do this, we have too little information and not enough documents and facts. One of you may be his daughter. You all have the same first and last names, you're about the same age, you have a similar face. We, at the detective agency, could not figure out which of you his daughter is, and he asked us to bring all three of you to him. I hope that one of you will be his daughter, and who exactly it will be, a DNA blood test can show. The two others will be well-paid for your help, Vasily Ivanovich is a rich man.

The detective, of course, lied to the women. Vasily Ivanovich did not know that several women were on the way to him, of which he would have to choose one. He was not informed of this in advance. The detectives had not explained to him that they had found too many Mashas Egorovas in Moscow and decided to bring them all to Krasnoyarsk so that he could choose the one he liked. If he had known about it, he probably would have gotten scared and abandoned the search. He would have returned to his ordinary lonely life and only from time to time would have recalled that somewhere out there is Masha Egorova, his daughter. But the situation had spun out of his control, four Mashas Egorovas were on their way, and one more had not been found yet (but sure would be found! The detectives took their job very seriously.)

Детекти́в был жена́тым челове́ком и знал, _____ что спосо́бна одна́ рассе́рженная же́нщина. А _____ том, что мо́гут сде́лать _____ ним три рассе́рженные же́нщины, ему́ бы́ло да́же стра́шно поду́мать. Мо́гут _____ поезда вы́кинуть.... _____ детекти́ва бы́ло бога́тое воображе́ние (Ну а как же детекти́ву _____ воображе́ния? _____ воображе́ния ни одно́ де́ло не раскро́ешь.) Он предста́вил, как э́ти три Ма́ши открыва́ют окно́ и дру́жно выки́дывают его́ _____ поезда пря́мо _____ ходу, а пото́м начина́ют дра́ться ме́жду собо́й. Победи́тельница получа́ет отца́. _____ ро́ли победи́тельницы он почему́-то предста́вил Ма́шу но́мер оди́н.. О́чень уж реши́тельное бы́ло _____ неё выраже́ние лица́.

_____ мину́ту он пожале́л, что не оста́лся до́ма, _____ Москве́, а согласи́лся _____ э́ту дово́льно стра́нную авантю́ру. Но детекти́в был челове́ком де́йствия, поэ́тому он не стал пасси́вно ждать, что бу́дет да́льше, а реши́л взять инициати́ву _____ свои́ ру́ки.

Он улыбну́лся же́нщинам и сказа́л:

Ну вот вы и познако́мились ме́жду собо́й, а _____ мно́й вы уже́ знако́мы, но, е́сли забы́ли, меня́ зову́т Кири́лл - и он бы́стро продолжа́л говори́ть. - Вы уже́ зна́ете, _____ чего́ я вас здесь собра́л всех вме́сте. Мы е́дем _____ Красноя́рск, что́бы помо́чь Его́рову Васи́лию Ива́новичу найти́ дочь. _____ про́сьбе Васи́лия Ива́новича, мы _____ колле́гами _____ Красноя́рское детекти́вного аге́нтства разы́скиваем его́ дочь.

Мы нашли́ не́сколько же́нщин, кото́рые _____ описа́нию похо́жи _____ его́ дочь, но не смогли́ то́чно узна́ть, кто и́менно - его́ дочь. _____ э́того _____ нас сли́шком ма́ло информа́ции, не хвата́ет докуме́нтов и фа́ктов. Одна́ _____ вас мо́жет оказа́ться его́ до́черью. _____ всех вас одина́ковые имена́ и фами́лии, вы все приме́рно одного́ во́зраста, _____ вас похо́жие су́дьбы. Мы _____ детекти́вном аге́нтстве не смогли́ поня́ть, кто и́менно _____ вас его́ дочь, и он попроси́л привезти́ _____ нему́ всех трои́х. Я наде́юсь, что одна́ _____ вас ока́жется его́ до́черью, а кто и́менно э́то бу́дет, мо́жет показа́ть ана́лиз кро́ви _____ ДНК. Двум други́м хорошо́ запла́тят _____ ва́шу по́мощь, Васи́лий Ива́нович бога́тый челове́к.

Детекти́в, коне́чно, совра́л же́нщинам. Васи́лий Ива́нович не знал, что _____ нему́ везу́т не́сколько же́нщин, _____ кото́рых ему́ придётся вы́брать одну́. Ему́ не сказа́ли _____ э́том зара́нее. Детекти́вы не ста́ли объясня́ть ему́, что нашли́ _____ Москве́ сли́шком мно́го Маш Его́ровых и реши́ли привезти́ их всех _____ Красноя́рск. Е́сли бы он знал _____ э́том, то, наве́рное, испуга́лся бы и отказа́лся _____ по́исков. Верну́лся бы _____ свое́й привы́чной одино́кой жи́зни и то́лько вре́мя _____ вре́мени вспомина́л бы _____ том, что где-то есть Ма́ша Его́рова, его́ дочь. Но ситуа́ция уже́ вы́шла _____ его́ контро́ля, четы́ре Ма́ши Его́ровы бы́ли _____ пути́, а ещё одну́ пока́ не нашли́ (Но найду́т обяза́тельно! Детекти́вы о́чень серьёзно отно́сятся _____ свое́й рабо́те.)

Когда́ Кири́лл зако́нчил свою́ речь, он замолча́л и внима́тельно посмотре́л на ка́ждую из же́нщин. Же́нщины снача́ла молча́ли, бы́ло похо́же, что они́ на мину́ту лиши́лись да́ра ре́чи. Пра́вда, молча́ние дли́лось недо́лго. Че́рез мину́ту они́ пришли́ в себя́ и заговори́ли одновреме́нно, так что невозмо́жно бы́ло разобра́ть ни сло́ва. Бы́ло похо́же, что они́ се́рдятся всё бо́льше и бо́льше, и детекти́в поду́мал, не вы́йти ли ему́ в коридо́р на вся́кий слу́чай. Купе́ бы́ло ма́ленькое, и же́нщины находи́лись угрожа́юще бли́зко к Кири́ллу. Е́сли им захо́чется перейти́ от слов к де́лу, ему́ тру́дно бу́дет защища́ться. Кири́ллу приходи́лось вре́мя от вре́мени дра́ться по хара́ктеру его́ рабо́ты. Рабо́та ча́стного детекти́ва мо́жет быть опа́сной! Сло́манный нос и не́сколько шра́мов на лице́ и те́ле не дава́ли ему́ забы́ть об э́том. Кири́лл вообще́-то был сме́лым челове́ком и не боя́лся опа́сностей, но дра́ться с рассе́рженными же́нщинами, тем бо́лее с тремя́ сра́зу, ему́ никогда́ ра́ньше не приходи́лось. Вряд ли он мог бы вы́йти победи́телем из тако́й дра́ки. Он сно́ва пожале́л, что согласи́лся на э́ту авантю́ру. Лу́чше бы ему́ быть в Москве́, а не в по́езде, и дра́ться с банди́тами, а не сиде́ть здесь и слу́шать э́тих трёх злю́щих тёток.

Дверь из купе́ в коридо́р была́ откры́та, и в коридо́ре собрали́сь не́сколько челове́к, кото́рые с любопы́тством прислу́шивались к происходя́щему. Како́й-то мужчи́на с кра́сным лицо́м и буты́лкой пи́ва в рука́х ве́село сказа́л, гля́дя на детекти́ва и на его́ же́нщин:

- Ну что, прия́тель, гаре́м твой, похо́же, сейча́с тебя́ побьёт. Чем э́то ты их так разозли́л? Измени́л им, что ли?

При э́тих слова́х внима́ние трёх Маш переключи́лось на красноли́цего мужчи́ну, и детекти́в попыта́лся незаме́тно встать и вы́йти из купе́. Но ра́зве мо́жно встать незаме́тно, когда́ нахо́дишься в купе́ по́езда?

- Сиде́ть, - гро́мким го́лосом сказа́ла Ма́ша но́мер оди́н, - и он послу́шно сел на своё ме́сто.

К сча́стью для Кири́лла, в э́тот моме́нт к ним в купе́ зашла́ проводни́ца по́езда, кото́рая ходи́ла по ваго́ну, предлага́ла пассажи́рам ещё ча́ю и забира́ла у них пусты́е ча́шки и́з-под ча́я.

- Попе́йте, де́вочки, ещё чайку́ и успоко́йтесь, а то вы что́-то си́льно не́рвничаете. А ещё лу́чше, сходи́те в ваго́н-рестора́н и пое́шьте, у нас отли́чный по́вар, Васи́лий Ива́нович Сини́цын, мо́жет, слы́шали про него́, он ра́ньше в одно́м из центра́льных моско́вских рестора́нов рабо́тал, а тепе́рь вот с на́ми е́здит в Красноя́рск и обра́тно. Борщ отли́чный гото́вит. Пое́дите, чайку́ попьёте, и поми́ритесь со свои́м молоды́м челове́ком. А то на него́, бе́дного, смотре́ть жа́лко.

Услы́шав слова́ проводни́цы, Ма́ши замолча́ли. Похо́же, они́ уже́ уста́ли крича́ть.

When Cyril had finished his speech, he paused and looked at each of the women. The women were silent at first, it seemed that they were speechless for a moment. However, the silence did not last long. A minute later they came to their senses and started talking at the same time, so it was impossible to make out the words. It seemed that they were getting angrier by the minute, and the detective thought that he better go out into the corridor, just in case. The compartment was small, and the women were dangerously close to Cyril. If they wanted to move from words to action, it would be difficult for him to defend himself. Cyril had to fight from time to time due to the nature of his work. A private detective's work can be dangerous! A Broken nose and a few scars on the face and body would not let him forget it. Cyril actually was a brave man and was not afraid of danger, but he had never before had to fight with angry women, especially with three at once. It was unlikely that he would come out of this battle the winner. He again regretted that he had agreed to this crazy deal. He wished he were in Moscow and not on this train and was fighting with bandits instead of sitting here listening to these three furious ladies.

The door into the corridor was opened, several people gathered in the corridor and listened with interest to what was happening. A man with a red face and a bottle of beer in his hand said cheerfully, looking at the detective and his women:

"Well, buddy, your harem, it seems, will beat you up now. What was it you did to make them so angry? Cheated on them, or what?"

At these words, the attention of the three Mashas shifted to the red-faced man, and the detective tried to quietly stand up and get out of the compartment. But how can you stand up unnoticed when you are in a train compartment?

"Sit," Masha number one said in a loud voice, and he obediently sat down on his seat.

Fortunately for Cyril, at that moment the conductor of the train entered their compartment. She was walking along the car offering passengers more tea and taking away their empty tea cups.

"Have some more tea and calm down girls, you are way too nervous for whatever reason. Better yet, go to the diner and eat, we have an excellent cook, Vasily Ivanovich Sinitsyn. Maybe you have heard about him, he used to work at one of the central Moscow restaurants and now travels with us to Krasnoyarsk and back. He cooks excellent borsch. You will eat, drink some tea, and makeup with your young man. Just look at him, the poor guy is miserable."

Hearing the words of the conductor, the Mashas became silent. It looked like they were tired of yelling.

- А вы иди́те отсю́да, иди́те по свои́м места́м, - продолжа́ла проводни́ца, обраща́ясь к пассажи́рам, кото́рые стоя́ли о́коло купе́, - не́чего здесь цирк устра́ивать. А пи́во в коридо́ре пить нельзя́, то́лько в купе́, - и она́ серди́то посмотре́ла на красноли́цего мужчи́ну с буты́лкой в руке́.

- На́до же, да́же зде́шнего по́вара зову́т Васи́лий Ива́нович , - вдруг проговори́ла Ма́ша но́мер два, учи́тельница. - Како́е популя́рное и́мя-о́тчество у на́шего с ва́ми па́почки, - и неожи́данно засмея́лась. - Ла́дно, де́вочки, покрича́ли и хва́тит. Что же нам тепе́рь де́лать, не остана́вливать же по́езд. Прие́дем в Красноя́рск, а там ви́дно бу́дет. Мо́жет, одно́й из нас повезёт и она́ отца́ встре́тит.

- Пошли́, что ли, поеди́м, - сказа́ла Ма́ша но́мер три, инжене́р с разби́тым се́рдцем. - А то у меня́ от э́того стре́сса аппети́т разыгра́лся.

- Отли́чная мысль, - с энтузиа́змом согласи́лся детекти́в, - Пойдёмте, де́вочки, я угоща́ю!

- На́до бы тебя́ за таку́ю шу́тку, что ты над на́ми сыгра́л, с по́езда ски́нуть, - сказа́ла Ма́ша но́мер оди́н, - ну да ла́дно, живи́ пока́. - Она́ я́вно была́ са́мой серди́той из всех трёх же́нщин. "Эх, на́до бы́ло её на самолёте отпра́вить", - с гру́стью поду́мал Кири́лл. "А тепе́рь мне почти́ три дня с ней му́читься, и неизве́стно, чего́ от неё мо́жно ожида́ть. Тётка, похо́же, зла́я. Не о́чень-то повезёт на́шему Васи́лию Ива́новичу, е́сли она́ вдруг ока́жется его́ до́черью".

"And you all, get out of here and go back to your seats," continued the conductor, turning to the passengers who were standing by the compartment, "no reason to set up a circus here. And there is no drinking beer in the hallway, only in the compartment," and she glared at the red-faced man with a bottle in his hand.

"Wow, even the local chef's name is Vasily Ivanovich," Masha number two, the teacher, said suddenly. "What a popular first name and patronymic our daddy has," and she laughed, unexpectedly. "All right, girls, we have shouted enough, and that's it. What do we do now, we won't stop the train, will we? We will arrive in Krasnoyarsk, and then we'll see. Maybe one of us will be lucky to meet her father.

"Come on, let's eat," said Masha number three, the engineer with a broken heart. "I have an enormous appetite now because of this stress."

"Excellent idea," enthusiastically agreed the detective. "Come on, girls, I'm buying!"

"We should throw you off the train for having played such a trick on us," Masha number one said. "Oh well, live for now."

She was clearly the angriest of all the three women. "Oh, we should have sent her on a plane," thought Cyril with sadness. "And now I'll have to suffer with her for almost three days, while who knows what can be expected from her. The lady seems of angry disposition. Our Vasily Ivanovich won't be a very lucky guy if she turns out to be his daughter."

Когда́ Кири́лл зако́нчил свою́ речь, он посмотре́л _____ ка́ждую _____ же́нщин. Же́нщины молча́ли, бы́ло похо́же, что они́ _____ мину́ту лиши́лись да́ра речи. Че́рез мину́ту они́ пришли́ _____ себя́ и заговори́ли одновреме́нно, и детекти́в поду́мал, не вы́йти ли ему́ _____ коридо́р _____ вся́кий слу́чай. Же́нщины находи́лись бли́зко _____ Кири́ллу. Е́сли им захо́чется перейти́ _____ слов _____ де́лу, ему́ тру́дно бу́дет защища́ться. Кири́ллу приходи́лось вре́мя _____ вре́мени дра́ться _____ хара́ктеру его́ рабо́ты. Сло́манный нос и не́сколько шра́мов _____ лице́ и те́ле не дава́ли ему́ забы́ть _____ э́том. Дра́ться _____ рассе́рженными же́нщинами, тем бо́лее _____ тремя́ сра́зу, ему́ не приходи́лось. Вряд ли он мог бы вы́йти победи́телем _____ тако́й дра́ки. Он пожале́л, что согласи́лся _____ э́ту авантю́ру. Лу́чше бы ему́ быть _____ Москве́, а не _____ по́езде, и дра́ться _____ банди́тами. Дверь _____ купе́ _____ коридо́р была́ откры́та, и _____ коридо́ре собрали́сь не́сколько челове́к, кото́рые _____ любопы́тством прислу́шивались _____ происходя́щему. Како́й-то мужчи́на _____ кра́сным лицо́м и буты́лкой пи́ва _____ рука́х сказа́л, гля́дя _____ детекти́ва и _____ его́ же́нщин:

- Чем э́то ты их так разозли́л?

_____ э́тих слова́х внима́ние трёх Маш переключи́лось _____ краснол́ицего мужчи́ну, и детекти́в попыта́лся вы́йти _____ купе́. Но ра́зве мо́жно встать незаме́тно, когда́ нахо́дишься _____ купе́ по́езда?

- Сиде́ть, - сказа́ла Ма́ша но́мер оди́н, - и он послу́шно сел _____ своё ме́сто.

_____ сча́стью _____ Кири́лла, _____ э́тот моме́нт _____ ним _____ купе́ зашла́ проводни́ца по́езда, кото́рая ходи́ла _____ ваго́ну, предлага́ла пассажи́рам ещё ча́ю и забира́ла _____ них пусты́е ча́шки _____ ча́я.

- Попейте, де́вочки, ещё чайку́ и успоко́йтесь, а то вы что́-то си́льно не́рвничаете. А ещё лу́чше, сходи́те _____ ваго́н-рестора́н и пое́шьте, _____ нас отли́чный по́вар, Васи́лий Ива́нович Сини́цын, мо́жет, слы́шали _____ него́, он ра́ньше _____ одно́м _____ центра́льных моско́вских рестора́нов рабо́тал, а тепе́рь вот _____ на́ми е́здит _____ Красноя́рск и обра́тно. Борщ отли́чный гото́вит. Пое́дите, чайку́ попьёте, и помири́тесь _____ свои́м молоды́м челове́ком. А то _____ него́, бе́дного, смотре́ть жа́лко.

- А вы иди́те отсю́да, иди́те _____ свои́м места́м, - продолжа́ла проводни́ца, обраща́ясь _____ пассажи́рам, кото́рые стоя́ли о́коло купе́ - не́чего здесь цирк устра́ивать. А пи́во _____ коридо́ре пить нельзя́, то́лько _____ купе́ - и она́ серди́то посмотре́ла _____ краснолицего мужчи́ну _____ буты́лкой _____ руке́.

- Како́е популя́рное и́мя-о́тчество _____ на́шего с ва́ми па́почки - и неожи́данно засмея́лась. - Ла́дно, де́вочки, покрича́ли и хва́тит. Прие́дем _____ Красноя́рск, а там ви́дно бу́дет. Мо́жет, одно́й _____ нас повезёт и она́ отца́ встре́тит.

- Пошли́, что ли, поеди́м, - сказа́ла Ма́ша но́мер три, инжене́р _____ разби́тым се́рдцем. - А то _____ меня́ _____ э́того стре́сса аппети́т разыгра́лся.

- Отли́чная мы́сль, - _____ энтузиа́змом согласи́лся детекти́в - Пойдёмте, де́вочки, я угоща́ю!

- На́до бы тебя́ _____ таку́ю шу́тку, что ты над на́ми сыгра́л, _____ по́езда ски́нуть, - сказа́ла Ма́ша но́мер оди́н - ну да ла́дно, живи́ пока́. - она́ я́вно была́ самой серди́той _____ всех трёх же́нщин. "Эх, на́до бы́ло её _____ самолёте отпра́вить" - _____ гру́стью поду́мал детекти́в. "А тепе́рь мне почти́ три дня _____ ней му́читься, и неизве́стно, чего́ _____ неё мо́жно ожида́ть.

В вагóне-рестораáне пóезда бы́ло чи́сто, им бы́стро принесли́ еду́, котóрую они́ заказáли. Едá, действи́тельно, былá óчень вку́сная. Жéнщины с удовóльствием съéли борщ и вторóе. Бы́ло похóже, что пóсле еды́ они́ стáли добрéе. У всех людéй, как прáвило, поднимáется настроéние пóсле вку́сной еды́. Не зря говоря́т, что путь к сéрдцу мужчи́ны лежи́т чéрез желу́док. А рáзве жéнщины не лю́бят поéсть?

- Молодéц Васи́лий Ивáнович, вку́сный борщ приготóвил для нас, - сказáла Мáша нóмер два и вдруг засмея́лась. - Я вспóмнила, что у мои́х сосéдей на дáче есть кот, так егó тóже Васи́лий Ивáныч зову́т, - проговори́ла онá, смея́сь. - Отли́чно мышéй лóвит, а как поймáет мы́шку, несёт хозя́йке, а онá егó хвáлит, молодéц, говори́т, Васи́лий Ивáныч!

Мáша нóмер два я́вно былá сáмой весёлой из всей компáнии. "Хорошó бы и́менно онá оказáлась дóчерью Васи́лия Ивáновича", - подýмал Кири́лл.

Пóсле обéда они́ верну́лись в своё купé. Жéнщины стáли разговáривать на каки́е-то свои́ жéнские тéмы; детекти́в смотрéл в окнó и дýмал о своём.

- Кири́лл, скажи́те, а почему́ э́тот Васи́лий Ивáнович с сáмого начáла не попроси́л нас сдéлать анáлиз крóви на ДНК? - вдруг спроси́ла Мáша нóмер оди́н. - Так бы́ло бы прóще для всех. Срáзу бы́ло бы поня́тно, кто тут егó дочь, а кто не егó дочь. Никому́ бы не пришлóсь зря волновáться, éхать неизвéстно кудá.

- Не знáю, - чéстно отвéтил ей детекти́в. Он и действи́тельно не знал э́того. Конéчно, для всех бы́ло бы горáздо прóще срáзу сдéлать анáлиз крóви, тогдá срáзу стáло бы извéстно, кто егó дочь. Но почему́-то Васи́лий Ивáнович был прóтив э́того, а детекти́вы должны́ бы́ли выполня́ть инстру́кции своегó клиéнта. За врéмя своéй рабóты детекти́в привы́к к тому́, что у егó клиéнтов бывáли рáзные стрáнности, и старáлся не обращáть на э́то внимáния.

* * *

_____ вагóне-рестораáне пóезда бы́ло чисто, им бы́стро принесли́ еду́, котóрую они́ заказáли. Едá, действи́тельно, былá óчень вку́сная. Жéнщины_____ удовóльствием съéли борщ и вторóе. Бы́ло похóже, что пóсле еды́ они́ стáли добрéе. _____ всех людéй, как прáвило, поднимáется Настроéние пóсле вку́сной еды́. Не зря говоря́т, что путь _____ сéрдцу мужчи́ны лежи́т чéрез желу́док. А рáзве жéнщины не лю́бят поéсть?

Молодец Васи́лий Ивáнович, вку́сный борщ приготóвил _____ нас, - сказáла Мáша нóмер два и вдруг засмея́лась. - Я вспóмнила, что _____ мои́х сосéдей _____ дáче есть кот, так егó тóже Васи́лий Ивáныч зову́т, - проговори́ла онá, смея́сь. - Отли́чно мышей ловит, а как поймáет мы́шку, несёт хозя́йке, а онá егó хвáлит, молодéц, говори́т, Васи́лий Ивáныч!

Мáша нóмер два я́вно былá самой весёлой _____ всей компáнии. "Хорошó бы и́менно онá оказáлась дóчерью Васи́лия Ивáновича", - подýмал Кири́лл.

In the dining car of the train, it was clean; the food they ordered was brought to them quickly. The food was very delicious, and the women ate the soup and the second course with great pleasure. It seemed that after eating, they became kinder. All people tend to cheer up after a delicious meal. No wonder they say that the way to a man's heart is through his stomach. Do women not like to eat?

"Vasily Ivanovich did a great job, he cooked a delicious soup for us," Masha number two said and suddenly laughed. "I remembered that my neighbors in the country have a cat, and his name, too, is Vassily Ivanovich," she said, laughing. "He is great at catching mice, and once he catches a mouse, he carries it to his owner, and she praises him and says: "Great job, Vasily Ivanovich!"

Masha number two was the most fun of the entire company. "It would be nice if that's her who is the daughter of Vasily Ivanovich," Cyril thought.

After lunch, they returned to their compartment. The women began to talk about some of their female topics; the detective looked out the window and thought about his own thoughts.

"Cyril, tell us, why didn't this Vasily Ivanovich ask us from the beginning to do a DNA blood test?" Masha number one suddenly asked. "It would be easier for everyone. Immediately, it would have been clear who his daughter is and who his daughter isn't. No one would have had to worry about anything or go somewhere."

"I do not know," the detective replied honestly. He did not know the reason why. Of course, it would be much easier for everyone just to do a blood test, and then we would immediately know who the daughter was. But for some reason, Vasily Ivanovich was against it, and the detectives had to fulfill their client's instructions. During the course of his work, the detective got used to the fact that his clients had different peculiarities and tried not to pay any attention to them.

* * *

После обеда они вернулись _____ своё купе. Же́нщины ста́ли разгова́ривать _____ каки́е-то свои́ же́нские темы; детекти́в смотре́л _____ окно́ и ду́мал _____ своём.

Кири́лл, скажи́те, а почему́ э́тот Васи́лий Ива́нович _____ самого́ нача́ла не попроси́л нас сде́лать ана́лиз кро́ви _____ ДНК? - вдруг спроси́ла Ма́ша но́мер оди́н. - Так бы́ло бы про́ще _____ всех. Сра́зу бы́ло бы поня́тно, кто тут его́ дочь, а кто не его́ дочь. Никому́ бы не пришло́сь зря волнова́ться, е́хать неизве́стно куда́.

Не зна́ю, - че́стно отве́тил ей детекти́в. Он и действи́тельно не знал э́того. Коне́чно, _____ всех бы́ло бы гора́здо про́ще сра́зу сде́лать ана́лиз кро́ви, тогда́ сра́зу ста́ло бы изве́стно, кто его́ дочь. Но почему́-то Васи́лий Ива́нович был про́тив э́того, и детекти́вы должны́ бы́ли выполня́ть инстру́кции своего́ клие́нта. _____ вре́мя свое́й рабо́ты детекти́в привы́к _____ тому́, что _____ его́ клие́нтов быва́ли ра́зные стра́нности, и стара́лся не обраща́ть _____ э́то внима́ния.

Наступил вечер, стемнело, и все четверо легли на свои полки. Детектив и Маша номер два лежали на верхних полках, а две другие Маши - на нижних. Разговоры закончились, каждый думал о своём. Каждая из женщин, конечно, думала о том, как было бы хорошо, если бы Василий Иванович Егоров оказался именно её отцом. Каждая вспоминала своё детство, отца, который совсем недолго был в их семье и уехал на север, когда она была ещё маленькой. Отцы присылали подарки и деньги; иногда они разговаривали по телефону, но встретиться времени не было. Слишком далеко друг от друга; отцы были очень заняты своим бизнесом, женщины тоже работали. За долгое время до того, как сотрудники детективного агентства встретились с этими женщинами, их контакт со своими отцами прекратился. Теперь они думали, что понимают, почему. Отец тяжело болел! Он чуть не умер от инфаркта! "Какая я плохая дочь", - думала каждая из женщин, "я должна была сама найти его и поддержать в трудную минуту. Как, должно быть, страшно быть одному, когда так тяжело болеешь".

Каждой из них захотелось сделать для Василия Ивановича что-нибудь приятное, например, привезти ему хороший подарок, чтобы он понял, какой хорошей дочерью она будет для него. Но что ему подарить? Они пожалели, что заранее не подумали об этом и не купили ему ничего в Москве, но поезд ведь не повернёт назад. Ну и не надо! По дороге будут остановки, наверняка на станциях есть магазины, где можно купить какие-нибудь сувениры. Надо будет завтра утром посмотреть расписание поезда, где и во сколько он будет останавливаться, и как надолго. Хорошо бы узнать, где есть магазины недалеко от станции, чтобы успеть сбегать за покупками. С этой мыслью усталые после долгого дня женщины заснули. Во сне каждая из Маш видела, как встречается с отцом, он сразу же понимает, что это именно она - его долгожданная дочь, они обнимают и целуют друг друга и обещают друг другу, что теперь всегда будут вместе.

* * *

Наступил вечер, и все легли _____ свои полки. Детектив и Маша номер два лежали _____ верхних полках, а две другие Маши - _____ нижних. Каждый думал _____ своём. Каждая _____ женщин думала _____ том, как было бы хорошо, если бы Василий Иванович оказался её отцом. Каждая вспоминала, отца, который недолго был _____ их семье и уехал _____ север. Они разговаривали _____ телефону, но встретиться времени не было. Слишком далеко друг _____ друга.

_____ долгое время _____ того, как сотрудники детективного агентства встретились _____ этими женщинами, их контакт _____ своими отцами прекратился.

Он чуть не умер _____ инфаркта! "Какая я плохая дочь", - думала каждая _____ женщин, "я должна была найти его и поддержать _____ трудную минуту.

Evening came, it got dark, and all four laid down on their shelves. The detective and Masha number two were on the top shelves, and the other two Mashas - on the bottom. Discussions ended; everyone thought their own thoughts. Each of the women, of course, were thinking how wonderful it would be if Vasily Ivanovich Egorov proved to be her father. Each was remembering her childhood, her father, who had stayed in the family for a very short time and went to the north when she was still a little girl. Their fathers sent them gifts and money, and occasionally they talked on the phone, but there was no time to meet. Too far away; the fathers were very busy with their business, and the women were also working. Long before the detective agency staff met with these women, their contact with their fathers had stopped. Now they thought they understood why. The father was seriously ill! He nearly died of a heart attack! "What a bad daughter am I," thought each of the women, "I should have found it out by myself and should have supported him in difficult times. How scary must it be to be alone when you are so sick."

Each of them wanted to do something nice for Vasily Ivanovich, for example, to bring him a nice gift, so he realized what a good daughter she would be for him. But what to get him? They regretted that they had not thought about it beforehand and had not bought him anything in Moscow, but the train would not turn back. Well, it was not necessary! On the way, they would have stops, and certainly, there were shops at the stations where they could buy some souvenirs. In the morning they should check the schedule of the train to see where and when it would stop and for how long. It would be nice to know where there were shops near the station so that they would have time to run for some shopping. With that thought, tired after a long day, the women fell asleep. In their dreams, every Masha saw how she met with her father; he immediately understood that this was her, his long-awaited daughter; they hugged and kissed each other and promised each other that from now on they would always be together.

* * *

Ка́ждой _____ них захоте́лось сде́лать _____ Васи́лия Ива́новича что́-нибудь прия́тное, что́бы он по́нял, како́й хоро́шей до́черью она́ бу́дет _____ него́. Они́ пожале́ли, что зара́нее не поду́мали _____ э́том и не купи́ли ему́ ничего́ _____ Москве́.

! _____ доро́ге бу́дут остано́вки, наверняка́ _____ ста́нциях есть магази́ны. На́до посмотре́ть расписа́ние поезда, где и _____ ско́лько он бу́дет остана́вливаться. Хорошо́ бы узна́ть, где есть магази́ны недалеко́ _____ ста́нции, чтобы успе́ть сбе́гать _____ поку́пками. _____ э́той мы́слью уста́лые по́сле до́лгого дня же́нщины засну́ли. _____ сне ка́ждая _____ Маш ви́дела, как встреча́ется _____ отцо́м.

А детекти́в ду́мал о том, не зря ли он согласи́лся уча́ствовать в э́той стра́нной исто́рии. По́сле того́, как же́нщины накрича́ли на него́ и чуть не поби́ли, э́то приключе́ние уже́ не каза́лось ему́ таки́м весёлым, как ра́ньше. А ведь до́черью мо́жет быть то́лько одна́ из них. Что же сде́лают те, кому́ не повезёт? Ему́ бы́ло стра́шно об э́том поду́мать, поэ́тому он переста́л ду́мать и засну́л. Во сне он ви́дел, как убега́ет от трёх рассе́рженных же́нщин, а они́ бегу́т за ним, он бежи́т всё быстре́е и быстре́е, и́зо всех сил, но убежа́ть от них не мо́жет, и в тот моме́нт, когда́ они́ его́ пойма́ли, он от у́жаса просну́лся. Он совсе́м не чу́вствовал себя́ отдохну́вшим по́сле тако́го сна.

- Что́-то ты пло́хо вы́гля́дишь, - сказа́ла ему́ Ма́ша но́мер оди́н. - Не вы́спался? Стра́шные сны сни́лись?

- Голова́ разболе́лась, всю ночь спать не мог, - совра́л он.

- Попе́й, Кирю́ша, ча́йку, сра́зу лу́чше себя́ почу́вствуешь, - сочу́вственно сказа́ла Ма́ша но́мер два, а Ма́ша но́мер три· предложи́ла ему́ табле́тку от головно́й бо́ли, но он отказа́лся и объясни́л, что никогда́ не принима́ет табле́ток.

- От табле́ток оди́н вред здоро́вью, - сказа́л он и стал смотре́ть в окно́. По́езд проезжа́л че́рез о́чень краси́вые места́, леса́, поля́, го́ры, ре́ки, озёра, ми́мо городо́в и дереве́нь. Детекти́в любова́лся ви́дом ди́кой, экзоти́ческой приро́ды, кото́рую не уви́дишь из окна́ моско́вского о́фиса, и на вре́мя забы́л о му́чивших его́ вопро́сах.

За у́тренним ча́ем же́нщины разгова́ривали о маршру́те по́езда и о том, каки́е на пути́ бу́дут остано́вки. Похо́же, всем трои́м хоте́лось вы́йти и погуля́ть на све́жем во́здухе, а та́кже зайти́ в каки́е-нибудь магази́ны. В купе́ на сто́лике лежа́ло мно́го рекла́мных материа́лов для тури́стов, и же́нщины ста́ли их внима́тельно рассма́тривать.

* * *

А детекти́в ду́мал _____ том, не зря ли он согласи́лся уча́ствовать _____ э́той исто́рии. По́сле того́, как же́нщины накрича́ли _____ него́, э́то приключе́ние уже́ не каза́лось ему́ таки́м весёлым. А ведь до́черью мо́жет быть то́лько одна́ _____ них. Что же сде́лают те, кому́ не повезёт? Ему́ бы́ло стра́шно _____ э́том поду́мать. _____ сне он ви́дел, как убега́ет _____ трёх же́нщин, а они́ бегу́т _____ ним, он бежит и́зо всех сил, но убежа́ть _____ них не мо́жет, и _____ тот моме́нт, когда́ они́ его́ пойма́ли, он _____ ужаса просну́лся.

The detective thought if he had made a mistake when he agreed to participate in this weird affair. After the women had yelled at him and almost beat him up, the adventure no longer seemed to him as much fun as before. Besides, only one of them could be the daughter. What would those who won't be lucky do? He was afraid to think about it, so he stopped thinking and fell asleep. In his dream, he saw himself running away from the three angry women, and they were running after him; he ran faster and faster, as fast as he possibly could, but could not get away from them, and the moment they caught him he woke up in horror. He did not feel rested at all after such a dream.

"You look bad for some reason," Masha number one said to him. "Not enough sleep? Scary dreams?"

"I got a headache and could not sleep all night long," he lied.

"Drink some tea, Kiriusha, and you will immediately feel better," sympathetically said Masha number two, and Masha number three offered him a pill for his headache, but he refused and explained that he never took pills.

"Tablets only cause harm," he said and looked out the window. The train was passing through gorgeous places, forests, fields, mountains, rivers, lakes, past towns, and villages. The detective was admiring the views of the wild, exotic nature, which he could not see from the Moscow office window, and for a while forgot about the issues that tormented him.

During the morning tea, the women were talking about the train route and the stops that would be on the way. It seemed that all three of them felt like going out to take a walk in the fresh air, as well as doing some shopping. On the table in the compartment, there were a lot of promotional materials for tourists, and the women began to look through them attentively.

* * *

Ма́ша но́мер три предложи́ла ему́ табле́тку _____ головно́й бо́ли.

_____ табле́ток оди́н вред здоро́вью, - сказа́л он и стал смотре́ть _____ окно́. Детекти́в любова́лся ви́дом ди́кой, экзоти́ческой приро́ды, кото́рую не уви́дишь _____ окна́ Моско́вского о́фиса, и _____ вре́мя забы́л _____ мучи́вших его́ вопро́сах.

_____ у́тренним ча́ем же́нщины разгова́ривали _____ маршру́те по́езда и _____ том, каки́е _____ пути́ бу́дут остано́вки. Похо́же, всем трои́м хоте́лось погуля́ть _____ све́жем во́здухе, а та́кже зайти́ _____ каки́е-нибудь магази́ны. _____ купе́ _____ сто́лике лежа́ло мно́го рекла́мных материа́лов _____ тури́стов.

Маршру́т по́езда Москва́-Красноя́рск снача́ла идёт по Росси́и на се́вер и се́веро-восто́к, к Ура́льским гора́м. Вдоль Ура́льских гор прохо́дит грани́ца ме́жду двумя́ частя́ми све́та: Евро́пой и Азией.

По́сле того́, как по́езд переезжа́ет че́рез Ура́льские го́ры, он ока́зывается в Сиби́ри и попада́ет из европе́йского контине́нта в азиа́тский.

На пути́ по́езд де́лает не́сколько остано́вок в больши́х и не о́чень больши́х города́х. Же́нщины с интере́сом рассма́тривали рекла́мные брошю́ры, кото́рые приглаша́ли тури́стов побыва́ть в интере́сных места́х Ура́ла и Сиби́ри, города́х и приро́дных заповедниках.

На пути́ по́езда нахо́дятся таки́е изве́стные во всём ми́ре города́, как Пермь, Кунгу́р, Екатеринбу́рг, Тюме́нь, Новосиби́рск.

Ма́ша но́мер два, учи́тельница, ста́ла вслух чита́ть описа́ние городо́в, где по́езд Москва́-Красноя́рск де́лает остано́вки. На мину́ту она́ предста́вила себе́, что нахо́дится в шко́ле и ведёт уро́к.

Пермь - го́род на восто́ке европе́йской ча́сти Росси́и, в Предура́лье, администрати́вный центр Пе́рмского кра́я, порт на реке́ Ка́ме, тра́нспортный у́зел на Транссиби́рской магистра́ли. Кру́пный индустриа́льный, нау́чный, культу́рный и логисти́ческий центр Ура́ла.

Го́род осно́ван в 1723-ем году́, с 1940-го по 1957-ой год называ́лся Мо́лотов. В 1876-ом году́ че́рез Пермь прошла́ пе́рвая на Ура́ле желе́зная доро́га, в 1916-ом году́ был откры́т пе́рвый на Ура́ле университе́т.

Кунгу́рская ледяна́я пеще́ра — одно́ из са́мых популя́рных туристи́ческих мест Сиби́ри и Ура́ла. Пеще́ра нахо́дится в Пе́рмском кра́е, на пра́вом берегу́ реки́ Сы́лвы во́зле го́рода Кунгу́р в дере́вне Фили́пповка, в ста киломе́трах от Перми́. Уника́льный геологи́ческий па́мятник — одна́ из крупне́йших пеще́р в Европе́йской ча́сти Росси́и, седьма́я в ми́ре по длине́ ги́псовая пеще́ра. Длина́ пеще́ры о́коло 5700 м, из них 1,5 км обору́довано для тури́стов. Сре́дняя температу́ра во́здуха в це́нтре пеще́ры +5 °C. В Кунгу́рской пеще́ре 58 гро́тов, 70 озёр, мно́жество «орга́нных труб» (са́мая высо́кая — в гро́те Эфи́рный, 22 м) — высо́ких шахт, доходя́щих почти́ до пове́рхности.

Екатеринбу́рг (с 1924 по 1991 год — Свердло́вск) — го́род в Росси́и, администрати́вный центр Ура́льского федера́льного о́круга. Явля́ется крупне́йшим администрати́вным, культу́рным, нау́чно-образова́тельным це́нтром Ура́льского регио́на.

Э́та часть Ура́ла слу́жит есте́ственными воро́тами из центра́льных райо́нов Росси́и в Сиби́рь. Екатеринбу́рг сформирова́лся как стратеги́чески ва́жный центр Росси́и, кото́рый соединя́ет европе́йскую и азиа́тскую ча́сти страны́.

Осно́ван 7 ноября́ 1723-его го́да. Во вре́мя правле́ния Екатери́ны Второ́й че́рез го́род проложи́ли гла́вную доро́гу Росси́йской импе́рии — Сиби́рский тракт. Екатеринбу́рг стал «окно́м в Азию», так же, как Петербург был Росси́йским «окно́м в Евро́пу».

The route of the Moscow-Krasnoyarsk train first goes through Russia to the north and north-east towards the Ural Mountains. Along the Ural Mountains lies the border between the two parts of the world: Europe and Asia.

After the train crosses the Ural Mountains, it gets to Siberia and moves from the European continent to Asia.

Along the way, the train makes several stops in both large and small cities. The women looked with interest at the brochures that invited tourists to visit interesting places in the Urals and Siberia, cities and natural reserves.

Many famous world cities, such as Perm, Kungur, Yekaterinburg, Tyumen, Novosibirsk, were along the train's route.

Masha number two, the teacher, started reading aloud the descriptions of the cities where the Moscow-Krasnoyarsk train made stops. For a moment she imagined he was at her school and conducting a lesson.

Perm is a city in the east of the European part of Russia, in the Urals. It is the administrative center of the Perm region, a port on the Kama River, and the transport hub on the Trans-Siberian Railway. It is the largest industrial, scientific, cultural and logistics center of the Urals.

The city was founded in 1723; from 1940 to 1957 it was called Molotov. In 1876, the first of the Urals Railway went through Perm. The first University in the Urals was opened in 1916.

Kungur Ice Cave is one of the most popular tourist destinations in Siberia and the Urals. The cave is in the Perm region, on the right bank of the Sylva River on the outskirts of the city Kungur in the village ofFilippovka, 100 km away from the city of Perm.

It is a unique geological monument - one of the largest caves in the European part of Russia, the seventh in the world in gypsum cave length. The cave is about 5,700 m, of which 1.5 km are equipped for tourists. The average temperature in the center of the cave is +5° C. In Kungur Cave there are 58 caves, 70 lakes, a lot of "organ pipes" (the highest is in the grotto Ether, 22 m), and large mines reaching almost to the surface.

Yekaterinburg (from 1924 to 1991 - Sverdlovsk) is a city in Russia and an administrative center of the Urals Federal District. It is the largest administrative, cultural, scientific and educational center in the Ural region.

This part of the Urals serves as a natural gate from the central areas of Russia to Siberia. Yekaterinburg was formed as a strategic center of Russia, which connects the European and Asian parts of the country.

It was founded on November 7, 1723. During the reign of Catherine the Great, the main road of the Russian Empire - The Siberian tract - was built through this city. Yekaterinburg became a "window to Asia," just as St. Petersburg was Russia's "window to Europe."

С конца́ XIX — нача́ла XX ве́ка Екатеринбу́рг — оди́н из це́нтров револю́цио́нного движе́ния на Ура́ле. В сове́тские го́ды го́род стал кру́пным индустриа́льным и администрати́вным це́нтром страны́. Го́род внёс огро́мный вклад в Побе́ду Сове́тского Сою́за в Вели́кой Оте́чественной войне́. Ура́льский заво́д тяжёлого машиностро́ения в вое́нные го́ды входи́л в число́ крупне́йших сове́тских производи́телей бронете́хники.

Екатеринбу́рг — четвёртый по чи́сленности населе́ния (по́сле Москвы́, Санкт-Петербу́рга и Новосиби́рска) го́род в Росси́и.

Екатеринбу́рг – ме́сто расстре́ла ца́рской семьи́.

Тюме́нь нахо́дится на ю́ге за́падной Сиби́ри. Э́то пе́рвый ру́сский го́род в Сиби́ри. Он изве́стен свои́м индустриа́льным произво́дством, а та́кже уника́льными па́мятниками исто́рии и архитекту́ры.

* * *

Маршру́т по́езда снача́ла идёт _____ Росси́и _____ се́вер и се́веро-восто́к, _____ Ура́льским гора́м.

По́сле того́, как поезд переезжа́ет че́рез Ура́льские го́ры, он ока́зывается _____ Сиби́ри и попада́ет _____ европе́йского континента _____ азиатский.

_____ пути́ по́езд де́лает не́сколько остано́вок _____ города́х. Же́нщины _____ интере́сом рассма́тривали брошю́ры, кото́рые приглаша́ли побыва́ть _____ интере́сных места́х Ура́ла и Сиби́ри..

_____ пути́ по́езда нахо́дятся изве́стные _____ всём ми́ре города́.

Ма́ша но́мер два, ста́ла чита́ть описа́ние городо́в.

_____ мину́ту она́ предста́вила себе́, что нахо́дится _____ шко́ле и ведёт уро́к.

Пермь - го́род _____ восто́ке европе́йской ча́сти Росси́и, _____ Предура́лье, порт _____ реке́ Ка́ме, тра́нспортный у́зел _____ Транссиби́рской магистра́ли.

Го́род осно́ван _____ 1723-ем году́, _____ 1940-го _____ 1957-ой год называ́лся Мо́лотов. _____ 1876-ом году́ че́рез Пермь прошла́ пе́рвая _____ Ура́ле желе́зная доро́га, _____ 1916-ом году́ был откры́т пе́рвый _____ Ура́ле университе́т.

Кунгу́рская ледяна́я пеще́ра — одно́ _____ са́мых популя́рных туристи́ческих мест Сиби́ри. Пеще́ра нахо́дится _____ Пе́рмском крае, _____ пра́вом берегу́ реки́ Сы́лвы _____ окра́ине го́рода Кунгу́р _____ селе́ Фили́пповка, _____ 100 км _____ Перми́.

Since the end of XIX, early XX century Yekaterinburg has been one of the centers of the revolutionary movement in the Urals. In the Soviet years, the city became a major industrial and administrative center of the country. The city made a tremendous contribution to the victory of the Soviet Union in the Great Patriotic War. During the war, the Ural Heavy Machinery Plant was among the largest Russian manufacturer of armored vehicles.

Ekaterinburg is the fourth largest city in Russia in population (after Moscow, St. Petersburg and Novosibirsk).

Ekaterinburg was the place of execution of the royal family.

Tyumen is located in the south of Western Siberia. This is the first Russian city in Siberia. It is known for its industrial production, as well as unique historical and architectural monuments.

* * *

Уника́льный геологи́ческий па́мятник — одна́ _____ крупне́йших пеще́р _____ Европе́йской ча́сти Росси́и, седьма́я _____ ми́ре _____ длине́ пеще́ра. Длина́ пеще́ры о́коло 5700 м, _____ них 1,5 км обору́довано _____ тури́стов. Сре́дняя температу́ра во́здуха _____ це́нтре пеще́ры +5 °C. _____ Кунгу́рской пеще́ре мно́жество «орга́нных труб» (са́мая высо́кая — _____ гро́те Эфи́рный, 22 м) — высо́ких шахт, доходя́щих почти́ _____ пове́рхности.

Екатеринбу́рг (_____ 1924 _____ 1991 год — Свердло́вск) — го́род _____ Росси́и.

Э́та ча́сть Ура́ла слу́жит воро́тами _____ центра́льных райо́нов Росси́и _____ Сиби́рь.

_____ вре́мя правле́ния Екатери́ны Второ́й Екатеринбу́рг стал «окно́м _____ А́зию», так же, как Петербу́рг был Росси́йским «окно́м _____ Евро́пу».

_____ конца́ XIX — нача́ла XX ве́ка Екатеринбу́рг — оди́н _____ це́нтров революцио́нного движе́ния _____ Ура́ле.

_____ сове́тские го́ды го́род стал кру́пным це́нтром страны́.

Го́род внёс огро́мный вклад _____ Побе́ду Сове́тского Сою́за _____ Вели́кой Оте́чественной войне́. Ура́льский заво́д тяжело́го машинострое́ния _____ вое́нные го́ды входи́л _____ число́ крупне́йших сове́тских производи́телей бронете́хники.

Екатеринбу́рг — четвёртый _____ чи́сленности населе́ния го́род _____ Росси́и.

Тюме́нь нахо́дится _____ ю́ге за́падной Сиби́ри. Э́то пе́рвый ру́сский го́род _____ Сиби́ри.

Все три Маши с интересом рассматривали рекламные материалы.

- Красота какая, - сказала Маша номер три, любуясь фотографиями Кунгурских пещер. - Вот бы побывать там. Я так давно никуда не ездила, все отпуска в Москве провожу. Мечтаю денег накопить когда-нибудь, чтобы в путешествие какое-нибудь съездить.

- Только мечтать можно об этом, - согласилась с ней Маша номер два. - Вряд ли я смогу когда-нибудь поехать туда. Моей зарплаты школьной учительницы даже на входной билет в эту пещеру не хватит.

Зря они обе это сказали вслух, лучше бы промолчали. Неосторожно сказанное слово иногда может привести к неожиданным последствиям....

- Девочки, давайте подумаем, что бы нам такого привезти в подарок нашему папочке, - вдруг предложила Маша номер один. - Жалко ведь человека. Больной, одинокий. Вдруг одна из нас и правда его дочь.

- Конечно! - с энтузиазмом согласилась Маша номер два. - Даже если я не его дочь, всё равно мне его жалко. И потом, он нас в гости пригласил, а мы без подарка, неудобно. В Москве я не успела об этом подумать, всё так быстро произошло.

- Я за! - тоже согласилась с этим предложением Маша номер три. - Давайте сбросимся все вместе и купим ему что-нибудь хорошее от всех нас.

- Тогда лучше купить что-нибудь по дороге, по ходу поезда, - сказала Маша номер один. - Когда приедем в Красноярск, у нас времени не будет. Кроме того, по дороге недалеко от остановок поезда всегда есть магазины сувениров. Вот, например, смотрите, в Кунгуре есть магазин, где продаются уральские самоцветы. Туда и зайдём, скоро остановка будет.

- А успеем ли? - спросила Маша номер три, глядя на рекламу магазина. - Магазин этот, похоже, не так близко к станции.

- Успеем, - уверенно ответила Маша номер один. - Такси возьмём на станции и быстро туда и обратно съездим. Мне проводница говорила, что в Кунгуре поезд долго будет стоять, дольше, чем в расписании написано, какой-то ремонт ему нужен.

Детектив не участвовал в этом разговоре. Он заснул на своей верхней полке, и на этот раз ему ничего не снилось. Он не проснулся, когда поезд остановился, и не увидел, как три женщины вышли из вагона во время остановки. Он продолжал спокойно спать и после того, как время остановки поезда закончилось и поезд снова двинулся в путь. Никто не мешал ему спать, в купе было тихо. Даже слишком тихо....

All three of the Mashas were looking at the advertising material with interest.

"What a beauty," said Masha number three admiring photographs of the Kungur cave. "I'd love to go there. I have not gone anywhere in a long time; I spend all my vacation time in Moscow. My dream is to save enough money some day to be able to travel somewhere."

"One can only dream about it," Masha number two agreed with her. "It is unlikely that I will ever go there. My salary as a schoolteacher will not be enough to buy a ticket to enter this cave."

Both of them shouldn't have said it out loud; it would have been better if they had kept silent. A carelessly spoken word can sometimes lead to unexpected consequences ...

"Girls, let's think about what we could bring as a gift to our daddy," Masha number one proposed suddenly. "I am sorry for the man. He is sick, and he is lonely. What if one of us is, indeed, his daughter?"

"Of course!" Masha number two agreed enthusiastically. "Even if I'm not his daughter, I still feel sorry for him. Besides, he invited us to visit, and we are without a gift, which is not good. In Moscow, I did not have time to think about it; everything happened so fast."

"I am for it!" Masha number three also agreed with the suggestion. "Let's all throw in some money and buy him something nice from all of us."

"Then we better buy something on the road, on the train route," Masha number one said. "When we get to Krasnoyarsk, we will have no time. Besides, on the road near the train stops, there are always gift shops. For example, look, in Kungur there is a shop that sells Ural gemstones. That's where we will go; the train will stop there soon."

"Will we have enough time?" Masha number three asked, looking at the shop's advertising. "This store seems not to be that close to the station."

"We'll make it," Masha number one said confidently. "We will take a taxi at the station and go quickly there and back. The conductor told me the train would stay in Kungur for a long time, longer than the schedule says because it needs some maintenance."

The detective did not participate in this conversation. He fell asleep on his upper shelf, and this time he did not see any dreams. He did not wake up when the train stopped and did not see how the three women got out of the car during the stop. He continued to sleep soundly even after the time the train stop was over, and the train started off again. No one prevented him from sleeping; it was quiet in the compartment. Even too quiet ...

Все три Маши _____ интересом рассматривали рекламные материалы.

- Красота какая, - сказала Маша номер три, - Вот бы побывать там. Я так давно никуда не ездила, все отпуска _____ Москве провожу. Мечтаю денег накопить когда-нибудь, чтобы _____ путешествие какое-нибудь съездить.

- Только мечтать можно _____ этом, - согласилась _____ ней Маша номер два. - Моей зарплаты даже _____ входной билет _____ эту пещеру не хватит.

Неосторожно сказанное слово иногда может привести _____ неожиданным последствиям....

- Девочки, что бы нам привезти _____ подарок нашему папочке, - вдруг предложила Маша номер один. - Вдруг одна _____ нас и правда его дочь.

Конечно! - _____ энтузиазмом согласилась Маша номер два. - Он нас _____ гости пригласил, а мы _____ подарка, неудобно. _____ Москве я не успела _____ этом подумать, всё так быстро произошло.

- Я _____! - тоже согласилась _____ этим предложением Маша номер три. - Давайте сбросимся все вместе и купим ему что-нибудь хорошее _____ всех нас.

- Тогда́ лу́чше купи́ть что́-нибудь _____ доро́ге, _____ хо́ду по́езда - сказа́ла Ма́ша но́мер оди́н. - Когда́ прие́дем _____ Красноя́рск, _____ нас вре́мени не бу́дет. Кро́ме того́, _____ доро́ге недалеко́ _____ остано́вок по́езда всегда́ есть магази́ны сувени́ров. Вот, наприме́р, смотри́те , _____ Кунгу́ре есть магази́н, где продаю́тся Ура́льские самоцве́ты. Туда́ и зайдём, ско́ро остано́вка бу́дет.

- А успе́ем ли? - спроси́ла Ма́ша но́мер три, гля́дя _____ рекла́му магази́на. - Магази́н э́тот, похо́же, не так бли́зко _____ ста́нции.

- Успе́ем, - уве́ренно отве́тила Ма́ша но́мер оди́н. - Такси́ возьмём _____ ста́нции и бы́стро туда́ и обра́тно съе́здим. Мне проводни́ца говори́ла, что _____ Кунгу́ре по́езд до́лго бу́дет стоя́ть, до́льше, чем _____ расписа́нии напи́сано, како́й-то ремо́нт ему́ ну́жен.

Детекти́в не уча́ствовал _____ э́том разгово́ре. Он засну́л _____ свое́й ве́рхней по́лке, и _____ э́тот раз ему́ ничего́ не сни́лось. Он не просну́лся, когда́ по́езд останови́лся, и не уви́дел, как три же́нщины вы́шли _____ ваго́на _____ вре́мя остано́вки. Он продолжа́л споко́йно спать и по́сле того́, как вре́мя остано́вки по́езда зако́нчилось и по́езд сно́ва дви́нулся _____ путь. Никто́ не меша́л ему́ спать, _____ купе́ бы́ло ти́хо. Да́же сли́шком ти́хо....

Когда́ три Ма́ши вы́шли из ваго́на по́езда во вре́мя остано́вки, Ма́ша но́мер оди́н сказа́ла двум други́м:

- Подожди́те меня́ здесь. Я сейча́с маши́ну найду́ и пое́дем.

Она́ не пошла́ к стоя́нке такси́, где стоя́ла дли́нная о́чередь из пассажи́ров, кото́рые сошли́ с по́езда. Вме́сто э́того она́ подошла́ к како́й-то маши́не, кото́рая стоя́ла на парко́вке. Она́ сказа́ла что́-то води́телю, се́ла на пере́днее сиде́нье ря́дом с ним и пригласи́ла двух други́х Маш сади́ться на за́днее сиде́нье. Когда́ маши́на уже́ начала́ отъезжа́ть, Ма́ша но́мер оди́н вдруг схвати́лась за живо́т и чуть не запла́кала.

- Ой, как живо́т заболе́л! Что́-то я съе́ла не то, на́до в туале́т бежа́ть. Поезжа́йте, де́вочки, без меня́! Вот, возьми́те де́ньги, э́то моя́ до́ля. Купи́те что́-нибудь хоро́шее! И води́телю я заплачу́, не волну́йтесь, он вас подождёт и обра́тно привезёт.

Она́ дала́ води́телю де́ньги, бы́стро вы́шла из маши́ны и почти́ побежа́ла обра́тно к по́езду. Две други́е Ма́ши растеря́нно смотре́ли друг на дру́га, не зна́я, что им тепе́рь де́лать. С одно́й стороны́, им о́чень хоте́лось съе́здить в магази́н ура́льских самоцве́тов, с друго́й стороны́, бы́ло неудо́бно оставля́ть подру́гу одну́, когда́ ей пло́хо.

Води́тель не стал ждать и нажа́л на газ. Ему́ о́чень хорошо́ заплати́ли за э́ту пое́здку, и он совсе́м не хоте́л возвраща́ть де́ньги, е́сли пассажи́ры переду́мают е́хать. Маши́на бы́стро вы́ехала на доро́гу. Води́тель, похо́же, хорошо́ знал маршру́т.

Ма́ша но́мер оди́н хоте́ла верну́ться в ваго́н, но ме́жду ней и по́ездом "Москва́-Красноя́рск" проходи́л ещё оди́н железнодоро́жный путь. По э́тому пути́ как раз в э́тот моме́нт проезжа́л друго́й по́езд. Он е́хал без остано́вки, и Ма́ша но́мер оди́н терпели́во стоя́ла и ждала́, пока́ он прое́дет. Э́то был дли́нный това́рный по́езд. От не́чего де́лать Ма́ша начала́ счита́ть ваго́ны, досчита́ла до двадцати́ и ей э́то надое́ло. Она́ уже́ начала́ теря́ть терпе́ние; она́ хоте́ла быстре́е попа́сть обра́тно в ваго́н. Когда́ же наконе́ц това́рный по́езд прое́хал че́рез ста́нцию ми́мо Ма́ши и она́ могла́ идти́ да́льше, она́ уви́дела, что ей уже́ не́куда бы́ло торопи́ться. Её по́езд уже́ ушёл. Поезда́ никогда́ не ждут отста́вших пассажи́ров. По́езд до́лжен е́хать по расписа́нию.

Маши́на, в кото́рой сиде́ли две Ма́ши, е́хала по о́чень краси́вым места́м, но, как им показа́лось, сли́шком до́лго.

- Дава́йте повернём обра́тно, - наконе́ц сказа́ла Ма́ша но́мер три. - Мне ка́жется, что мы сли́шком далеко́ уе́хали. Бою́сь, что мы мо́жем опозда́ть на по́езд. Найдём магази́н в како́м-нибудь друго́м ме́сте.

- Да, я согла́сна, - сказа́ла Ма́ша но́мер два. - Зря вообще́ мы куда́-то пое́хали, на́до бы́ло на ста́нции остава́ться. Е́сли опозда́ем, по́езд нас ждать не бу́дет. А пода́рок ку́пим где́-нибудь в друго́м ме́сте.

- Как э́то на ста́нции остава́ться? - удиви́лся води́тель. - А пеще́ра?

- Кака́я пеще́ра? - в оди́н го́лос сказа́ли Ма́ши, - мы в магази́н е́дем, ура́льские самоцве́ты покупа́ть отцу́ в пода́рок.

- Да там и магази́н, ря́дом с пеще́рой, - отве́тил води́тель, - самоцве́тов ско́лько хо́чешь, красота́ необыкнове́нная, никогда́ в жи́зни бо́льше нигде́ тако́го не уви́дите. А по́езд на Красноя́рск ушёл уже́, он на на́шей ста́нции всего́ де́сять мину́т стои́т. Я ду́мал, вы тури́сты, на не́сколько дней сюда́ прие́хали, пеще́ры на́ши знамени́тые смотре́ть. Удиви́лся да́же, что вы без чемода́нов.

When the three Mashas left the train car during the stop, Masha number one said to the other two:

"Wait for me here. I'll find the car now; then we will go." She did not go to the taxi stand, where there was a long line of passengers who got off the train. Instead, she went to a car that was parked in the parking lot. She said something to the driver, sat in the front seat next to him and invited the other two Mashas to sit in the back seat. When the car started to depart, Masha number one suddenly clutched her stomach and almost cried.

"Oh, how my stomach hurts! I ate something bad; I have to run to the bathroom. Go, girls, without me! Here, take the money, this is my share. Buy something good! I'll pay the driver, do not worry, he'll wait for you and bring you back."

She gave the driver money, quickly got out of the car and almost ran back to the train. The other two Mashas looked at each other in confusion, not knowing what to do now. On the one hand, they wanted to go to the store of Ural gems, on the other hand, it didn't feel right to leave a girlfriend alone when she was sick.

The driver did not wait and pressed the gas pedal. He got very well paid for this trip, and he did not want to return the money if the passengers changed their minds about going. The car quickly pulled on the road. The driver seemed to know the route well.

Masha number one wanted to return to the car, but between her and the train "Moscow-Krasnoyarsk" was another railway track. Right at that moment, another train was passing by on that track. It was going without stopping, and Masha number one patiently stood and waited until it had passed. It was a long freight train. Because of nothing to do, Masha began to count the cars, counted to twenty and got tired of it. She was already beginning to lose patience; she wanted to get back to the car faster. When the freight train finally went through the station past Masha, and she could go on, she saw that she had nowhere to hurry. Her train had already left. Trains never wait for stragglers. The train must go on schedule.

The car, in which two Mashas sat, traveled through very beautiful places, but, it seemed to them, for too long.

"Let's turn back," Masha number three finally said. "It seems to me that we have gone too far. I'm afraid we might be late for the train. We'll find a store in some other place."

"Yes, I agree," said Masha number two. "We really shouldn't have gone anywhere; we should have stayed at the station. If we are late, the train will not wait for us. And we'll buy a gift somewhere else."

"How so, stayed at the station?" the driver was surprised. "And the cave?"

"What cave?" both Mashas said in one voice. "We are going to the store to buy Ural gems as a gift for our father."

"Yes, there is a shop, next to the cave," the driver answered. "There are as many gems as you want, the beauty is extraordinary; you will never see anything like that again in your entire life. And the train to Krasnoyarsk has already left, it stops only for ten minutes at our station. I thought you were tourists, coming here for a few days to see our famous caves. I was even surprised that you were without suitcases."

Когда́ три Ма́ши вы́шли _____ ваго́на по́езда _____ вре́мя остано́вки, Ма́ша но́мер оди́н сказа́ла двум други́м:

- Подожди́те меня́ здесь.

Она́ не пошла́ _____ стоя́нке такси́, где стоя́ла дли́нная о́чередь _____ пассажи́ров, кото́рые сошли́ _____ по́езда. Вме́сто э́того она́ подошла́ _____ како́й-то маши́не, кото́рая стоя́ла _____ парко́вке. Она́ се́ла _____ пере́днее сиде́нье ря́дом _____ води́телем и пригласи́ла двух други́х Маш сади́ться _____ за́днее сиде́нье.

Ма́ша но́мер оди́н вдруг схвати́лась _____ живо́т и чуть не запла́кала.

- Ой, как живо́т заболе́л! Что́-то я съе́ла не то, на́до _____ туале́т бежа́ть. Поезжа́йте, де́вочки, _____ меня́!

Она́ дала́ води́телю де́ньги, бы́стро вы́шла _____ маши́ны и побежа́ла обра́тно _____ по́езду. Две други́е Ма́ши смотре́ли друг _____ дру́га, не зна́я, что им тепе́рь де́лать. _____ одно́й стороны́, им о́чень хоте́лось съе́здить _____ магази́н Ура́льских самоцве́тов, _____ друго́й стороны́, бы́ло неудо́бно оставля́ть подру́гу одну́.

Води́тель нажа́л _____ газ. Ему́ о́чень хорошо́ заплати́ли _____ э́ту пое́здку. Маши́на бы́стро вы́ехала _____ доро́гу.

Ма́ша но́мер оди́н хоте́ла верну́ться _____ ваго́н, но _____ ней и по́ездом "Москва́-Красноя́рск" проходи́л ещё оди́н железнодоро́жный путь. _____ э́тому пути́ как раз _____ э́тот моме́нт проезжа́л по́езд. Он е́хал _____ остано́вки.

_____ не́чего де́лать Ма́ша начала́ счита́ть ваго́ны, досчита́ла _____ двадцати́ и ей э́то надое́ло.

Она́ уже́ начала́ теря́ть терпе́ние; она́ хоте́ла быстре́е попа́сть обра́тно _____ ваго́н. Когда́ же наконе́ц това́рный по́езд прое́хал _____ ста́нцию ми́мо Ма́ши, она́ уви́дела, что ей уже́ не́куда бы́ло торопи́ться. Её по́езд уже́ ушёл. . По́езд до́лжен е́хать _____ расписа́нию.

Маши́на, _____ кото́рой сиде́ли две Ма́ши, е́хала _____ о́чень краси́вым места́м, но, как им показа́лось, сли́шком до́лго.

- Дава́йте повернём обра́тно, - сказа́ла Ма́ша но́мер три. -. Бою́сь, что мы мо́жем опозда́ть _____ по́езд. Найдём магази́н _____ друго́м ме́сте.

- Да, я согла́сна, - сказа́ла Ма́ша но́мер два. - Зря мы куда́-то пое́хали, на́до бы́ло _____ ста́нции остава́ться. А пода́рок ку́пим где-нибудь _____ друго́м ме́сте.

- Как э́то _____ ста́нции остава́ться? - удиви́лся води́тель. - А пеще́ра?

- Кака́я пеще́ра? - _____ оди́н го́лос сказа́ли о́бе Ма́ши, - мы _____ магази́н е́дем, ура́льские самоцве́ты покупа́ть отцу́ _____ пода́рок.

- Да там и магази́н, ря́дом _____ пеще́рой, - отве́тил води́тель - самоцве́тов ско́лько хо́чешь, никогда́ _____ жи́зни нигде́ тако́го не уви́дите. А по́езд _____ Красноя́рск ушёл уже́, он _____ на́шей ста́нции де́сять мину́т стои́т. Я ду́мал, вы _____ не́сколько дней сюда́ прие́хали. Удиви́лся да́же, что вы _____ чемода́нов.

А что же в это время происходило с единственной Машей, которая оставалась в Москве и ничего не знала о розысках пропавшей дочери Василия Ивановича?

Как вы помните, на следующее утро после того, как незнакомый мужчина неожиданно увёз куда-то её подругу, она поехала её разыскивать. Поскольку незнакомец сказал, что должен отвезти её подругу к отцу, она тоже решила начать поиски с отца. Его адрес она нашла в записной книжке в квартире у подруги (к счастью, у неё был ключ от подругиной квартиры.) К сожалению, по ошибке она поехала по неправильному адресу. В результате она попала в посёлок Воронково вместо посёлка Воронцово и провела там два дня.

К вечеру второго дня она вернулась к себе домой, без приключений, и зашла к соседке, которая присматривала за собакой и кошкой.

Соседка и собака обрадовались ей, а обрадовалась ли кошка, было непонятно.

Иногда ей казалось, что кошка любит только собаку, а всех остальных, кто живёт в квартире, только терпит. У кошки, к сожалению, был не очень дружелюбный характер.

Временами кошка и собака ссорились, точнее, это кошка ссорилась с собакой, в основном, из-за еды. Кошку, конечно, не интересовала собачья еда, а вот собаке иногда было интересно посмотреть, что ест кошка. У собаки был хороший аппетит, и свою еду она съедала быстро. После этого она шла посмотреть, что же было в миске у кошки.

В такие моменты, когда нос собаки приближался к кошкиной миске, кошка забывала, что она любит собаку. Когда кошка ела, свою еду она любила больше, чем собаку. Наверное, она любила свою еду больше всего на свете. Кошка била собаку по носу, и собака убегала к хозяйке жаловаться на неё, а кошка пряталась на шкафу или под диваном.

Когда хозяйка вернулась домой, собака стала радостно прыгать вокруг неё, а кошка вылезла из-под дивана, посмотрела, кто пришёл, повернулась и залезла обратно под диван.

Соседка предложила ей горячего чаю, и она с радостью согласилась. На кухне у соседки было тепло и уютно, пахло домашним печеньем. Соседка была хорошей хозяйкой, у неё дома всегда было чисто, она прекрасно готовила и всегда была готова угостить подружку.

- Ну, рассказывай о своих приключениях, - сказала соседка, разливая чай в чашки и раскладывая печенье на большом красивом блюде.

And what was going on at that time with the only Masha who had stayed in Moscow and did not know anything about the search for the missing daughter of Vasily Ivanovich?

As you remember, the next morning after a strange man had unexpectedly taken her girlfriend away, she went to look for her. Since the stranger said that he had to take her girlfriend to her father, she also decided to start looking for her father. She found his address in a notebook in her girlfriend's apartment (fortunately, she had the key to the girlfriend's apartment.) Unfortunately, by mistake, she went to the wrong address. As a result, she got to the village Voronkovo ??instead of Vorontsovo and spent two days there.

By the evening of the second day, she returned to her home, without any adventures, and went to her neighbor, who had been looking after the dog and the cat.

The neighbor and the dog were delighted to see her, and whether the cat was pleased was hard to tell.

Sometimes it seemed to her that the cat only loved the dog, and merely tolerated everyone else who lived in the apartment. The cat, unfortunately, was not very friendly.

At times, the cat and the dog quarreled, more precisely, this cat fought with the dog, mainly because of food. The cat, of course, was not interested in the dog's food, but the dog was sometimes interested to see what the cat was eating. The dog had a good appetite and devoured her food quickly. After that, she went to see what was in the bowl of the cat.

At such moments, when the dog's nose approached the cat's bowl, the cat forgot that she loved the dog. When the cat was eating, she loved her food more than the dog. She probably loved her food more than anything else. The cat hit the dog on the nose, the dog ran to the lady of the house to complain about it, and the cat hid in the closet or under the sofa.

When the lady of the house returned home, the dog began to jump joyfully around her, while the cat got out from under the couch, looked who had come, turned and crawled back under the couch.

The neighbor offered her hot tea, and she gladly accepted. In the neighbor's kitchen, it was warm, cozy, and smelled of homemade cookies. The neighbor was a good housekeeper; her house was always clean, she cooked well and was always ready to treat her girlfriend.

"Well, tell me about your adventures," the neighbor said, pouring tea into cups and laying out the cookies on a large, beautiful dish.

А что же _____ это вре́мя происходи́ло _____ еди́нственной Ма́шей, кото́рая остава́лась _____ Москве́ и ничего́ не зна́ла _____ ро́зысках пропа́вшей до́чери Васи́лия Ива́новича?

Как вы по́мните, _____ сле́дующее у́тро по́сле того́, как незнако́мый мужчи́на неожи́данно увёз куда́-то её подру́гу, она́ пое́хала её разы́скивать. Поско́льку незнако́мец сказа́л, что до́лжен отвезти́ её подру́гу _____ отцу́, она́ то́же реши́ла нача́ть по́иски _____ отца́. Его́ а́дрес она́ нашла́ _____ записно́й кни́жке _____ кварти́ре _____ подру́ги (_____ сча́стью, _____ неё был ключ _____ подру́гиной кварти́ры.) _____ сожале́нию, _____ оши́бке она́ пое́хала _____ непра́вильному а́дресу. _____ результа́те она́ попа́ла _____ посёлок Воронко́во вме́сто посёлка Воронцо́во и провела́ там два дня.

_____ ве́черу второ́го дня она́ верну́лась _____ себе́ домо́й, _____ приключе́ний, и зашла́ _____ сосе́дке, кото́рая присма́тривала _____ соба́кой и ко́шкой.

Сосе́дка и соба́ка обра́довались ей, а обра́довалась ли ко́шка, бы́ло непоня́тно.

Иногда́ ей каза́лось, что ко́шка лю́бит то́лько соба́ку, а всех остальны́х, кто живёт _____ кварти́ре, то́лько те́рпит. _____ ко́шки, _____ сожале́нию, был не о́чень дружелю́бный хара́ктер.

Времена́ми ко́шка и соба́ка ссо́рились, точне́е, э́то ко́шка ссо́рилась _____ соба́кой, _____ основно́м, _____ еды́. Ко́шку, коне́чно, не интересова́ла собачья еда́, а вот соба́ке иногда́ бы́ло интере́сно посмотре́ть, что ест ко́шка. _____ соба́ки был хоро́ший аппети́т, и свою́ еду́ она́ съеда́ла бы́стро. По́сле э́того она́ шла посмотре́ть, что же бы́ло _____ ми́ске _____ ко́шки.

_____ таки́е моме́нты, когда́ нос соба́ки приближа́лся _____ ко́шкиной ми́ске, ко́шка забыва́ла, что она́ лю́бит соба́ку. Когда́ ко́шка ела, свою́ еду́ она́ люби́ла бо́льше, чем соба́ку. Наве́рное, она́ люби́ла свою́ еду́ бо́льше всего́ _____ све́те. Ко́шка би́ла соба́ку _____ носу, и соба́ка убегала _____ хозя́йке жаловаться _____ неё, а ко́шка пря́талась _____ шкафу́ и́ли _____ дива́ном.

Когда́ хозя́йка верну́лась домо́й, соба́ка ста́ла ра́достно прыгать вокру́г неё, а ко́шка вы́лезла _____ дива́на, посмотре́ла, кто пришёл, поверну́лась и залезла обра́тно _____ дива́н.

Сосе́дка предложи́ла ей горя́чего ча́ю, и она́ _____ ра́достью согласи́лась. _____ ку́хне _____ сосе́дки бы́ло тепло́ и ую́тно, па́хло дома́шним пече́ньем. Сосе́дка была́ хоро́шей хозяйкой, _____ неё до́ма всегда́ бы́ло чи́сто, она́ прекра́сно гото́вила.

- Ну, расска́зывай _____ свои́х приключе́ниях, - сказа́ла сосе́дка, разливая чай _____ ча́шки и раскладывая пече́нье _____ большо́м краси́вом блюде.

Она́ рассказа́ла сосе́дке о свое́й неуда́чной пое́здке. Пока́ она́ расска́зывала, сосе́дка с интере́сом слу́шала её расска́з.

- Я так и не нашла́ Ма́шиного отца́ и не зна́ю, где сейча́с Ма́ша и что с ней. Я о́чень волну́юсь. Она́ мне почти́ как сестра́, мы с ней с де́тства росли́ вме́сте. У нас и су́дьбы похо́жие, о́бе без отцо́в вы́росли. Бо́лее бли́зкого челове́ка, чем Ма́ша, у меня́ нет. За́втра я опя́ть пойду́ к ней домо́й, ещё раз прове́рю а́дрес и пое́ду её иска́ть. Присмо́тришь за мои́м зоопа́рком?

- Присмотрю́, не волну́йся. И покормлю́, и погуля́ть вы́веду, и уберу́ за ни́ми. Всё с ни́ми бу́дет в поря́дке, обеща́ю тебе́, - сказа́ла сосе́дка.

- Спаси́бо! Что бы я без тебя́ де́лала! - поблагодари́ла она́ сосе́дку и пошла́ к себе́, так как бы́ло уже́ по́здно, а она́ хоте́ла за́втра встать пора́ньше.

И то́лько по́сле того́, как она́ ушла́, сосе́дка вспо́мнила, что забы́ла отда́ть ей по́чту, кото́рую взяла́ у́тром из её почто́вого я́щика.

Почто́вый я́щик был давно́ сло́ман и не закрыва́лся на ключ. Кто уго́дно мог откры́ть его́ и взять по́чту. Сосе́дка, кото́рая была́ аккура́тной же́нщиной, ча́сто руга́ла её за то, что она́ до сих пор не позвала́ ма́стера, кото́рый почини́л бы ей замо́к.

- Дозвони́ться до них невозмо́жно, не ме́ньше ча́са на́до на телефо́не провести́, - отвеча́ла она́, - а у меня́ нет на э́то вре́мени.

- Вот украду́т у тебя́ когда́-нибудь всю твою́ по́чту, тогда́ сра́зу найдёшь вре́мя, - говори́ла сосе́дка серди́то.

- Ну и пусть украду́т мои́ счета́. Ненави́жу счета́ получа́ть, - отвеча́ла она́ и смея́лась. - Ну кто бу́дет красть мою́ по́чту? Заче́м? Кому́ она́ нужна́?

Но сосе́дка не соглаша́лась с ней и сама́ ка́ждое у́тро, когда́ шла на рабо́ту, брала́ из её почто́вого я́щика газе́ты и пи́сьма, а пото́м, ве́чером, отдава́ла ей. Иногда́, пра́вда, забыва́ла отдава́ть по́чту сра́зу, и забы́тые пи́сьма вме́сте с газе́тами, быва́ло, по не́сколько дней лежа́ли на столе́ у сосе́дки.

Вот и сейча́с не́сколько забы́тых газе́т, рекла́мы и конве́ртов оста́лись лежа́ть на пи́сьменном столе́. "Ничего́ стра́шного, сейча́с уже́ по́здно, а за́втра отнесу́ ей всё э́то", - поду́мала сосе́дка, когда́ бро́сила взгля́д на пи́сьменный стол и вспо́мнила, что уже́ не́сколько дней де́ржит у себя́ чужу́ю по́чту.

She told her friend about her unsuccessful trip. While she was talking, the neighbor listened with interest to her story.

"I still have not found Masha's father, and I do not know where Masha is now or what's wrong with her. I'm very concerned. She's almost like a sister to me; we grew up together since our childhood. Both our fates are similar, we both grew up without fathers. I don't have anyone closer to me than Masha. Tomorrow I'll go to her house again; I will check the address one more time and go look for her. Will you look after my zoo?"

I'll look after them, do not worry. And I'll feed them, and take them out to walk, and clean up after them. Everything will be all right with the animals, I promise you," said the neighbor.

"Thank you! What would I do without you?" she thanked the neighbor and went to her place because it was already late and she wanted to get up early tomorrow.

And only after she had left the neighbor, she remembered she had forgotten to give her the mail she picked up this morning from her mailbox.

The mailbox had been broken for a long time and could not be locked with a key. Anyone could open it and take the mail. The neighbor, who was a neat woman, often scolded her for not calling a handyman who would repair the lock.

"It's impossible to get through to them, no less than an hour should be spent on the phone," she answered, "and I do not have time for this."

"Once someone steals all your mail from you, then you'll find the time," the neighbor snapped.

"Well, let them steal my bills. I hate getting bills," she answered and laughed. "Well, who would steal my mail? For what? Who needs it?"

But the neighbor did not agree with her and every morning on the way to work, and she took the newspapers and letters from her mailbox, then, in the evening, gave them to her. Sometimes, however, she forgot to bring her this mail immediately and forgotten letters, together with newspapers, happened to lie on the neighbor's desk for several days.

Right now, a few forgotten newspapers, advertisements and envelopes remained lying on the desk. "It's okay, it's already late, and tomorrow I'll take it all to her," the neighbor thought as she glanced at the desk and remembered that she had been keeping someone else's mail for several days.

Она́ рассказа́ла сосе́дке _____ свое́й неуда́чной пое́здке. Пока́ она́ расска́зывала, сосе́дка _____ интере́сом слу́шала её расска́з.

Я так и не нашла́ Ма́шиного отца́ и не зна́ю, где сейча́с Ма́ша и что _____ ней. Я о́чень волну́юсь. Она́ мне почти́ как сестра́, мы _____ ней _____ де́тства росли́ вме́сте. _____ нас и су́дьбы похо́жие, о́бе _____ отцо́в вы́росли. Бо́лее бли́зкого челове́ка, чем Ма́ша, _____ меня́ нет. За́втра я опя́ть пойду́ _____ ней домо́й, ещё раз прове́рю а́дрес и пое́ду её иска́ть. Присмо́тришь _____ мои́м зоопарком?

Присмотрю́, не волну́йся. И покормлю́, и погуля́ть вы́веду, и уберу́ _____ ни́ми. Всё _____ ни́ми бу́дет _____ поря́дке, обеща́ю тебе́, - сказа́ла сосе́дка.

Спаси́бо! Что бы я _____ тебя́ де́лала! - поблагодари́ла она́ сосе́дку и пошла́ _____ себе́, так как бы́ло уже́ по́здно, а она́ хоте́ла за́втра встать пора́ньше.

И то́лько по́сле того́, как она́ ушла́, сосе́дка вспо́мнила, что забы́ла отда́ть ей по́чту, кото́рую взяла́ у́тром _____ её почто́вого я́щика.

Почто́вый я́щик был давно́ сло́ман и не закрыва́лся _____ ключ. Кто уго́дно мог откры́ть его́ и взять по́чту.

Соседка, которая была аккуратной женщиной, часто ругала её _____ то, что она _____ сих пор не позвала мастера, который починил бы ей замок.

Дозвониться _____ них невозможно, не меньше часа надо _____ телефоне провести - отвечала она - а _____ меня нет _____ это времени.

Вот украдут _____ тебя когда-нибудь всю твою почту, тогда сразу найдёшь время, - говорила соседка сердито.

- Ну и пусть украдут мои счета. Ненавижу счета получать, - отвечала она и смеялась. - Ну кто будет красть мою почту? Зачем? кому она нужна?

Но соседка не соглашалась _____ ней и сама каждое утро, когда шла _____ работу, брала _____ её почтового ящика газеты и письма, а потом, вечером, отдавала ей. Иногда, правда, забывала отдавать почту сразу, и забытые письма вместе _____ газетами, бывало, _____ несколько дней лежали _____ столе _____ соседки. Вот и сейчас несколько забытых газет, рекламы и конвертов остались лежать _____ письменном столе. "Ничего страшного, завтра отнесу", - подумала соседка, когда бросила взгляд _____ письменный стол и вспомнила, что держит _____ себя чужую почту.

Среди забы́той на столе́ по́чты бы́ло и письмо́ из детекти́вного аге́нтства. По про́сьбе детекти́ва оди́н из его́ ме́стных помо́щников неда́вно приходи́л сюда́, что́бы переда́ть Ма́шиной подру́ге, что с Ма́шей всё в поря́дке, она́ нахо́дится в Краснoя́рске и про́сит о ней не беспоко́иться.

К сожале́нию, когда́ он пришёл, до́ма у Ма́шиной подру́ги никого́ не́ было, кро́ме ко́шки и соба́ки. Ко́шка бы не ста́ла никому́ открыва́ть дверь, да́же е́сли бы и могла́, про́сто из при́нципа. Не коша́чье э́то де́ло дверь кому́ попа́ло открыва́ть. Ко́шка то́лько у́хом повела́ и поду́мала: "Ну что им на́до? Заче́м они́ звоня́т в мою́ дверь, всё равно́ ведь я им не откро́ю, они́ то́лько зря теря́ют вре́мя и меша́ют мне отдыха́ть". А соба́ка ла́яла, ла́яла пе́ред закры́той две́рью, о́чень ей бы́ло любопы́тно узна́ть, кто же там стои́т и заче́м э́тот челове́к пришёл, но челове́к ничего́ не сказа́л ей, постоя́л не́которое вре́мя пе́ред закры́той две́рью и ушёл.

Когда́ верну́лась хозя́йка, соба́ка рассказа́ла ей всё э́то, но хозя́йка, коне́чно, ничего́ не поняла́ из расска́за соба́ки. Лю́ди обы́чно не понима́ют, что и́менно соба́ки расска́зывают им. А е́сли бы она́ узна́ла, что к ней приходи́л сотру́дник детекти́вного аге́нтства и оста́вил письмо́ в её почто́вом я́щике, она́ спроси́ла бы сосе́дку, где э́то письмо́. И тогда́ сосе́дка сра́зу вспо́мнила бы, что де́ржит у себя́ её по́чту, и отдала́ бы её ей. Тогда́ ей не пришло́сь бы никуда́ е́хать, она́ про́сто могла́ бы зайти́ в детекти́вное аге́нтство и узна́ла бы там все подро́бности Ма́шиного приключе́ния. Она́ переста́ла бы волнова́ться и́з-за того́, что Ма́ша пропа́ла. Но э́того, к сожале́нию, не произошло́.

Сего́дняшнее письмо́ бы́ло не пе́рвым письмо́м из детекти́вного аге́нтства, кото́рое залежа́лось на столе́ у сосе́дки среди́ по́чты, кото́рую она́ забы́ла отда́ть хозя́йке. Ра́ньше уже́ приходи́ли два письма́, но так и не дошли́ до адреса́та. Сосе́дка, до́брая душа́, аккура́тно собира́ла всю по́чту, что́бы её не укра́ли чужи́е лю́ди, и так же аккура́тно скла́дывала её на своём столе́. По́чта по не́сколько дней лежа́ла на столе́ пе́ред тем, как попада́ла адреса́ту.

Иногда́ сосе́дке бы́ло любопы́тно узна́ть, что же тако́е там пи́шут, и хоте́лось откры́ть како́е-нибу́дь письмо́ и прочита́ть, но она́ никогда́ э́того не де́лала. Чужи́е пи́сьма чита́ть нельзя́, об э́том зна́ют все. В результа́те информа́ция, кото́рая могла́ бы о́чень помо́чь не́которым лю́дям, так во́время и не дошла́ до адреса́та.

Е́сли бы она́ получи́ла э́ти пи́сьма, ей бы не пришло́сь е́хать на сле́дующее у́тро продолжа́ть по́иски Ма́ши, но так как она́ э́тих пи́сем не получи́ла, наза́втра она́ опя́ть пое́хала на по́иски.

Among the forgotten mail on the desk, was a letter from the detective agency. At the request of the detective, one of his local assistants recently had come here to tell Masha's girlfriend that Masha was all right, she was in Krasnoyarsk and asked her not to worry. Unfortunately, when he came, there was no one at Masha's girlfriend's home except for the cat and the dog. The cat would not open the door to anyone even if she could, just out of principle. It's not the cat's business to open the door to unimportant visitors. The cat only moved her ear and thought: "Why do they ring at my door, I will not open it for them anyway, they are just wasting their time and preventing me from resting." And the dog barked and barked behind the closed door; she was very curious to know who was there and why this person had come, but the man did not say anything to her, stood for a while in front of the closed door, then left. When the lady of the house returned, the dog told her all about this, but the woman, of course, did not understand anything from the dog's story. People usually do not understand what their dogs tell them. And if she had known that a detective agency had come and left a letter in her mailbox, she would have asked the neighbor where this letter was. And then the neighbor would immediately remember that she had kept her mail and would give it to her. Then she would not have to go anywhere; she could simply go to the detective agency and learn all the details of Masha's adventure there. She would stop worrying about the fact that Masha had disappeared. But this, unfortunately, did not happen.

Today's letter was not the first letter from the detective agency that was lying on the neighbor's desk among the mail, which she had forgotten to give to the addressee. Earlier, two letters had already arrived, but they did not reach the recipient. The neighbor, a kind soul, carefully collected all the mail so that strangers did not steal it, and in the same careful way, stacked it on her desk. The letters laid on the desk for several days before it got to the addressee.

Sometimes the neighbor was curious to know what was written and wanted to open some letter and read it, but she never did it. You can not read other people's mail; everyone knows that. As a result, information that could help a lot of individuals did not reach the addressee in time.

If she had received these letters, she would not have to go the next morning to continue searching for Masha, but since she had not received these letters, the search continued the next day.

Среди забытой _____ столе́ по́чты бы́ло и письмо́ _____ детекти́вного аге́нтства. _____ про́сьбе детекти́ва оди́н _____ его́ ме́стных помо́щников недáвно приходи́л сюдá, что́бы передáть Мáшиной подру́ге, что _____ Мáшей всё _____ поря́дке, онá нахóдится _____ Красноя́рске и про́сит _____ ней не беспокóиться.

_____ сожалéнию, когдá он пришёл, дóма _____ Мáшиной подру́ги никогó нé бы́ло, _____ кóшки и собáки. Кóшка бы не стáла никому́ открывáть дверь, дáже éсли бы и моглá, прóсто _____ при́нципа. Не кошáчье э́то дéло дверь кому́ попáло открывáть. Кóшка тóлько у́хом повелá и поду́мала: "Ну что им нáдо? Зачéм они́ звоня́т _____ мою́ дверь". А собáка ла́яла, ла́яла _____ закры́той двéрью, óчень ей бы́ло любопы́тно узнáть, кто же там стоит, но человéк ничегó не сказáл ей, постоя́л нéкоторое врéмя _____ закры́той двéрью и ушёл. Когдá верну́лась хозя́йка, собáка рассказáла ей всё э́то, но хозя́йка ничегó не понялá _____ расскáза собáки.. А éсли бы онá узнáла, что _____ ней приходи́л сотру́дник детекти́вного аге́нтства и остáвил письмо́ _____ её почтóвом я́щике, онá спроси́ла бы сосéдку, где э́то письмó.

И тогдá сосéдка срáзу вспóмнила бы, что дéржит _____ себя́ её пóчту, и отдалá бы её ей.

Тогда́ ей не пришло́сь бы никуда́ е́хать, она́ про́сто могла́ бы зайти́ _____ детекти́вное аге́нтство и узна́ла бы там все подро́бности Ма́шиного приключе́ния. Она́ переста́ла бы волнова́ться _____ того́, что Ма́ша пропа́ла. Но э́того, _____ сожале́нию, не произошло́.

Сего́дняшнее письмо́ бы́ло не пе́рвым письмо́м _____ детекти́вного аге́нтства, кото́рое залежа́лось _____ столе́ _____ сосе́дки среди́ по́чты, кото́рую она́ забы́ла отда́ть хозя́йке. Ра́ньше уже́ приходи́ли два письма́, но так и не дошли́ _____ адреса́та. Сосе́дка, до́брая душа́, аккура́тно собира́ла всю по́чту, чтобы её не укра́ли чужи́е лю́ди, и так же аккура́тно скла́дывала её _____ своём столе́. По́чта _____ не́сколько дней лежа́ла _____ столе́ пе́ред тем, как попада́ла адреса́ту.

Иногда́ сосе́дке бы́ло любопы́тно узна́ть, что же тако́е там пи́шут, и хоте́лось откры́ть како́е-нибу́дь письмо́ и прочита́ть, но она́ никогда́ э́того не де́лала. Чужи́е пи́сьма чита́ть нельзя́, _____ э́том зна́ют все. _____ результа́те информа́ция, кото́рая могла́ бы о́чень помо́чь не́которым лю́дям, так во́время и не дошла́ _____ адреса́та.

Е́сли бы она́ получи́ла э́ти пи́сьма, ей бы не пришло́сь е́хать _____ сле́дующее у́тро продолжа́ть по́иски Ма́ши, но так как она́ э́тих пи́сем не получи́ла, наза́втра она́ опя́ть пое́хала _____ по́иски.

Снача́ла она́ пое́хала в Ма́шину кварти́ру, доста́ла из я́щика пи́сьменного стола́ записну́ю кни́жку с адреса́ми, откры́ла страни́цу с а́дресом Ма́шиного отца́. Посёлок Воронцо́во, у́лица Белого́рская, дом 25. Опя́ть пое́хала на вокза́л. К сча́стью, не пришло́сь до́лго ждать по́езда, и до ну́жной ей остано́вки она́ дое́хала дово́льно бы́стро и без приключе́ний. Пья́ниц в ваго́не не́ было, все пассажи́ры бы́ли за́няты свои́ми дела́ми, кто́-то чита́л, кто́-то смотре́л в окно́.

На ста́нции она́ взяла́ такси́, и води́тель дово́льно бы́стро довёз её по а́дресу. Дом был дово́льно ста́рый, се́рого цве́та, в о́кнах пе́рвого этажа́ горе́л свет. Она́ попроси́ла води́теля подожда́ть её па́ру мину́т, пока́ она́ поговори́т с хозя́евами. Подошла́ к двери́, позвони́ла в звоно́к, но звоно́к не рабо́тал, и она́ постуча́ла в дверь. За две́рью послы́шались шаги́; бы́ло похо́же, что челове́к не торо́пится ей открыва́ть, но она́ не уходи́ла и продолжа́ла стуча́ть в дверь.

Че́рез не́сколько мину́т дверь откры́лась, и она́ уви́дела мужчи́ну сре́дних лет, кото́рый показа́лся ей не совсе́м тре́звым. Ей захоте́лось поверну́ться и уйти́, верну́ться к себе́ домо́й, в свою́ кварти́ру, где она́ была́ в безопа́сности и могла́ занима́ться свои́ми привы́чными дела́ми, смотре́ть телеви́зор и́ли чита́ть за ча́шкой ча́я. Но она́ не могла́ себе́ э́того позво́лить. Она́ не могла́ бы продолжа́ть свою́ жизнь споко́йно, как ра́ньше, не зна́я, где нахо́дится Ма́ша и что с ней. Поэ́тому она́ переси́лила себя́, заста́вила себя́ улыбну́ться э́тому мужчи́не и сказа́ла:

- Здра́вствуйте, я ищу́ Васи́лия Ива́новича Его́рова, Ма́шиного отца́.

- Заходи́, заходи́, - сказа́л мужчи́на, взял её за́ руку, втащи́л в ко́мнату и закры́л за ней дверь.

В ко́мнате стоя́л отврати́тельный за́пах, на столе́ стоя́ла давно́ не мы́тая посу́да, пусты́е буты́лки и́з-под во́дки, лежа́ла кака́я-то ужа́сного ви́да еда́. Она́ не могла́ пове́рить, что э́тот мужчи́на на са́мом де́ле был Ма́шиным отцо́м. Но на э́тот раз а́дрес был пра́вильным, в э́том она́ была́ уве́рена. Вдруг из сосе́дней ко́мнаты вы́шли дво́е мужчи́н, ещё бо́лее пья́ные на вид, чем пе́рвый.

- Ну что, принесла́ во́дку? - спроси́л оди́н из них и пошёл в её сто́рону.

- Во́дка в маши́не, сейча́с принесу́, - отве́тила она́, стара́ясь не показа́ть э́тим пья́ницам, как она́ испуга́лась.

- Не на́до, не ходи́ никуда́, остава́йся на ме́сте, я сам всё принесу́, - сказа́л тот мужчи́на, кото́рый впусти́л её в дом. Он уже́ протяну́л ру́ку, что́бы взять её за́ руку, но она́ успе́ла подойти́ к двери́ и откры́ть её ра́ньше, чем он смог дотяну́ться до неё.

Она́ вы́скочила за дверь и почти́ побежа́ла к такси́, кото́рое, к сча́стью, всё ещё стоя́ло на доро́ге. Она́ бы́стро се́ла в маши́ну, но попроси́ла води́теля пока́ никуда́ не е́хать, а остава́ться на ме́сте. Ей на́до бы́ло поду́мать и реши́ть, что же тепе́рь де́лать.

First, she went to Masha's apartment, took out a notebook from the desk drawer with addresses and opened the page where the address of Masha's father was recorded. Village Vorontsovo, Belogorskaya Street, house 25. Again she went to the station. Fortunately, it did not take a long time to wait for the train, and she arrived at the stop she needed rather quickly and without any adventures. No drunkards were in the car, all the passengers were busy with their personal affairs, someone was reading, and someone was looking out the window.

At the station, she took a taxi, and the driver quickly drove her to the address. The house was quite old and gray in color. In the windows of the first floor, the light was on. She asked the driver to wait for her for a couple of minutes while she talked with the hosts. She went to the door, rang the bell, but the bell did not work, and she knocked on the door. Behind the door, she could hear footsteps; it seemed that the person was not in a hurry to open it, but she did not go away and continued to knock on the door.

A few minutes later the door opened, and she saw a middle-aged man who seemed not to be sober. She wanted to turn around and leave, go back to her home, to her apartment where she was safe and could do her usual stuff, watch TV or read over a cup of tea. But she could not allow herself to do it. She could not continue her life peacefully, as before, not knowing where Masha was and what was wrong with her. So she overpowered herself, forced herself to smile at this man and said:

"Hello, I'm looking for Vasily Ivanovich Yegorov, Masha's father."

"Come in, come in," said the man, took her hand, dragged her into the room, and closed the door behind her.

There was a disgusting smell in the room, on the table were dishes that hadn't been washed in a long time, empty bottles of vodka, and some terrible looking food. She could not believe that this man was Masha's father. But this time the address was correct, of this she was sure. Suddenly two more men came out of the next room, even drunker than the first one.

"Well, have you brought vodka?" Asked one of them and went towards her.

"Vodka is in the car, I'll bring it now," she answered, trying not to show the drunkards how scared she was.

"No need, do not go anywhere, stay where you are and I'll bring it all myself," said the man who let her into the house. He had already reached out to grab her arm, but she managed to get to the door and open it before he could reach her.

She rushed out the door and almost ran to the taxi, which, fortunately, was still on the road. She quickly got into the car and asked the driver not to go anywhere yet, but to stay put. She had to think and decide what to do now.

Снача́ла она́ пое́хала _____ Ма́шину кварти́ру, доста́ла _____ я́щика кни́жку _____ адреса́ми, откры́ла страни́цу _____ а́дресом Ма́шиного отца́. Посёлок Воронцо́во, у́лица Белого́рская, дом 25. Опя́ть пое́хала _____ вокза́л. _____ сча́стью, не пришло́сь до́лго ждать поезда, и _____ ну́жной ей остано́вки она́ дое́хала дово́льно бы́стро и _____ приключе́ний. Пья́ниц _____ ваго́не не́ было, все пассажи́ры бы́ли за́няты, кто́-то чита́л, кто́-то смотре́л _____ окно́.

_____ ста́нции она́ взяла́ такси́, и води́тель дово́льно бы́стро довёз её _____ а́дресу. Дом был дово́льно ста́рый, се́рого цве́та, _____ о́кнах пе́рвого этажа́ горе́л свет. Она́ попроси́ла води́теля подожда́ть её па́ру мину́т, пока́ она́ поговори́т _____ хозя́евами. Подошла́ _____ две́ри, позвони́ла _____ звоно́к, но звоно́к не рабо́тал, и она́ постуча́ла _____ дверь. _____ две́рью послы́шались шаги́, она́ не уходи́ла и продолжа́ла стуча́ть _____ дверь.

Ей захоте́лось верну́ться _____ себе́ домо́й, _____ свою́ кварти́ру, где она́ была́ _____ безопа́сности и могла́ занима́ться свои́ми дела́ми, чита́ть _____ ча́шкой ча́я.

Она́ не могла́ бы продолжа́ть свою́ жизнь не зна́я, где Ма́ша и что _____ ней.

- Заходи́, заходи́, - сказа́л мужчи́на, взял её _____ ру́ку, втащи́л _____ ко́мнату и закры́л _____ ней дверь.

_____ ко́мнате стоя́л отврати́тельный за́пах, _____ столе́ стоя́ла давно́ не мы́тая посу́да, пусты́е буты́лки _____ во́дки, лежа́ла кака́я-то ужа́сного ви́да еда́. Она́ не могла́ пове́рить, что э́тот мужчи́на _____ са́мом де́ле был Ма́шиным отцо́м. Но _____ э́тот раз а́дрес был пра́вильным, _____ э́том она́ была́ уве́рена. Вдруг _____ сосе́дней ко́мнаты вы́шли ещё дво́е мужчи́н, ещё бо́лее пья́ные _____ вид, чем пе́рвый.

- Ну что, принесла́ во́дку? - спроси́л оди́н _____ них и пошёл _____ её сто́рону.

- Во́дка _____ маши́не, сейча́с принесу́, - отве́тила она́, стара́ясь не показа́ть э́тим пья́ницам, как она́ испуга́лась.

Не на́до, не ходи́ никуда́, остава́йся _____ ме́сте, я сам всё принесу́, - сказа́л тот мужчи́на, кото́рый впусти́л её _____ дом. Он уже́ протяну́л ру́ку, что́бы взять её _____ ру́ку, но она́ успе́ла подойти́ _____ двери́ и откры́ть её ра́ньше, чем он смог дотяну́ться _____ неё.

Она́ вы́скочила _____ дверь и почти́ побежа́ла _____ такси́, кото́рое, сча́стью, всё ещё стоя́ло _____ доро́ге. Она́ бы́стро се́ла _____ маши́ну, но попроси́ла води́теля пока́ никуда́ не е́хать, а остава́ться _____ ме́сте.

- Счётчик включён, - ответил водитель, – денежки-то будете платить мне за ожидание.

- Буду, буду, я богатая, - сказала она, хотя это, конечно, была неправда и ей было ужасно жалко своих денег.

Ей было трудно поверить, что этот мужчина или кто-то из его пьяных друзей был Машиным отцом. Хотя что она о нём знала? Не так много. Она видела его очень давно, в детстве, до того, как он развёлся с матерью Маши и уехал из Москвы. Маша иногда говорила ей о нём, но очень редко; она и сама давно не видела его и могла не знать, что он пьёт.

 После этой встречи она стала волноваться о Маше ещё сильнее и решила, что никуда не уедет, пока не узнает, что здесь происходит. Для начала она решила зайти в один из соседних домов и расспросить соседей об этом странном мужчине. Наверняка кто-то из соседей сможет ответить на её вопросы. Но на этот раз она решила быть осторожнее, хватит с неё неприятностей...

Ей повезло, как раз в эту минуту из одного из соседних домов вышла какая-то женщина и пошла по улице в её сторону. Когда женщина проходила мимо неё, она вышла из машины и подошла к этой женщине.

- Извините, пожалуйста, - сказала она очень вежливо, - не знаете ли вы, кто живёт в этом доме?

- А вы кто? Что вам надо? - ответила женщина вопросом на вопрос, неприветливо глядя на неё.

- Я ищу Егорова Василия Ивановича, - ответила она. - У меня подруга пропала.

- Я не знаю людей, которые здесь живут. Они недавно купили этот дом и до сих пор празднуют. Похоже, что в этом доме может пропасть кто угодно и что угодно. Я бы туда заходить не стала. Извините, я тороплюсь, - ответила женщина ещё более неприветливо и быстро пошла дальше.

В этот момент с другой стороны дороги к дому подъехала какая-то машина, старая, грязная, вся разбитая, из которой вышла толстая тётка с красным лицом и большими, тяжёлыми на вид сумками.

- Васька! Открывай! - громким голосом закричала тётка, подходя к дому.

- Поехали отсюда, - сказала она водителю, садясь в машину. - Мне здесь больше нечего делать. Маши здесь нет и я не знаю, где её искать. Едем в полицию. Пусть теперь полиция её ищет.

"The meter is on," the driver answered, "you'll pay me money for waiting."

"I will, I will, I am rich," she said, although this, of course, was not true and she was terribly sorry to part with her money.

It was hard for her to believe that this man or one of his drunken friends was Masha's father. Although what did she know about him? Not so much. She had seen him long ago, as a child, before he divorced Masha's mother and left Moscow. Masha sometimes told her about him, but very rarely; she had not seen him for a long time and might not have known that he was drinking. After this meeting, she began to worry about Masha even more and decided that she would not go anywhere until she found out what was happening here. For a start, she decided to go to one of the neighboring houses and ask neighbors about this strange man. Surely one of the neighbors would be able to answer her questions. But this time she decided to be more careful, enough trouble for her ...

She was lucky, for just at that moment, a woman came out of one of the neighboring houses and walked along the street in her direction. When the woman passed by her, she got out of the car and approached this woman.

"Excuse me, please," she said very politely, "do you know who lives in this house?"

"And who are you? What do you need?" The woman answered the question with a question, looking at her suspiciously.

"I'm looking for Egorov Vasily Ivanovich," she answered. "My girlfriend is missing."

"I do not know the people who live here. They recently bought this house and still celebrate. It seems that anyone and anything can disappear in this house. I would not go there. Excuse me; I'm in a hurry," the woman answered even more unfriendly and quickly walked away.

At that moment, from the other side of the road a car drove up to the house, an old one, dirty, all broken, out of which got a fat woman with a red face and large, heavy-looking bags.

"Vaska! Open up!" the woman shouted in a loud voice, approaching the house.

"Let's get out of here," she said to the driver, getting into the car. "I have nothing more to do here. Masha is not here, and I do not know where to look for her. We are going to the police. Let the police look for her now."

- Счётчик включён, - ответил водитель - денежки-то будете платить мне _____ ожидание.

Ей было трудно поверить, что этот мужчина или кто-то _____ его пьяных друзей был Машиным отцом. Хотя что она _____ нём знала? Не так много. Она видела его очень давно, _____ детстве, _____ того, как он развёлся _____ матерью Маши и уехал _____ Москвы. Маша иногда говорила ей _____ нём, но очень редко. После этой встречи она стала волноваться _____ Маше ещё сильнее.

_____ начала она решила зайти _____ один _____ соседних домов и расспросить соседей _____ этом странном мужчине. Наверняка кто-то _____ соседей сможет ответить _____ её вопросы. Но _____ этот раз она решила быть осторожнее, хватит _____ неё неприятностей....

Ей повезло, как раз _____ эту минуту _____ одного _____ соседних домов вышла какая-то женщина и пошла _____ улице _____ её сторону. Когда женщина проходила мимо неё, она вышла _____ машины и подошла _____ этой женщине.

- Извините, пожалуйста, - сказала она очень вежливо - не знаете ли вы, кто живёт _____ этом доме?

А вы кто? Что вам надо? - ответила женщина вопросом _____ вопрос, неприветливо глядя _____ неё.

- Я ищу Егорова Василия Ивановича , - ответила она. - _____ меня подруга пропала.

- Я не знаю людей, которые здесь живут. Они недавно купили этот дом и _____ сих пор празднуют. Похоже, что _____ этом доме может пропасть кто угодно и что угодно.

_____ этот момент _____ другой стороны дороги _____ дому подъехала какая-то машина, старая, грязная, вся разбитая, _____ которой вышла толстая тётка _____ красным лицом и большими, тяжёлыми _____ вид сумками.

- Васька! Открывай! - громким голосом закричала тётка, подходя _____ дому.

- Поехали отсюда, - сказала она водителю, садясь _____ машину. - Едем _____ полицию.

В ме́стном отделе́нии поли́ции пожило́й полице́йский с уста́лым лицо́м объясни́л ей, что не бу́дет занима́ться по́исками Ма́ши, потому́ что она́ живёт не в э́том посёлке. Э́тим должна́ занима́ться поли́ция по ме́сту её жи́тельства. Что каса́ется жильцо́в до́ма но́мер два́дцать пять на у́лице Белого́рская, то они́ не соверши́ли никако́го преступле́ния, и поэ́тому полице́йский не пойдёт к ним.

- Вот е́сли бы они́ кого́-нибудь уби́ли, изби́ли и́ли ещё что-нибудь тако́е сде́лали, тогда́ друго́е де́ло. Тогда́ мы бы пое́хали с ва́ми. А то, что лю́ди во́дку пьют у себя́ до́ма и едя́т из немы́той посу́ды, так э́то не преступле́ние, - сказа́л полице́йский и посмотре́л на неё с таки́м ви́дом, как бу́дто объясня́лся и́з-за во́дки и немы́той посу́ды со свое́й жено́й.

Она́ поняла́, что продолжа́ть разгово́р бесполе́зно.

- Я обяза́тельно приду́ к вам, когда́ они́ меня́ убью́т, - саркасти́чески сказа́ла она́ полице́йскому и вы́шла на у́лицу.

- Ну, куда́ тепе́рь? - спроси́л води́тель, когда́ она́ се́ла в маши́ну.

- Наза́д, на ста́нцию. Я ничего́ не могу́ здесь бо́льше де́лать. Пойду́ в поли́цию по ме́сту жи́тельства мое́й подру́ги в Москве́.

По́езд на Москву́ уходи́л ве́чером, дово́льно по́здно; ей пришло́сь до́лго ждать на ста́нции, и когда́ она́, наконе́ц, добрала́сь до кварти́ры, бы́ло уже́ сли́шком по́здно. На сле́дующее у́тро она́ пошла́ в поли́цию по ме́сту жи́тельства Ма́ши, но там ей объясни́ли, что она́ не член Ма́шиной семьи́ и поэ́тому у неё не возьму́т заявле́ние о пропа́же Ма́ши и иска́ть Ма́шу не бу́дут.

- Иди́те к ча́стному детекти́ву, - сказа́л ей полице́йский и дал визи́тную ка́рточку детекти́вного аге́нтства.

* * *

_____ ме́стном отделе́нии поли́ции пожило́й полице́йский _____ уста́лым лицо́м объясни́л ей, что не бу́дет занима́ться по́исками Ма́ши, потому́ что она́ живёт не _____ э́том посёлке. Э́тим должна́ занима́ться поли́ция _____ ме́сту её жи́тельства.

Что каса́ется жильцо́в до́ма но́мер два́дцать пять _____ у́лице Белого́рская, то они́ не соверши́ли никако́го преступле́ния, и поэ́тому полице́йский не пойдёт _____ ним.

- Вот е́сли бы они́ кого́-нибу́дь уби́ли, мы бы пое́хали _____ вами. А то, что лю́ди во́дку пьют _____ себя́ до́ма и едя́т _____ немы́той посу́ды, так э́то не преступле́ние, - сказа́л полице́йский и посмотре́л _____ неё _____ таки́м ви́дом, как бу́дто объясня́лся _____ во́дки и немы́той посу́ды _____ свое́й жено́й.

At the local police station, an older policeman with a weary face explained to her that they would not be looking for Masha because she did not live in this village. This matter should be handled by the police in the city of her residence. As for the residents of house number twenty-five on Belogorskaya Street, they did not commit any crime, and therefore, the policeman will not go to them.

"If they had killed someone, beaten somebody or had done something like that, then it would have been another matter. Then we would go with you. And the fact that people drink vodka at home and eat from unwashed dishes, is not a crime," said the policeman and looked at her with such an expression as if he were having a discussion about vodka and dirty dishes with his wife.

She realized that it was useless to continue the conversation.

"I will certainly come to you when they kill me," she said sarcastically to the policeman and went outside.

"Well, where now?" the driver asked when she got into the car.

"Back to the station. I can do nothing else here. I'll go to the police at the place of my girlfriend's residence in Moscow.

The train left for Moscow that evening, quite late; she had to wait a long time at the station, and when she finally got to the apartment, it was already too late to go to the police. The next morning she went to the police at the place of Masha's residence, but they explained to her that she was not a member of Masha's family and therefore they would not accept a statement from her about Masha being missing and would not search for Masha.

"Go to a private detective," the policeman said to her and gave her a business card of the detective agency.

* * *

- Я обяза́тельно приду́ _____ вам, когда́ они́ меня́ убью́т, - саркасти́чески сказа́ла она́ полице́йскому и вы́шла _____ у́лицу.

- Ну, куда́ тепе́рь? - спроси́л води́тель, когда́ она́ се́ла _____ маши́ну.

- Наза́д, _____ ста́нцию. Пойду́ _____ поли́цию _____ ме́сту жи́тельства мое́й подру́ги _____ Москве́.

По́езд _____ Москву́ уходи́л ве́чером, дово́льно по́здно, ей пришло́сь до́лго ждать _____ ста́нции, и когда́ она́, наконе́ц, добрала́сь _____ кварти́ры, бы́ло уже́ сли́шком по́здно.

_____ сле́дующее у́тро она́ пошла́ _____ поли́цию _____ ме́сту жи́тельства Ма́ши, но там ей объясни́ли, что она́ не член Ма́шиной семьи́ и поэ́тому _____ неё не возьму́т заявле́ние _____ пропа́же Ма́ши и иска́ть Ма́шу не бу́дут.

- Иди́те _____ ча́стному детекти́ву, - сказа́л ей полице́йский.

А в э́то вре́мя в Красноя́рске Васи́лий Ива́нович и Ма́ша но́мер четы́ре уже́ познако́мились друг с дру́гом. Э́то произошло́ в о́фисе детекти́ва, над обновле́нием кото́рого как диза́йнер рабо́тала Ма́ша. Когда́ детекти́в привёз Ма́шу в Красноя́рск, он не стал ей ничего́ расска́зывать о настоя́щей це́ли её прие́зда. Он хоте́л, что́бы пе́рвая встре́ча Васи́лия Ива́новича с потенциа́льной до́черью произошла́ как бы случа́йно, у него́ в о́фисе. Коне́чно, Васи́лию Ива́новичу он объясни́л, что привёз для него́ из Москвы́ же́нщину, кото́рая по описа́нию была́ похо́жа на его́ дочь. Э́тот разгово́р происходи́л по телефо́ну; Васи́лий Ива́нович о́чень разволнова́лся, когда́ услы́шал, что Ма́ша здесь, и захоте́л как мо́жно скоре́е с ней встре́титься.

- Пожа́луйста, име́йте в виду́, что я ничего́ ей о вас не говори́л, - предупреди́л его́ детекти́в. - Я поду́мал, что е́сли, когда́ вы её уви́дите, вы поймёте, что она́ не ва́ша дочь, ей бу́дет о́чень оби́дно. Заче́м дава́ть челове́ку наде́жду, а пото́м объясня́ть, что её наде́жды не оправда́лись? Лу́чше пусть она́ ни о чём не зна́ет зара́нее. Е́сли вы поймёте, что она́ на са́мом де́ле ва́ша дочь, тогда́ мы ей объясни́м всю э́ту ситуа́цию.

Васи́лий Ива́нович согласи́лся с э́тим, и они́ договори́лись, что он зайдёт в о́фис детекти́ва как бы случа́йно, когда́ там бу́дет рабо́тать Ма́ша. Встре́ча была́ назна́чена на три часа́ дня. Детекти́в не стал говори́ть Васи́лию Ива́новичу по телефо́ну о том, что э́та Ма́ша - то́лько одна́ из пяти́ кандида́ток на роль до́чери, ещё три же́нщины нахо́дятся в пути́ и че́рез па́ру дней бу́дут здесь, а ещё одна́ всё ещё в ро́зыске. Он не хоте́л, что́бы Васи́лий Ива́нович волнова́лся сли́шком си́льно, ведь у него́ больно́е се́рдце. Ска́жет об э́том по́зже, при ли́чной встре́че.

В назна́ченное вре́мя, ро́вно в три часа́ дня, Васи́лий Ива́нович стоя́л пе́ред две́рью детекти́вного аге́нтства. Он о́чень волнова́лся, ведь от э́той встре́чи зави́село о́чень мно́гое! По́сле того́, как врачи́ не разреши́ли ему́ рабо́тать, Васи́лий Ива́нович потеря́л смысл жи́зни. То́лько наде́жда на то, что он смо́жет найти́ свою́ дочь и у него́ бу́дет семья́, подде́рживала его́ и не дава́ла впасть в депре́ссию.

Васи́лий Ива́нович постуча́л в дверь, и детекти́в сра́зу откры́л её и пригласи́л его́ зайти́. Ма́ша сиде́ла за столо́м и писа́ла что́-то на листе́ бе́лой бума́ги. С пе́рвого взгля́да Васи́лий Ива́нович по́нял, что э́то она́, его́ долгожда́нная, люби́мая дочь. Он узна́л её больши́е, внима́тельные се́рые глаза́, в кото́рых свети́лись доброта́ и ум, её све́тлые во́лосы, её улы́бку. Он был гото́в сра́зу же бро́ситься к ней, что́бы обня́ть её, попроси́ть проще́ния за все те до́лгие го́ды, когда́ они́ бы́ли вдалеке́ друг от дру́га и пообеща́ть, что бо́льше они́ уже́ никогда́ не расста́нутся.

And at this time in Krasnoyarsk, Vasily Ivanovich and Masha number four have already met with each other. It happened in the office of the detective, over which Masha worked as a designer. When the detective brought Masha to Krasnoyarsk, he did not tell her anything about the real purpose of her arrival. He wanted the first meeting of Vasily Ivanovich with a potential daughter to happen as if it were by accident, in his office. Of course, he explained to Vasily Ivanovich that he had brought for him a woman from Moscow who, according to the description, matched his daughter. This conversation took place over the phone; Vasily Ivanovich was very excited when he heard that Masha was here, and wanted to meet her as soon as possible.

"Please, keep in mind that I did not tell her anything about you," the detective warned him. "I thought that if, when you see her, you understand that she is not your daughter, she will be very upset. Why give a person hope, and then explain that her hopes were not justified? It is better that she does not know anything about it beforehand. If you understand that she really is your daughter, then we will explain the whole situation to her."

Vasily Ivanovich agreed with this, and they agreed that he would step into the office of the detective as if by accident when Masha was working there. The meeting was scheduled for three o'clock in the afternoon. The detective did not tell Vasily Ivanovich over the phone that this Masha was only one of five candidates for the role of the daughter, three more women were on their way and in a couple of days would be here, and they were still looking for one more. He did not want Vasily Ivanovich to worry too much because he had a sick heart. He would tell him about it later, during a personal meeting.

At the appointed time, exactly at three o'clock in the afternoon, Vasily Ivanovich stood in front of the door of the detective agency. He was very worried because so much depended on this meeting! After the doctors had not allowed him to work, Vasily Ivanovich lost the meaning of life. Only the hope that he would be able to find his daughter and have a family supported him and did not let him get depressed.

Vasily Ivanovich knocked on the door, and the detective immediately opened it and invited him to come in. Masha sat at the table writing something on a sheet of white paper. At first glance, Vasily Ivanovich realized that this was her, his long-awaited, beloved daughter. He recognized her big, attentive gray eyes, in which kindness and intelligence shone, her blonde hair, and her smile. He was ready to immediately rush to her to hug her, ask forgiveness for all those long years when they were far away from each other and promise that they would never again be apart.

А _____ это время _____ Красноя́рске Васи́лий Ива́нович и Ма́ша но́мер четы́ре уже́ познако́мились друг _____ дру́гом. Э́то произошло́ _____ о́фисе детекти́ва, _____ обновле́нием кото́рого как диза́йнер рабо́тала Ма́ша. Когда́ детекти́в привёз Ма́шу _____ Красноя́рск, он не ста́л ей расска́зывать _____ настоя́щей це́ли её прие́зда. Он хоте́л, что́бы пе́рвая встре́ча Васи́лия Ива́новича _____ потенциа́льной до́черью произошла́ как бы случа́йно, _____ него́ _____ о́фисе. Коне́чно, Васи́лию Ива́новичу он объясни́л, что привёз _____ него́ _____ Москвы́ же́нщину, кото́рая _____ описа́нию была́ похо́жа _____ его́ дочь. Э́тот разгово́р происходи́л _____ телефо́ну; Васи́лий Ива́нович о́чень разволнова́лся, когда́ услы́шал, что Ма́ша здесь, и захоте́л как мо́жно скоре́е _____ ней встре́титься.

- Пожа́луйста, име́йте _____ виду́, что я ничего́ ей _____ вас не говори́л, - предупреди́л его́ детекти́в. Лу́чше пусть она́ ни _____ чём не зна́ет зара́нее. Е́сли вы поймёте, что она́ _____ са́мом де́ле ва́ша дочь, тогда́ мы ей объясни́м всю э́ту ситуа́цию.

Васи́лий Ива́нович согласи́лся _____ э́тим, и они́ договори́лись, что он зайдёт _____ о́фис детекти́ва как бы случа́йно, когда́ там бу́дет рабо́тать Ма́ша. Встре́ча была́ назна́чена _____ три часа́ дня.

Детекти́в не стал говори́ть Васи́лию Ива́новичу _____ телефо́ну _____ том, что э́та Ма́ша - то́лько одна́ _____ пяти́ кандида́ток _____ роль до́чери, ещё три же́нщины нахо́дятся _____ пути́ и _____ па́ру дней бу́дут здесь, а ещё одна́ всё ещё _____ ро́зыске. Он не хоте́л, что́бы Васи́лий Ива́нович волнова́лся сли́шком си́льно, ведь _____ него́ больно́е се́рдце. Ска́жет _____ э́том по́зже, при ли́чной встре́че.

_____ назна́ченное вре́мя, ро́вно _____ три часа́ дня, Васи́лий Ива́нович стоя́л пе́ред две́рью детекти́вного аге́нтства. Он о́чень волнова́лся, ведь _____ э́той встре́чи зави́село о́чень мно́гое! _____ того́, как врачи́ не разреши́ли ему́ рабо́тать, Васи́лий Ива́нович потеря́л смысл жи́зни. То́лько наде́жда _____ то, что он смо́жет найти́ свою́ дочь и _____ него́ бу́дет семья́, подде́рживала его́ и не дава́ла впасть _____ депре́ссию.

Васи́лий Ива́нович постуча́л _____ дверь, и детекти́в сра́зу откры́л её и пригласи́л его́ зайти́. Ма́ша сиде́ла _____ столо́м и писа́ла что́-то _____ листе́ бе́лой бума́ги. _____ пе́рвого взгля́да Васи́лий Ива́нович по́нял, что э́то она́, его́ дочь. Он узна́л её се́рые глаза́, _____ кото́рых свети́лись доброта́ и ум. Он был гото́в сра́зу же бро́ситься _____ ней, что́бы обня́ть её, попроси́ть проще́ния _____ все те до́лгие го́ды, когда́ они́ бы́ли вдалеке́ друг _____ дру́га и пообеща́ть, что бо́льше они́ уже́ никогда́ не расста́нутся.

К сожале́нию, он не мог э́того сде́лать, ведь она́ не зна́ла, кто он тако́й и не была́ гото́ва к э́той встре́че. Поэ́тому он то́лько сказа́л, что приглаша́ет их с Андре́ем (так зва́ли детекти́ва) по́сле рабо́ты пойти́ в рестора́н поу́жинать. Он зна́ет о́чень хоро́ший рестора́н в це́нтре го́рода, где прекра́сно гото́вят.

По́сле э́того он попроси́л детекти́ва поговори́ть с ним конфиденциа́льно, и они́ прошли́ в другу́ю ко́мнату.

- Э́то она́, моя́ Ма́ша. Я сра́зу узна́л её, как то́лько уви́дел, - взволно́ванно сказа́л Васи́лий Ива́нович по́сле того́, как оста́лся наедине́ с Андре́ем. - Как же лу́чше поступи́ть? Когда́ объясни́ть ей, кто я тако́й на са́мом де́ле?

- Дава́йте не торопи́ть собы́тия, - сказа́л детекти́в. Он поду́мал о всех остальны́х Ма́шах, кото́рые пое́хали в Красноя́рск на по́езде и должны́ бы́ли быть здесь уже́ совсе́м ско́ро. - Дава́йте поу́жинаем сего́дня ве́чером, пото́м пригласи́те её к себе́ домо́й, присмотри́тесь к ней повнима́тельнее. На́до бу́дет ана́лиз кро́ви сде́лать, что́бы убеди́ться, что она́ - ва́ша дочь. Ведь у нас есть ещё не́сколько же́нщин, ка́ждая из кото́рых мо́жет оказа́ться ва́шей до́черью.

Васи́лий Ива́нович согласи́лся с э́тим пла́ном, но то́лько отча́сти. Его́ не заинтересова́ла информа́ция о други́х же́нщинах, ему́ о́чень понра́вилась и́менно э́та Ма́ша. Ве́чером того́ же дня все тро́е провели́ о́чень прия́тный ве́чер в са́мом лу́чшем и са́мом дорого́м рестора́не го́рода, а на сле́дующее у́тро Ма́ша согласи́лась прие́хать домо́й к Васи́лию Ива́новичу. Он сказа́л ей, что о́чень давно́ хоте́л привести́ свой дом в поря́док, смени́ть ме́бель, перекра́сить сте́ны, и она́ пообеща́ла помо́чь ему́ в э́том.

- Я обяза́тельно поговорю́ с Ма́шей за́втра и объясню́ ей, кто я тако́й на са́мом де́ле. Прошу́ вас, что́бы вы то́же бы́ли вме́сте с на́ми при э́том разгово́ре, а то я о́чень волну́юсь, - сказа́л Васи́лий Ива́нович детекти́ву.

Детекти́в чу́вствовал себя́ дово́льно нело́вко. С одно́й стороны́, он был дово́лен, что смог вы́полнить про́сьбу своего́ клие́нта, нашёл же́нщину, кото́рая была́ похо́жа на его́ дочь и привёз её к нему́. Бы́ло похо́же, что его́ клие́нт уже́ при́нял оконча́тельное реше́ние насчёт э́той Ма́ши и не хоте́л его́ меня́ть.

Как же ему́ тепе́рь быть с остальны́ми же́нщинами? Что он им до́лжен сказа́ть? Что они́ зря наде́ялись найти́ отца́ и напра́сно потра́тили вре́мя на э́ту пое́здку, спаси́бо за всё и до свида́ния? Ему́ бы́ло о́чень неприя́тно представля́ть себе́ тако́й разгово́р. Но, коне́чно, в пе́рвую о́чередь детекти́в до́лжен сде́лать то, о чём его́ про́сит клие́нт, поэ́тому Андре́й пообеща́л Васи́лию Ива́новичу, что обяза́тельно привезёт к нему́ Ма́шу за́втра у́тром.

- Хоти́те ли вы, что́бы я сам снача́ла поговори́л с Ма́шей и всё ей объясни́л пе́ред тем, как мы к вам прие́дем? - спроси́л он Васи́лия Ива́новича. Он зна́л, что у его́ клие́нта больно́е се́рдце и ему́ нельзя́ волнова́ться.

Unfortunately, he could not do it, because she did not know who he was and was not ready for this meeting. Therefore, he only said that he invited Andrey and her after work to go to a restaurant for dinner. He knew an excellent restaurant in the city center, where they cooked wonderfully.

After that, he asked the detective to talk to him privately, and they went to another room.

"This is her, my Masha. I recognized her at once, as soon as I saw her," Vasily Ivanovich said excitedly once he was alone with Andrey. "What is the best way to do this? When should I explain to her who I truly am?"

"Let's not rush things," the detective said. He thought about all the other Mashas who went to Krasnoyarsk by train and were supposed to be here very soon. "Let's have dinner tonight, then invite her to your home and take a closer look at her. You'll have to do a blood test to be sure she's your daughter. After all, we have a few more women, each of which could be your daughter."

Vasily Ivanovich agreed with this plan, but only in part. He was not interested in the information about other women; he liked this Masha. In the evening of the same day, the three had a very pleasant time at the best and the most expensive restaurant in the city, and the next morning Masha agreed to come to the home of Vasily Ivanovich. He told her that for a long time he had wanted to bring his house in order, to change furniture, to repaint the walls, and she promised to help him with this.

"I'll definitely talk to Masha tomorrow and explain to her who I really am. I am asking you to be together with us during this conversation because I'm very apprehensive," Vasily Ivanovich told the detective.

The detective felt rather uncomfortable. On the one hand, he was pleased that he was able to fulfill the request of his client, find a woman who looked like his daughter and bring her to him. It seemed that his client had already made the final decision about this Masha and did not want to change it.

What was he supposed to do with the rest of the women now? What should he tell them? That they were hoping to find their father in vain and in vain had spent time on this trip, thanks for everything and goodbye? It was very unpleasant for him to imagine such a conversation. But, of course, first of all, the detective has to do what the client asks for, so Andrey promised Vasily Ivanovich that he would bring Masha to him tomorrow morning.

"Do you want me to talk to Masha first and explain everything to her before we come to you?" he asked Vasily Ivanovich. He knew that his client had a sick heart and he should not worry.

_____ сожале́нию, он не мог э́того сде́лать, ведь она́ не зна́ла, кто он тако́й и не была́ гото́ва _____ э́той встре́че. Поэ́тому он то́лько сказа́л, что приглаша́ет их _____ Андре́ем (так зва́ли детекти́ва) по́сле рабо́ты пойти́ _____ рестора́н поу́жинать. Он зна́ет хоро́ший рестора́н _____ це́нтре го́рода, где прекра́сно гото́вят.

По́сле э́того он попроси́л детекти́ва поговори́ть _____ ним конфиденциа́льно, и они́ прошли́ _____ другу́ю ко́мнату.

- Э́то она́, моя́ Ма́ша. Я сра́зу узна́л её, как то́лько уви́дел - сказа́л Васи́лий Ива́нович _____ того́, как оста́лся наедине́ _____ Андре́ем - Как же лу́чше поступи́ть? Когда́ объясни́ть ей, кто я тако́й _____ са́мом де́ле?

- Дава́йте не торопи́ть собы́тия, - сказа́л детекти́в. Он поду́мал _____ всех остальны́х Ма́шах, кото́рые пое́хали _____ Краснoя́рск _____ по́езде и должны́ бы́ли быть здесь уже́ совсе́м ско́ро. - Пригласи́те её _____ себе́ домо́й, присмотри́тесь _____ ней повнима́тельнее. На́до бу́дет ана́лиз кро́ви сде́лать, что́бы убеди́ться, что она́ - ва́ша дочь. Ведь _____ нас есть ещё не́сколько же́нщин, ка́ждая _____ кото́рых мо́жет оказа́ться ва́шей до́черью.

Васи́лий Ива́нович согласи́лся _____ э́тим пла́ном. Его́ не заинтересова́ла информа́ция _____ други́х же́нщинах.

Все тро́е провели́ о́чень прия́тный ве́чер _____ са́мом лу́чшем рестора́не го́рода, а _____ сле́дующее у́тро Ма́ша согласи́лась прие́хать домо́й _____ Васи́лию Ива́новичу.

Он сказа́л ей, что о́чень давно́ хоте́л привести́ свой дом _____ поря́док, смени́ть ме́бель, перекра́сить сте́ны, и она́ пообеща́ла помо́чь ему́ _____ э́том.

- Я обяза́тельно поговорю́ _____ Ма́шей за́втра и объясню́ ей, кто я тако́й _____ са́мом де́ле. Прошу́ вас, что́бы вы то́же бы́ли вме́сте _____ на́ми _____ э́том разгово́ре, - сказа́л Васи́лий Ива́нович детекти́ву.

Детекти́в чу́вствовал себя́ нело́вко. _____ одно́й стороны́, он был дово́лен, что смог вы́полнить про́сьбу клие́нта, нашёл же́нщину, кото́рая была́ похо́жа _____ его́ дочь и привёз её _____ нему́.

Как же ему́ тепе́рь быть _____ остальны́ми же́нщинами? Что он им до́лжен сказа́ть? Что они́ зря наде́ялись найти́ отца́ и напра́сно потра́тили вре́мя _____ э́ту пое́здку, спаси́бо _____ всё и _____ свида́ния? Ему́ бы́ло о́чень неприя́тно представля́ть себе́ тако́й разгово́р. Но, коне́чно, _____ пе́рвую о́чередь детекти́в до́лжен сде́лать то, _____ чём его́ про́сит клие́нт, поэ́тому Андре́й пообеща́л Васи́лию Ива́новичу, что обяза́тельно привезёт _____ нему́ Ма́шу за́втра у́тром.

- Хоти́те ли вы, что́бы я сам снача́ла поговори́л _____ Ма́шей и всё ей объясни́л пе́ред тем, как мы _____ вам прие́дем? - спроси́л он Васи́лия Ива́новича. Он знал, что _____ его́ клие́нта больно́е се́рдце и ему́ нельзя́ волнова́ться.

- Да, пожа́луйста, о́чень вас прошу́, поговори́те с ней. А то у меня́ больно́е се́рдце и мне нельзя́ волнова́ться, - сказа́л Васи́лий Ива́нович.

На сле́дующее у́тро детекти́в прие́хал в гости́ницу, где останови́лась Ма́ша. Они́ пошли́ в кафе́ попи́ть ко́фе, и за ча́шкой ко́фе детекти́в на́чал расска́зывать Ма́ше исто́рию Васи́лия Ива́новича. Ма́ша слу́шала его́ о́чень внима́тельно, с широко́ откры́тыми глаза́ми. Когда́ детекти́в объясни́л, что Васи́лий Ива́нович счита́ет Ма́шу свое́й до́черью, она́ о́чень удиви́лась, но ничего́ не сказа́ла. Она́ сиде́ла мо́лча и о чём-то глубоко́ заду́малась. Че́рез не́сколько мину́т она́ сказа́ла:

- Пойдёмте, не бу́дем заставля́ть Васи́лия Ива́новича ждать. Он, наве́рное, волну́ется, а ведь у него́ больно́е се́рдце.

По её ви́ду детекти́в не мог поня́ть её реа́кцию на его́ расска́з. "Никаки́х эмо́ций на лице́, пря́мо как у игрока́ в по́кер", поду́мал он недово́льно. Ему́, коне́чно, хоте́лось бы знать, о чём Ма́ша так глубоко́ заду́малась.

А Ма́ша совсе́м не хоте́ла никому́ расска́зывать, о чём она́ заду́малась. Мы́сли бы́ли невесёлые.... Вчера́ ве́чером, по́сле того́, как она́ верну́лась из рестора́на, ей позвони́ла из Москвы́ её подру́га, кото́рая наконе́ц-то узна́ла, где находи́лась Ма́ша. Подру́га разыска́ла Ма́шу че́рез моско́вское детекти́вное аге́нтство. Когда́ она́ пришла́ туда́, ей там о́чень обра́довались и сказа́ли, что сотру́дник аге́нтства уже́ не́сколько дней безуспе́шно пыта́лся встре́титься с ней. Ей рассказа́ли, где нахо́дится Ма́ша, и да́же нашли́ по её про́сьбе но́мер телефо́на гости́ницы, где Ма́ша останови́лась. Пра́вда, сотру́дники детекти́вного аге́нтства ничего́ не рассказа́ли ей о том, по како́й причи́не Ма́ша сейча́с находи́лась в Краснояре́ске. Эта информа́ция была́ конфиденциа́льной. Ма́ша сама́ объясни́т ей всё, когда́ они́ бу́дут разгова́ривать.

По́сле не́скольких мину́т ра́дости от того́, что они́ наконе́ц-то нашли́ друг дру́га и мо́гут бо́льше не волнова́ться друг о дру́ге, подру́ги заговори́ли о друго́м.

- Я бою́сь расстро́ить тебя́, Ма́ша, - сказа́ла подру́га, - но я должна́ тебе́ рассказа́ть всё, как есть на са́мом де́ле. Не могу́ скрыва́ть от тебя́ пра́вду, всё равно́ ра́но и́ли по́здно ты об э́том узна́ешь. Когда́ я разы́скивала тебя́, я побыва́ла у твоего́ отца́, я ведь ду́мала, что тот стра́нный челове́к, кото́рый пришёл за тобо́й в мой дом, отвёз тебя́ к отцу́. Нашла́ его́ а́дрес в твое́й записно́й кни́жке и пое́хала туда́. Ока́зывается, твой оте́ц - алкого́лик, в его́ до́ме грязь, там нахо́дятся каки́е-то отврати́тельные пья́ные, гря́зные лю́ди. Сосе́ди их боя́тся.... Мне о́чень жаль тебя́, я зна́ю, как ты мечта́ла с ним встре́титься, но я ду́маю, что тебе́ лу́чше держа́ться от него́ пода́льше. Лу́чше совсе́м не име́ть отца́, чем тако́го....

"Yes please, I do ask that you talk to her since I have a sick heart and I should not worry," Vasily Ivanovich said.

The next morning the detective arrived at the hotel where Masha was staying. They went to a cafe to drink some coffee, and over a cup of coffee, the detective began telling Masha the story of Vasily Ivanovich. Masha listened to him very carefully, with her eyes wide open. When the detective explained that Vasily Ivanovich considered Masha his daughter, she was very surprised but said nothing. She sat in silence and thought deeply about something. A few minutes later she said:

"Let's go; we shouldn't make Vasily Ivanovich wait. He is probably worried, and he's got a weak heart."

By her appearance, the detective could not understand her reaction to his story. "No emotion on her face, just like a poker player," he thought discontentedly. He, of course, would like to know what Masha was thinking about so deeply.

And Masha did not want to tell anyone at all what she was thinking. Her thoughts were unhappy ... Last night, after she returned from the restaurant, her girlfriend called from Moscow after finally finding out where Masha was located. Her girlfriend found Masha through the Moscow detective agency. When she came there, they were very glad to see her and told her that an agency employee had tried unsuccessfully to meet with her for several days. They told her where Masha was located, and per her request even found the telephone number of the hotel where Masha was staying. However, the detective agency did not tell her anything about why Masha was in Krasnoyarsk now. This information was confidential. Masha herself would explain everything to her when they talk.

After a few minutes of joy, because they finally found each other and would no longer worry about each other, the girlfriends started talking about something else.

"I'm afraid to upset you, Masha," her girlfriend said, "but I have to tell you everything as it really is. I can not hide the truth from you, anyway, sooner or later you will find out about it. When I was looking for you, I visited your father, because I thought that the strange person who came to my house to take you took you to your father. I found his address in your notebook and went there. It turns out that your father is an alcoholic, there is dirt in his house, and there are some disgusting drunken, dirty people there. Neighbors are afraid of them ... I'm very sorry for you, I know how you dreamed of meeting him, but I think that you better stay away from him. It is better not to have a father at all, than someone like this ...."

Да пожа́луйста, о́чень вас прошу́, поговори́те _____ ней. А

то _____ меня́ больно́е се́рдце и мне нельзя́ волнова́ться, - сказа́л

Васи́лий Ива́нович.

_____ сле́дующее у́тро детекти́в прие́хал _____ гости́ницу,

где останови́лась Ма́ша. Они́ пошли́ _____ кафе́ попи́ть ко́фе, и

_____ ча́шкой ко́фе детекти́в на́чал расска́зывать Ма́ше исто́рию

Васи́лия Ива́новича. Ма́ша слу́шала его́ о́чень внима́тельно, _____

широко́ откры́тыми глаза́ми. Она́ сиде́ла мо́лча и _____ чём-то

заду́малась.

Че́рез не́сколько мину́т она́ сказа́ла:

- Пойдёмте, не бу́дем заставля́ть Васи́лия Ива́новича ждать. Он,

наве́рное, волну́ется, а ведь _____ него́ больно́е се́рдце.

_____ её ви́ду детекти́в не мог поня́ть её реа́кцию _____ его́

расска́з. "Никаки́х эмо́ций _____ лице́, пря́мо как _____ игрока́

_____ по́кер", поду́мал он недово́льно. Ему́, коне́чно, хоте́лось бы

знать, _____ чём Ма́ша так глубоко́ заду́малась.

А Ма́ша совсе́м не хоте́ла никому́ расска́зывать, _____ чём она́

заду́малась. Вчера́ ве́чером, _____того, как она́ верну́лась _____

рестора́на, ей позвони́ла _____ Москвы́ её подру́га, кото́рая

наконе́ц-то узна́ла, где находи́лась Ма́ша. Подру́га разыска́ла Ма́шу

_____ моско́вское детекти́вное аге́нтство.

Ей сказа́ли, что сотру́дник аге́нтства пыта́лся встре́титься _____ ней. Ей рассказа́ли, где нахо́дится Ма́ша, и да́же нашли́ _____ её про́сьбе но́мер телефо́на гости́ницы. Пра́вда, сотру́дники детекти́вного аге́нтства ничего́ не рассказа́ли ей _____ том, _____ како́й причи́не Ма́ша сейча́с находи́лась _____ Краснoя́рске.

_____ не́скольких мину́т ра́дости _____ того́, что они́ наконе́ц-то нашли́ друг дру́га и мо́гут бо́льше не волнова́ться друг _____ дру́ге, подру́ги заговори́ли _____ друго́м.

- Я бою́сь расстро́ить тебя́, Ма́ша, - сказа́ла подру́га, - но я должна́ тебе́ рассказа́ть всё, как есть _____ са́мом де́ле. Не могу́ скрыва́ть _____ тебя́ пра́вду, всё равно́ ра́но и́ли по́здно ты _____ э́том узна́ешь. Когда́ я разы́скивала тебя́, я побыва́ла _____ твоего́ отца́, я ведь ду́мала, что тот стра́нный челове́к, кото́рый пришёл _____ тобо́й _____ мой дом, отвёз тебя́ _____ отцу́. Нашла́ его́ а́дрес _____ твое́й записно́й кни́жке и пое́хала туда́. Ока́зывается, твой оте́ц - алкого́лик, _____ его́ до́ме грязь, отврати́тельные пья́ные лю́ди. Я зна́ю, как ты мечта́ла _____ ним встре́титься, но я ду́маю, что тебе́ лу́чше держа́ться _____ него́ пода́льше.

Эта информа́ция была́ для Ма́ши тако́й неожи́данной, что она́ не смогла́ ничего́ отве́тить свое́й подру́ге, бы́стро попроща́лась с ней и положи́ла тру́бку. По́сле э́того разгово́ра она́ всю ночь пропла́кала. И вдруг тепе́рь детекти́в расска́зывает ей, что ещё оди́н мужчи́на счита́ет её свое́й до́черью...

Че́рез полчаса́ детекти́в и Ма́ша прие́хали туда́, где жил Васи́лий Ива́нович. Райо́н был прекра́сный, ви́дно бы́ло, что здесь живу́т о́чень бога́тые лю́ди. Дом Васи́лия Ива́новича был большо́й и краси́вый, очеви́дно, дорого́й, но не в о́чень хоро́шем состоя́нии. Же́нской руки́ там я́вно не хвата́ло. Васи́лий Ива́нович уже́ ждал их, ра́достно вы́шел им навстре́чу и пригласи́л в дом.

- Здра́вствуй, Ма́шенька, - сказа́л он и обня́л Ма́шу. - Я так сча́стлив, что наконе́ц-то встре́тился с тобо́й. Тепе́рь мы бо́льше никогда́ не расста́немся. Я позабо́чусь о тебе́, у тебя́ бу́дет всё, о чём то́лько мо́жно мечта́ть. Я сде́лал большу́ю оши́бку, когда́ уе́хал от тебя́ мно́го лет наза́д, но я её испра́влю!

Детекти́в с интере́сом смотре́л на них. По хара́ктеру свое́й рабо́ты он дово́льно непло́хо разбира́лся в лю́дях. По выраже́нию лица́ Васи́лия Ива́новича бы́ло ви́дно, что он действи́тельно сча́стлив, а вот что ду́мает Ма́ша, поня́ть бы́ло тру́дно. Детекти́в ско́ро почу́вствовал себя́ "тре́тьим ли́шним", попроща́лся и сказа́л, что ему́ пора́ уходи́ть. Васи́лий Ива́нович пригласи́л его́ оста́ться на обе́д, но он отве́тил, что до́лжен е́хать на вокза́л встреча́ть своего́ моско́вского колле́гу.

По доро́ге на вокза́л детекти́ву бы́ло о чём поду́мать. Он чу́вствовал себя́ о́чень нело́вко. Что он ска́жет трём же́нщинам, кото́рых вёз с собо́й его́ колле́га из Москвы́? Спаси́бо, извини́те, но вы опозда́ли, вака́нсия до́чери уже́ за́нята? В сле́дующий раз лети́те на самолёте и́ли, ещё лу́чше, впереди́ самолёта, что́бы успе́ть ра́ньше всех? Интере́сно, что бы́ло бы, е́сли бы на ме́сте э́той Ма́ши под но́мером четы́ре оказа́лась кака́я-нибудь друга́я из э́тих Маш? Васи́лий Ива́нович то́чно так же реши́л бы, что и́менно та Ма́ша, кото́рая находи́лась бы в тот моме́нт у него́ пе́ред глаза́ми, и была́ его́ до́черью? Э́того мы никогда́ не узна́ем, как и не узна́ем, кака́я же из Маш была́ его́ до́черью. Ана́лиз кро́ви ника́к не смог бы помо́чь в реше́нии э́того вопро́са.

This information was so unexpected for Masha that she could not respond to her friend, quickly said goodbye to her and put down the phone. After this conversation, she cried all night. And suddenly now the detective tells her that another man considers her to be his daughter ...

Half an hour later the detective and Masha came to the house where Vasily Ivanovich lived. The area was beautiful; it was evident that very wealthy people lived there. Vasily Ivanovich's house was big and beautiful, obviously expensive, but not in very good condition. It was obvious that a woman's touch was missing. Vasily Ivanovich was already waiting for them, he cheerfully went outside to meet them and invited them into the house.

"Hello, Masha," he said and embraced Masha. "I'm so happy that I finally met you. Now we will never part again. I will take care of you; you will have everything you can dream about. I made a big mistake when I left you many years ago, but I will correct it!"

The detective looked at them with interest. By the nature of his work, he could read people rather well. By the expression on the face of Vasily Ivanovich, it was evident that he was really happy, but what Masha thought was hard to understand. The detective soon felt like a "third wheel," excused himself and said that it was time for him to leave. Vasily Ivanovich invited him to stay for dinner, but he replied that he must go to the station to meet his Moscow colleague.

On the way to the station, the detective had something to think about. He felt very uncomfortable. What would he say to the three women whom his colleague was bringing along from Moscow? Thank you, sorry, but you're late, the daughter's vacancy is already filled? Next time fly on an airplane or, even better, ahead of a plane to get there before everyone else? I wonder what would have happened if in place of this Masha number four had been some other of these Mashas? Would Vasily Ivanovich have decided, just like he had this time, that the very Masha who happened to be in front of his eyes at that moment, was indeed, his daughter? This we would never know, nor would we know which of the Mashas was his daughter. A blood test could not have helped in solving this question.

_____ полчаса́ детекти́в и Ма́ша прие́хали туда́, где жил Васи́лий Ива́нович. .

Дом Васи́лия Ива́новича был не _____ о́чень хоро́шем состоя́нии.

Васи́лий Ива́нович вы́шел им навстре́чу и пригласи́л _____ дом.

- Здра́вствуй, Ма́шенька - сказа́л он. - Я так сча́стлив, что наконе́ц-то встре́тился _____ тобо́й. Тепе́рь мы бо́льше никогда́ не расста́немся. Я позабо́чусь _____ тебе́, _____ тебя́ бу́дет всё, _____ чем то́лько мо́жно мечта́ть. Я сде́лал большу́ю оши́бку, когда́ уе́хал _____ тебя́ мно́го лет наза́д, но я её испра́влю!

Детекти́в _____ интере́сом смотре́л _____ них. _____ хара́ктеру свое́й рабо́ты он дово́льно неплохо разбира́лся _____ лю́дях. _____ выраже́нию лица́ Васи́лия Ива́новича бы́ло ви́дно, что он действи́тельно сча́стлив

Детекти́в сказа́л, что ему́ пора́ уходи́ть. Васи́лий Ива́нович пригласи́л его́ оста́ться _____ обе́д, но он отве́тил, что до́лжен е́хать _____ вокза́л встреча́ть своего́ моско́вского колле́гу.

_____ доро́ге _____ вокза́л детекти́ву бы́ло _____ чём поду́мать. Он чу́вствовал себя́ о́чень нело́вко. Что он ска́жет трём же́нщинам, кото́рых вёз _____ собо́й его́ колле́га _____ Москвы́?

_____ сле́дующий раз лети́те _____ самолёте?

Интере́сно, что бы́ло бы, е́сли бы _____ ме́сте э́той Ма́ши под но́мером четы́ре оказа́лась кака́я-нибудь друга́я _____ э́тих Маш? Васи́лий Ива́нович то́чно так же реши́л бы, что и́менно та Ма́ша, кото́рая находи́лась бы _____ тот моме́нт _____ него́ пе́ред глаза́ми, и была́ его́ до́черью? Э́того мы никогда́ не узна́ем, как и не узна́ем, кака́я же _____ Маш была́ его́ до́черью. Ана́лиз кро́ви ника́к не смог бы помо́чь _____ реше́нии э́того вопро́са.

Во вре́мя после́днего разгово́ра с детекти́вом Васи́лий Ива́нович объясни́л ему́, почему́ ана́лиз кро́ви де́лать не ну́жно.

- Я откро́ю вам большо́й секре́т, - сказа́л он, - но э́то должно́ оста́ться ме́жду на́ми. Вы не должны́ бо́льше никому́ об э́том говори́ть. Де́ло в том, что мы с жено́й удочери́ли на́шу Ма́шеньку, так как не могли́ име́ть свои́х дете́й. Она́ была́ ещё совсе́м ма́ленькая, и мы никогда́ ей э́того не расска́зывали. Я наде́юсь, не придётся говори́ть и сейча́с.

Детекти́в, коне́чно, не име́л пра́ва открыва́ть э́тот секре́т никому́ и никогда́. Э́та информа́ция была́ конфиденциа́льной. Он не сказа́л об э́том да́же своему́ колле́ге, Кири́ллу, когда́ встре́тил его́ на вокза́ле, объясни́л то́лько, что Васи́лий Ива́нович нашёл свою́ дочь и на э́том де́ло о ро́зыске поте́рянной до́чери закры́то.

Кири́лл не задава́л никаки́х ли́шних вопро́сов, он был о́чень рад, да́же сча́стлив, что и́менно Ма́ша но́мер четы́ре оказа́лась до́черью их клие́нта. Ина́че ему́ пришло́сь бы совсе́м по-друго́му отвеча́ть за то, что он засну́л на рабо́те и не довёз до ме́ста свои́х трёх Маш.

- Что ты с ни́ми сде́лал? - спроси́л Андре́й, когда́, к его́ удивле́нию, Кири́лл вы́шел из по́езда оди́н.

- Был моме́нт, когда́ мне о́чень хоте́лось и́ли их из по́езда вы́кинуть, и́ли самому́ сбежа́ть - отве́тил тот - но не пришло́сь, они́ са́ми от по́езда отста́ли. Похо́же, пое́хали смотре́ть Кунгу́рские пеще́ры. В после́дний раз их ви́дели на ста́нции Кунгу́р, когда́ они́ в маши́ну сади́лись. Стра́нные они́ каки́е-то, ве́щи все свои́ в по́езде оста́вили, а са́ми сбежа́ли на полпути́ до це́ли. Стра́нные же́нщины, не понима́ю я их.

- Ве́щи мы им вы́шлем по по́чте, а на ста́нцию телегра́мму пошлём, чтобы они́ наза́д в Москву́ возвраща́лись. Они́ догово́р нару́шили, развлека́ться пое́хали вме́сто того́, чтобы к больно́му отцу́ поспеши́ть. Кому́ таки́е до́чери нужны́? - реши́л детекти́в, и вопро́с был закры́т.

* * *

_____ вре́мя после́днего разгово́ра _____ детекти́вом Васи́лий Ива́нович объясни́л ему́, почему́ ана́лиз кро́ви де́лать не ну́жно.

- Я откро́ю вам большо́й секре́т - сказа́л он - но э́то должно́ оста́ться _____ на́ми. Вы не должны́ бо́льше никому́ _____ э́том говори́ть. Де́ло _____ том, что мы _____ жено́й удочери́ли на́шу Ма́шеньку.

Он не сказа́л _____ э́том да́же своему́ колле́ге, Кири́ллу, когда́ встре́тил его́ _____ вокза́ле, объясни́л то́лько, что Васи́лий Ива́нович нашёл свою́ дочь и _____ э́том де́ло _____ ро́зыске поте́рянной до́чери закры́то.

During the last conversation with the detective, Vasily Ivanovich explained to him why the blood test should not be done.

"I'll tell you a big secret," he said, "but it must remain between us. You should not tell anyone else about this. The matter is that my wife and I adopted our Mashenka because we could not have our children. She was still very young, and we never told her that. I hope I won't have to tell her that now."

The detective, of course, had no right ever to open this secret to anyone. This information was confidential. He did not even mention this to his colleague, Cyril when he met him at the station; he only explained that Vasily Ivanovich had found his daughter and at this point, the case of the lost daughter was closed.

Cyril did not ask any unnecessary questions; he was very glad, even happy that it was Masha number four who turned out to be the daughter of their client. Otherwise, he would have had to answer entirely differently for the fact that he had fallen asleep at work and did not bring his three Mashas to the destination.

"What did you do with them?" asked Andrey, when, to his surprise, Cyril got off the train alone.

"There was a time when I wanted to either throw them out of the train or simply escape myself," he answered "but I didn't have to, they missed the train. It seems that they went to see the Kungur caves. The last time they were seen was at Kungur station, when they got into the car. They are strange, they left all their things on the train and fled halfway to the goal. Strange women, I do not understand them."

"We'll send them their stuff by mail, and send a telegram to the station telling them to return to Moscow." They violated the contract, went to amuse themselves instead of hurrying to the sick father. Who needs such daughters?" the detective decided, and the question was closed.

* * *

Ему́ пришло́сь отвеча́ть _____ то, что он засну́л на рабо́те и не довёз _____ ме́ста свои́х трёх Маш.

- Что ты _____ ни́ми сде́лал? - спроси́л Андре́й, когда́, _____ его́ удивле́нию, Кири́лл вы́шел _____ по́езда оди́н.

- Был моме́нт, когда́ мне о́чень хоте́лось их _____ по́езда вы́кинуть, - отве́тил тот - но они́ са́ми _____ по́езда отста́ли. _____ после́дний раз их ви́дели _____ ста́нции Кунгу́р, когда́ они́ _____ маши́ну сади́лись. Стра́нные они́ каки́е-то, ве́щи все свои́ _____ по́езде оста́вили, а са́ми сбежа́ли _____ полпути́ _____ це́ли..

- Ве́щи мы им вы́шлем _____ по́чте, а _____ ста́нцию телегра́мму пошлём, что́бы они́ наза́д _____ Москву́ возвраща́лись. Они́ развлека́ться пое́хали вме́сто того́, что́бы _____ больно́му отцу́ поспеши́ть

Вечером Маша номер четыре опять разговаривала по телефону со своей лучшей подругой в Москве.

- Ты знаешь, - сказала она, - тот человек, к которому ты ездила меня искать и который выдавал себя за моего отца, на самом деле не мой отец. Мой настоящий отец находится здесь, в Красноярске. Он долго разыскивал меня и наконец нашёл. Оказывается, у него серьёзные проблемы с сердцем, он чуть не умер, и теперь я должна ухаживать за ним. Через несколько дней мы с ним по совету его врачей улетаем отдыхать в Италию. Я тебе оттуда позвоню.

Когда её подруга услышала эту новость, она сначала от удивления потеряла дар речи. Когда к ней наконец вернулся дар речи, она сказала:

- Я так рада за тебя. Как же тебе повезло. Какая неожиданность! Как бы я хотела тоже найти своего отца.... Я тебе рассказывала, что тоже, как и ты, потеряла контакт со своим отцом несколько лет назад, когда переехала жить в другой район Москвы. Записную книжку с его номером телефона потеряла при переезде, а мой номер телефона изменился. Надеялась, что он меня найдёт сам, а он, похоже, не стал меня искать.

- Может быть, и ты найдёшь своего отца. Смотри, как мне повезло, и тебе тоже может повезти, - ответила ей Маша номер четыре, которой, конечно, было жалко свою подругу.

- Вряд ли, - грустно сказала подруга. - Я невезучая. И потом, он мне даже не родной отец был, они с мамой удочерили меня, когда я была совсем маленькая. Мне мама об этом рассказала, думала, что я скучать по нему не буду, если узнаю, что он не был мне родным отцом. А я всё равно скучаю по нему....

Маша номер пять вздохнула, посмотрела в окно на серое московское небо, подумала, как, наверное, хорошо сейчас в Италии, и порадовалась за свою лучшую подругу.

* * *

Вечером Маша номер четыре опять разговаривала _____ телефону _____ своей лучшей подругой _____ Москве.

- Ты знаешь, - сказала она - тот человек, _____ которому ты ездила меня искать и который выдавал себя _____ моего отца, _____ самом деле не мой отец. Мой настоящий отец находится здесь, _____ Красноярске. Оказывается, _____ него серьёзные проблемы _____ сердцем, и теперь я должна ухаживать _____ ним. Через несколько дней мы _____ ним _____ совету его врачей улетаем отдыхать _____ Италию..

Когда её подруга услышала эту новость, она _____ удивления потеряла дар речи. Когда _____ ней наконец вернулся дар речи, она сказала:

- Я так рада _____ тебя.

In the evening Masha number four again spoke on the phone with her best friend in Moscow.

"You know," she said, "the man you went to looking for me, who pretended to be my father, was not really my father. My birth father is here in Krasnoyarsk. He had searched for me for a long time and finally found me. It turns out that he has serious heart problems, he almost died, and now I have to take care of him. A few days later, we, on the advice of his doctors, leave for Italy. I'll call you from there."

When her girlfriend heard this news, at first, she was speechless with surprise. When she finally got back to talking, she said, "I am so happy for you. How lucky you are. What a surprise! How I wish I could find my father ... I told you that, just like you, I too, lost contact with my father a few years ago when I moved to live in another district of Moscow. The address book with his phone number was lost when moving, and my phone number changed. I hoped that he would find me himself, but it seems he hasn't been looking for me."

"Maybe you'll find your father. Look how lucky I am, and you, too, can be lucky," answered to her Masha number four, which, of course, felt sorry for her girlfriend.

"I do not think so," said her friend sadly. "I'm not the lucky type. And then, he is not even my biological father, he and my mother adopted me when I was very young. My mother told me about it, as she thought that I would not miss him if I found out that he was not my real father. But I still miss him ...."

Masha number five sighed, looked out the window at the gray Moscow sky, thought how nice it probably was now in Italy, and felt glad for her best friend.

* * *

Я потеря́ла конта́кт _____ свои́м отцо́м не́сколько лет наза́д, когда́ перее́хала жить _____ друго́й райо́н Москвы́. Записну́ю кни́жку _____ его́ но́мером телефо́на потеря́ла _____ перее́зде.

Они́ _____ ма́мой удочери́ли меня́.

Мне ма́ма _____ э́том рассказа́ла, ду́мала, что я скуча́ть _____ нему́ не бу́ду. А я всё равно́ скуча́ю _____ нему́....

Ма́ша но́мер пять вздохну́ла, посмотре́ла _____ окно́ _____ се́рое моско́вское не́бо, поду́мала, как, наве́рное, хорошо́ сейча́с _____ Ита́лии, и пора́довалась _____ свою́ лу́чшую подру́гу.

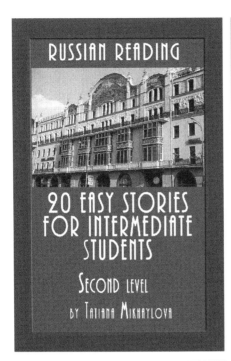

RUSSIAN READING

20 EASY STORIES FOR INTERMEDIATE STUDENTS

SECOND LEVEL

BY TATIANA MIKHAYLOVA

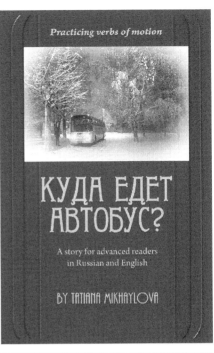

Practicing verbs of motion

КУДА ЕДЕТ АВТОБУС?

A story for advanced readers
in Russian and English

BY TATIANA MIKHAYLOVA

Russian Reading

КУДА ЛЕТИТ САМОЛЁТ?

A dual language book for
intermediate and advanced readers
focusing on verbs of motion
and much more

BY TATIANA MIKHAYLOVA

Russian Reading

КОГО ВЕЗЁТ МАШИНА?

A story for advanced readers
in Russian and English

BY TATIANA MIKHAYLOVA

tatiana1112000@hotmail.com

21667059R00111

Printed in Great Britain
by Amazon